Die Tänzerin des Königs

3

Jenny Liz
Sabrina Steinert

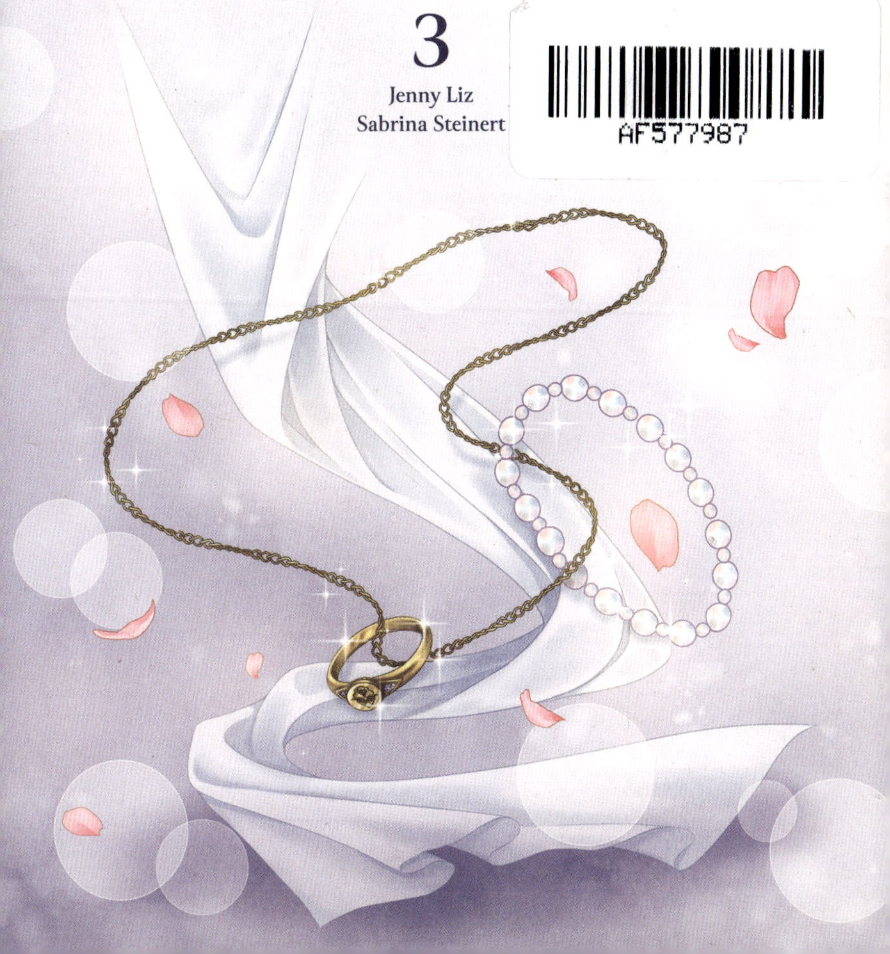

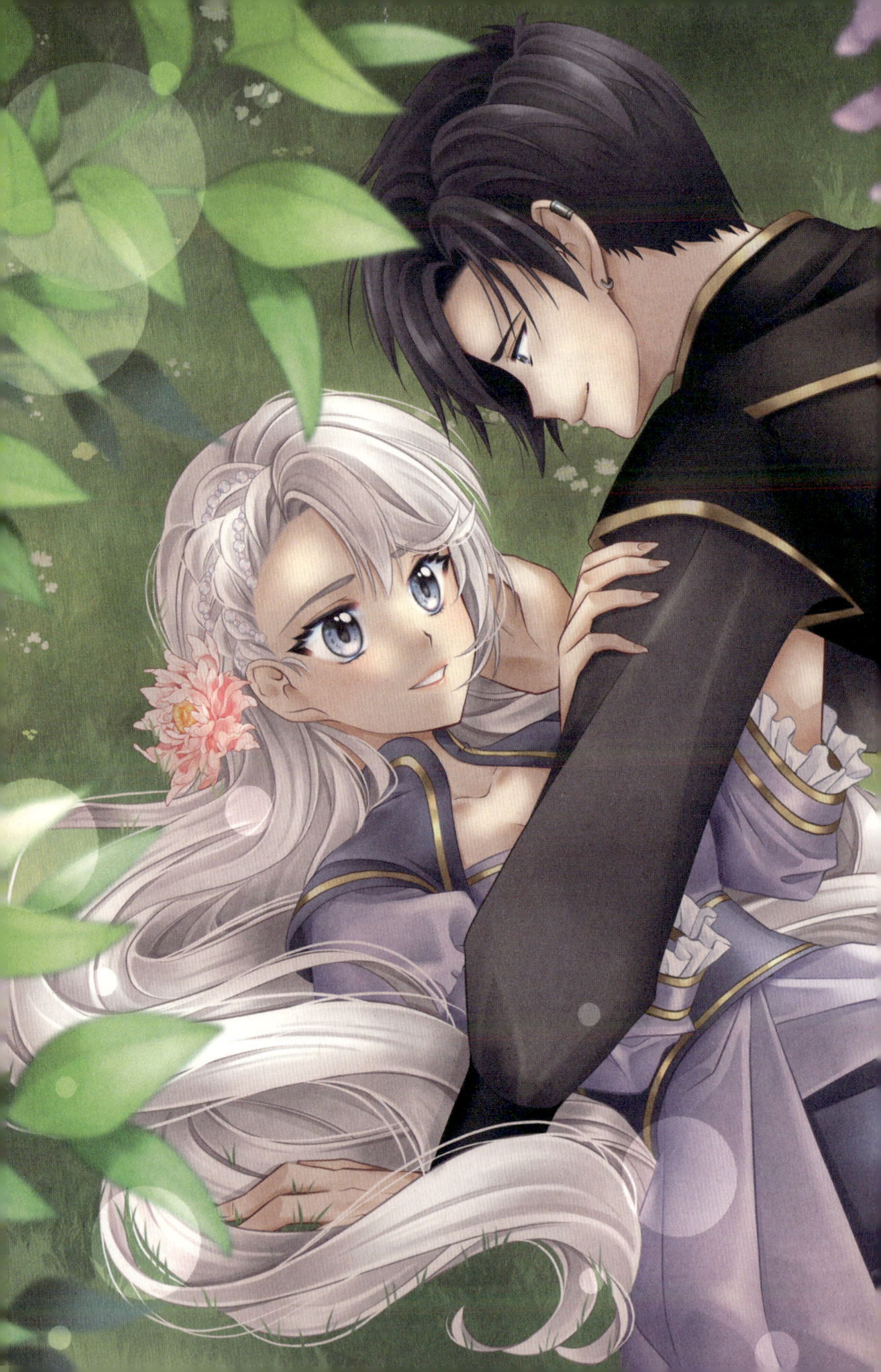

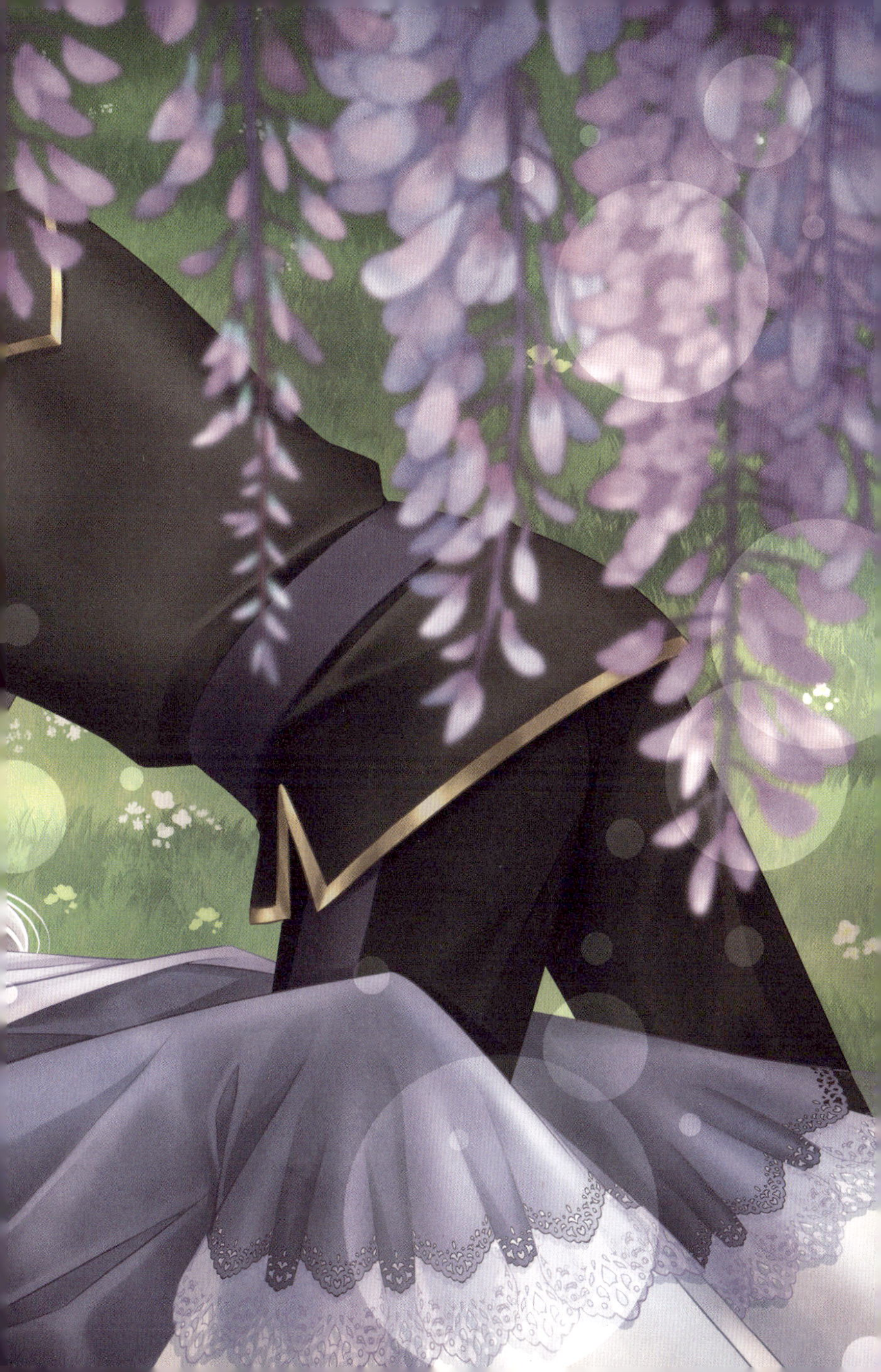

Inhalt

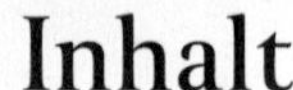

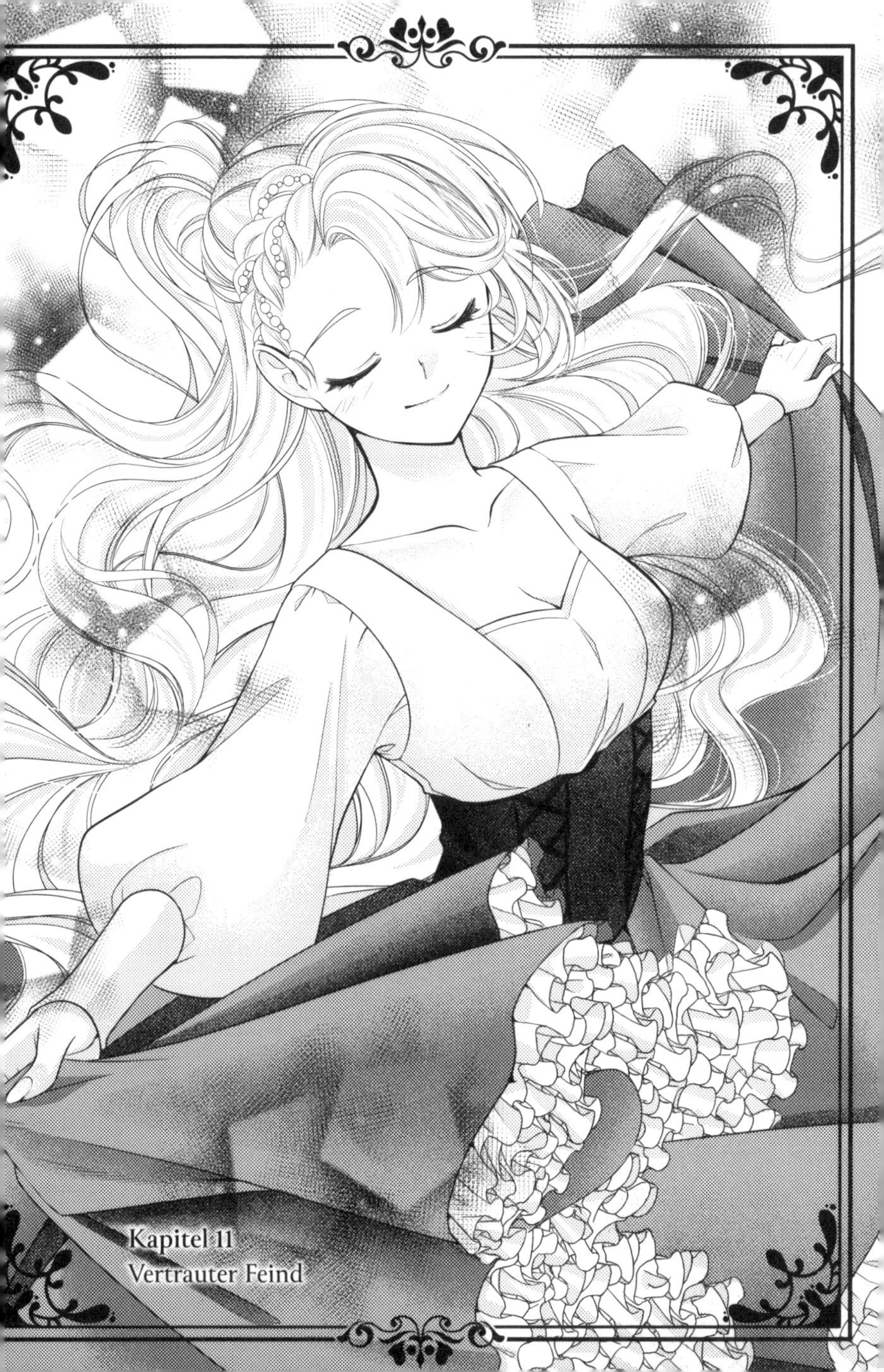
Kapitel 11
Vertrauter Feind

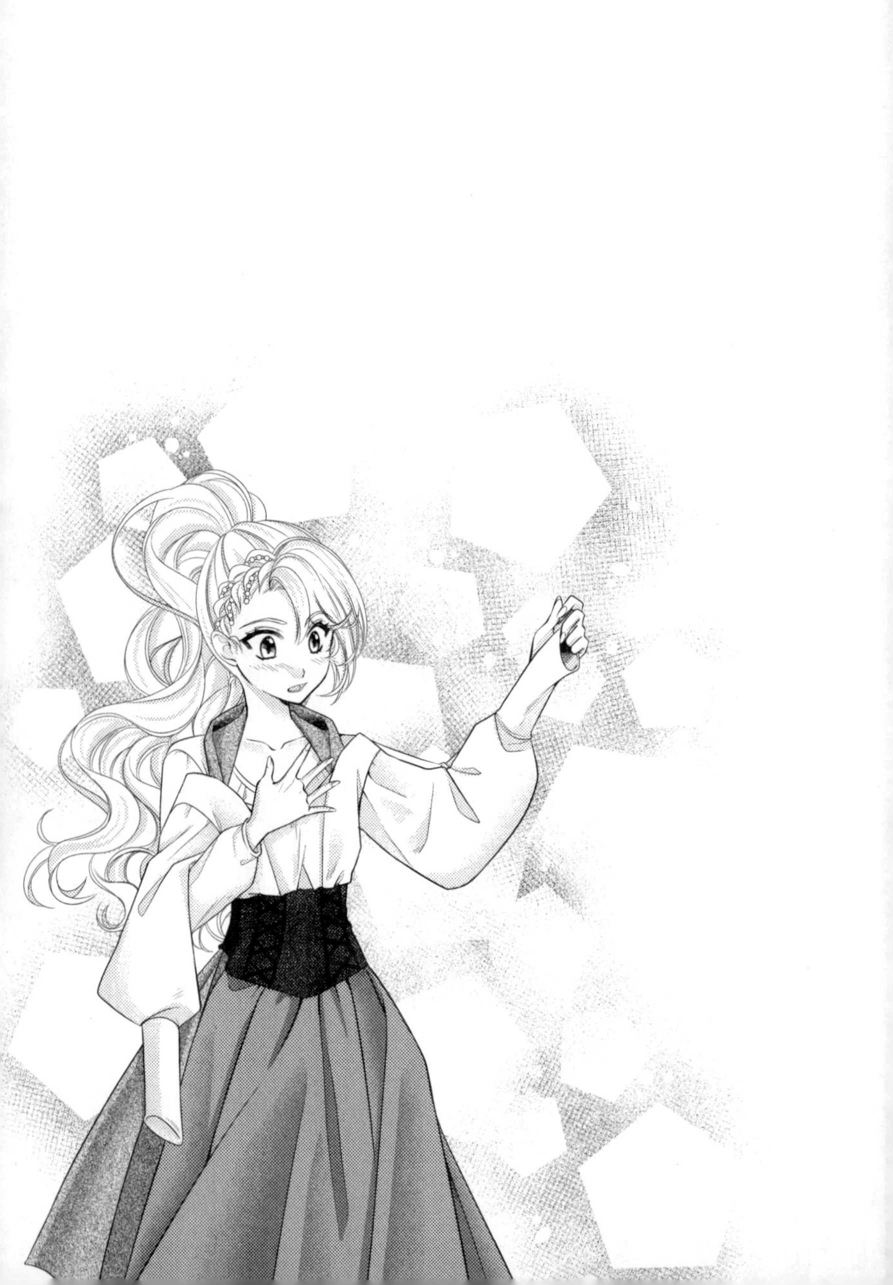

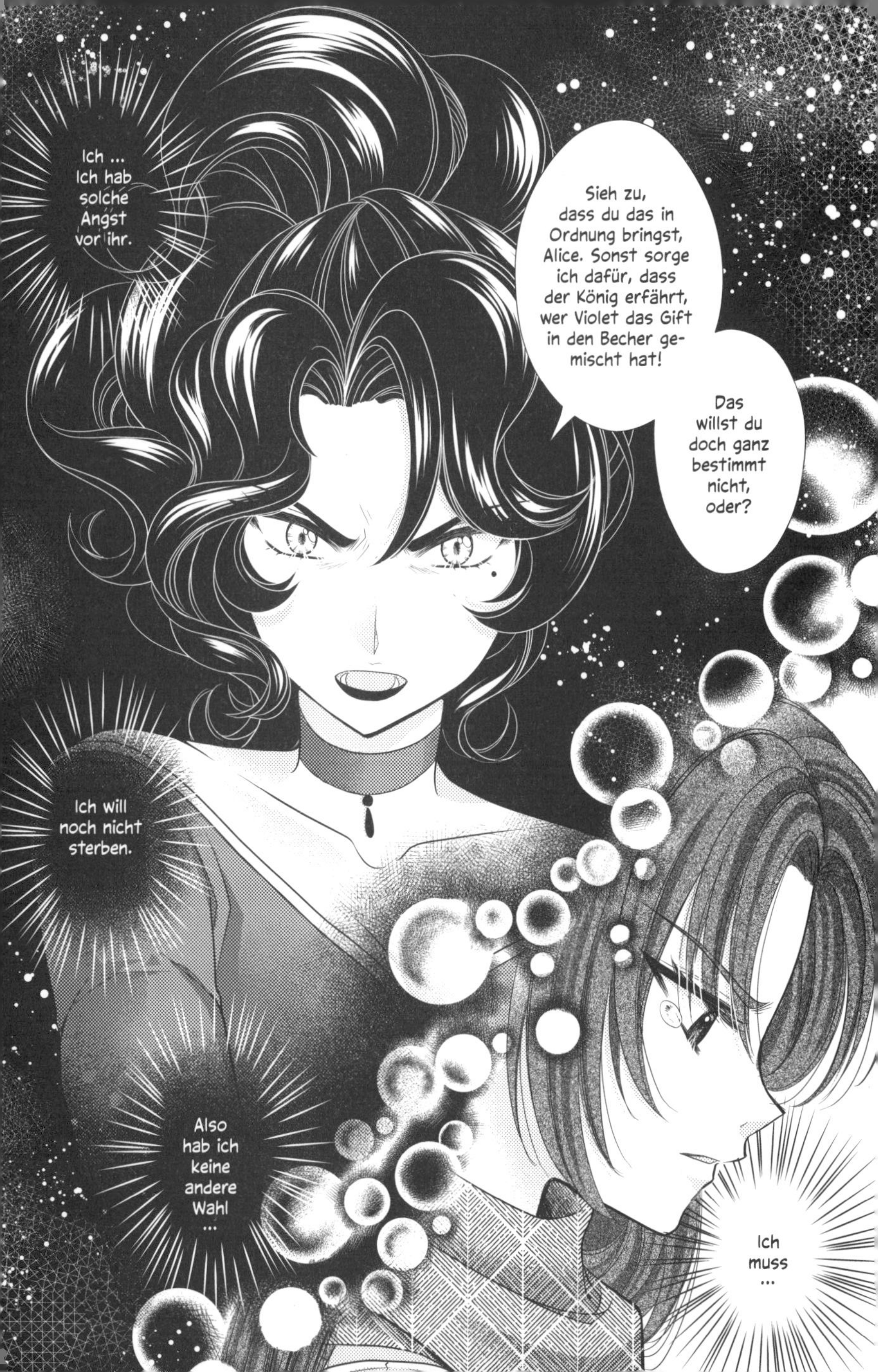
Ich ... Ich hab solche Angst vor ihr.
Sieh zu, dass du das in Ordnung bringst, Alice. Sonst sorge ich dafür, dass der König erfährt, wer Violet das Gift in den Becher gemischt hat!
Das willst du doch ganz bestimmt nicht, oder?
Ich will noch nicht sterben.
Also hab ich keine andere Wahl ...
Ich muss ...

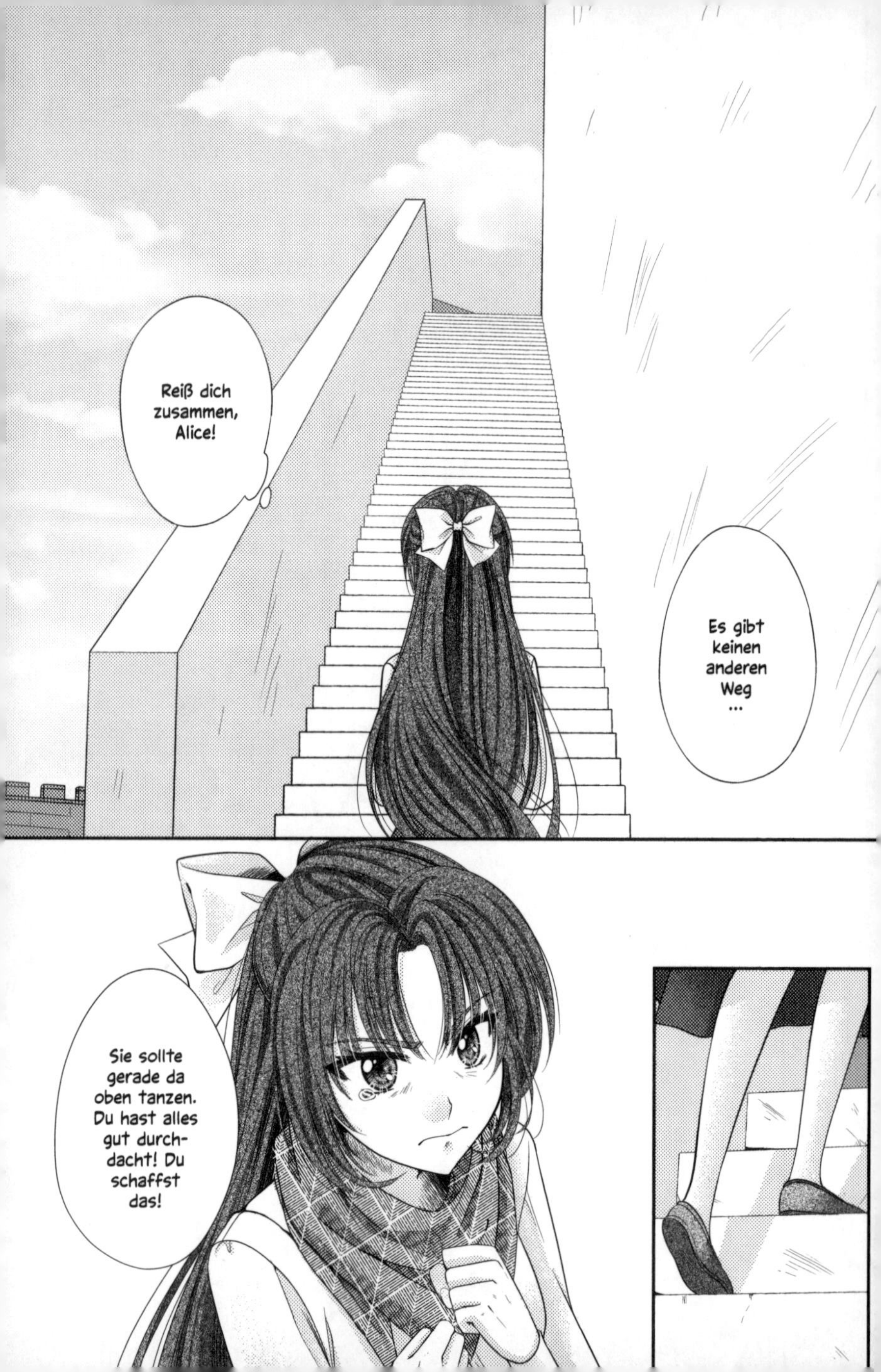
Es gibt keinen anderen Weg ...
Reiß dich zusammen, Alice!
Sie sollte gerade da oben tanzen. Du hast alles gut durchdacht! Du schaffst das!

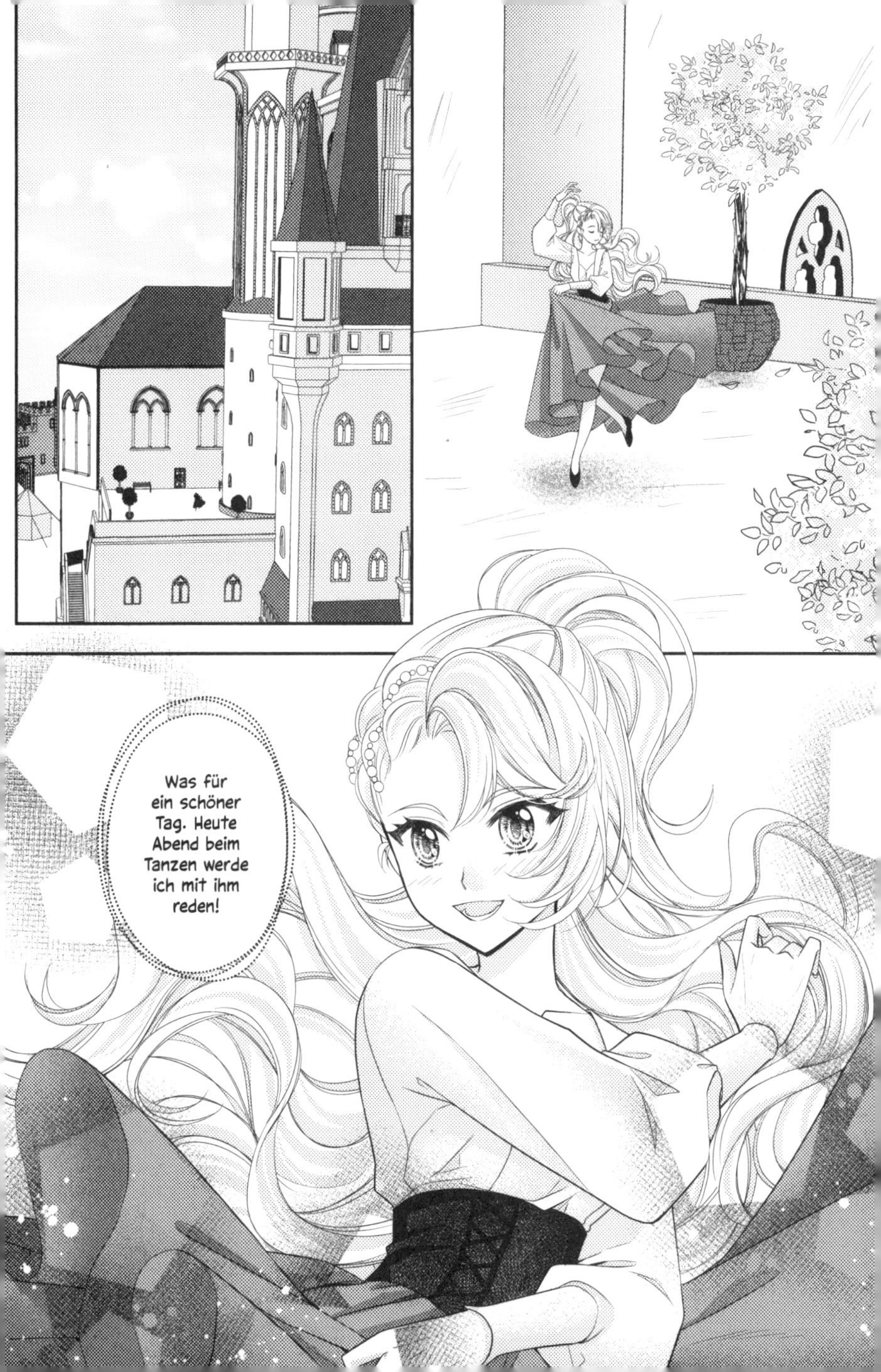
Was für ein schöner Tag. Heute Abend beim Tanzen werde ich mit ihm reden!

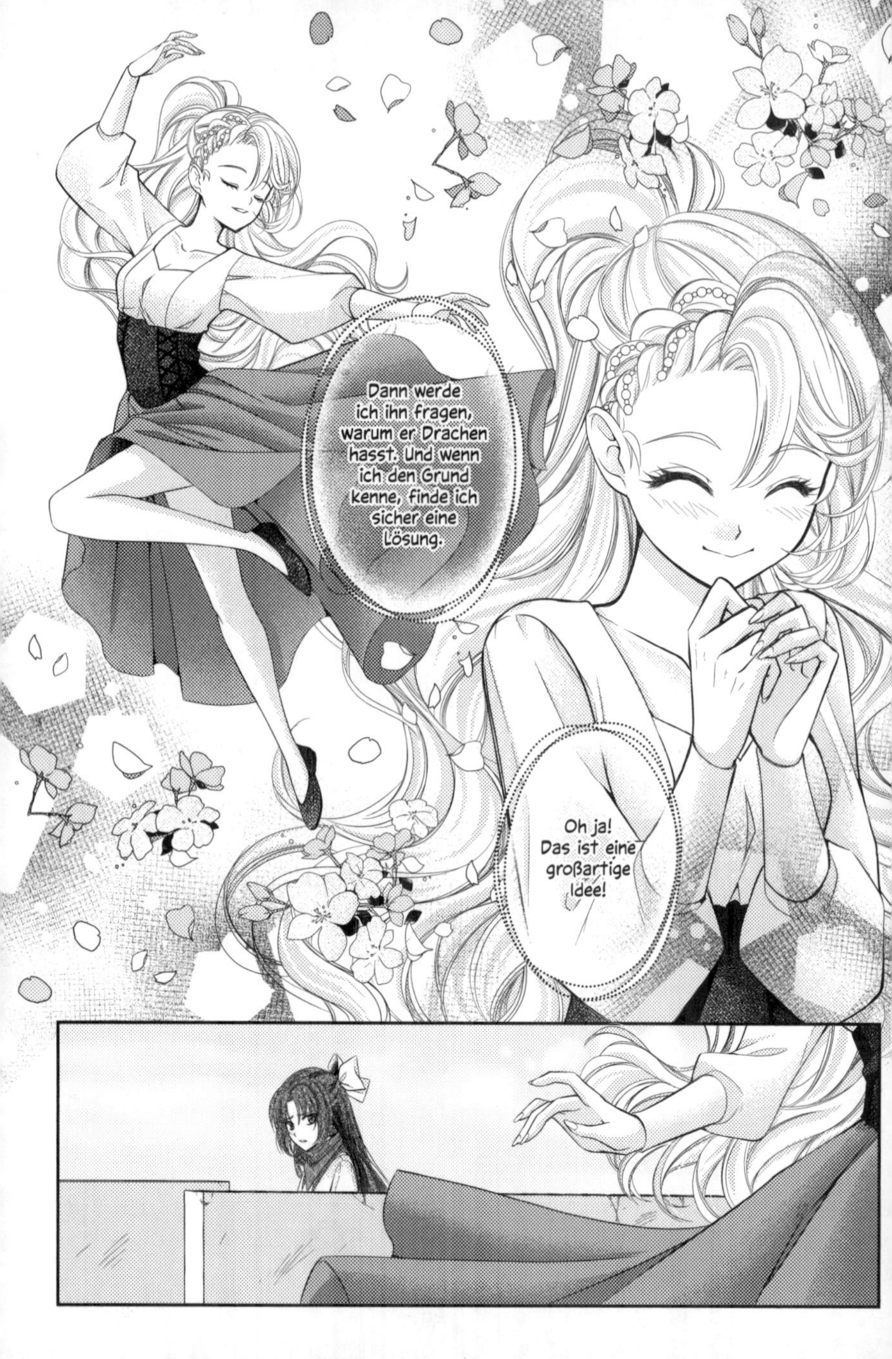
Dann werde ich ihn fragen, warum er Drachen hasst. Und wenn ich den Grund kenne, finde ich sicher eine Lösung.
Oh ja! Das ist eine großartige Idee!

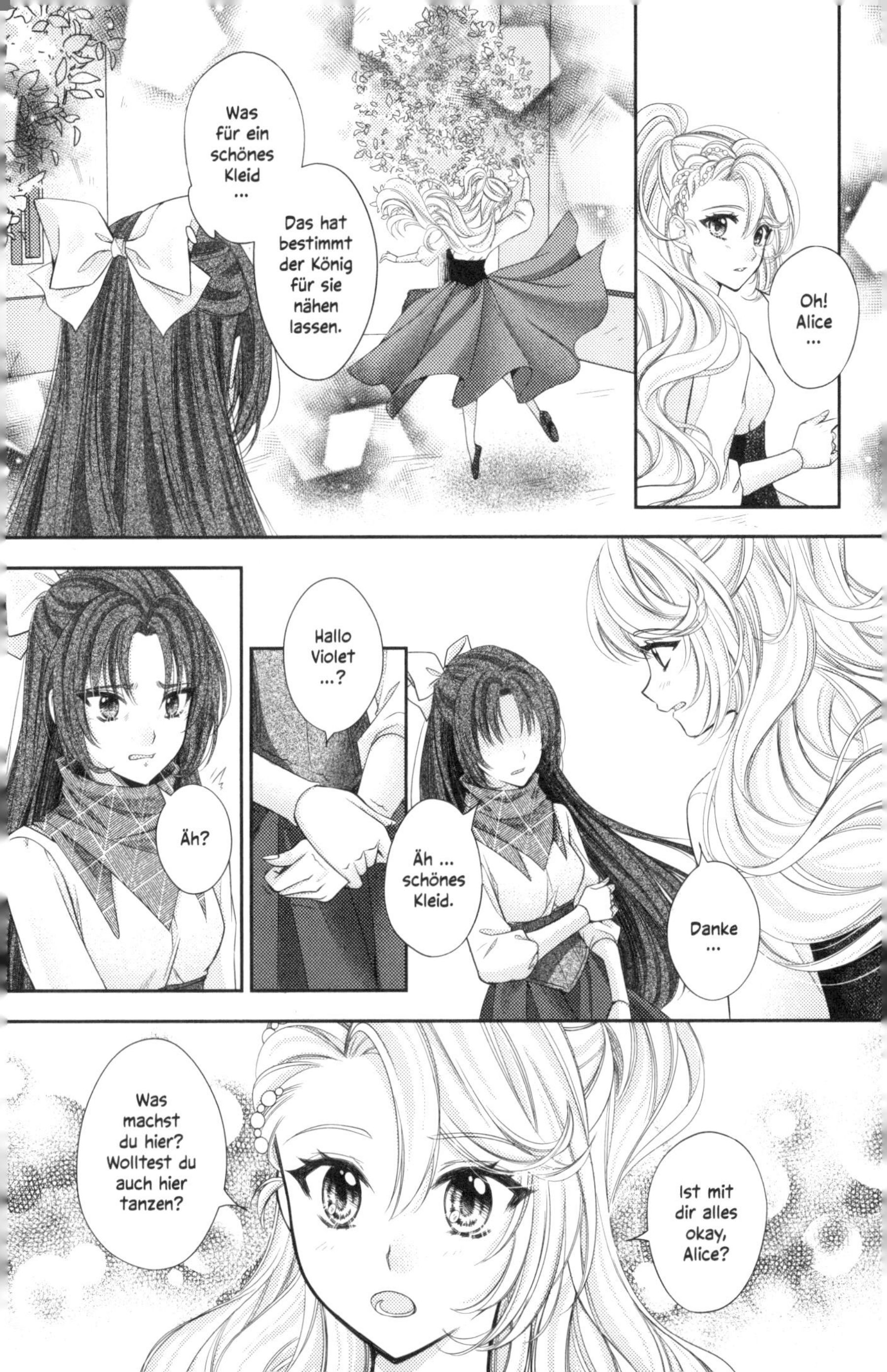
Was für ein schönes Kleid …
Das hat bestimmt der König für sie nähen lassen.
Oh! Alice …
Hallo Violet …?
Äh?
Äh … schönes Kleid.
Danke …
Was machst du hier? Wolltest du auch hier tanzen?
Ist mit dir alles okay, Alice?

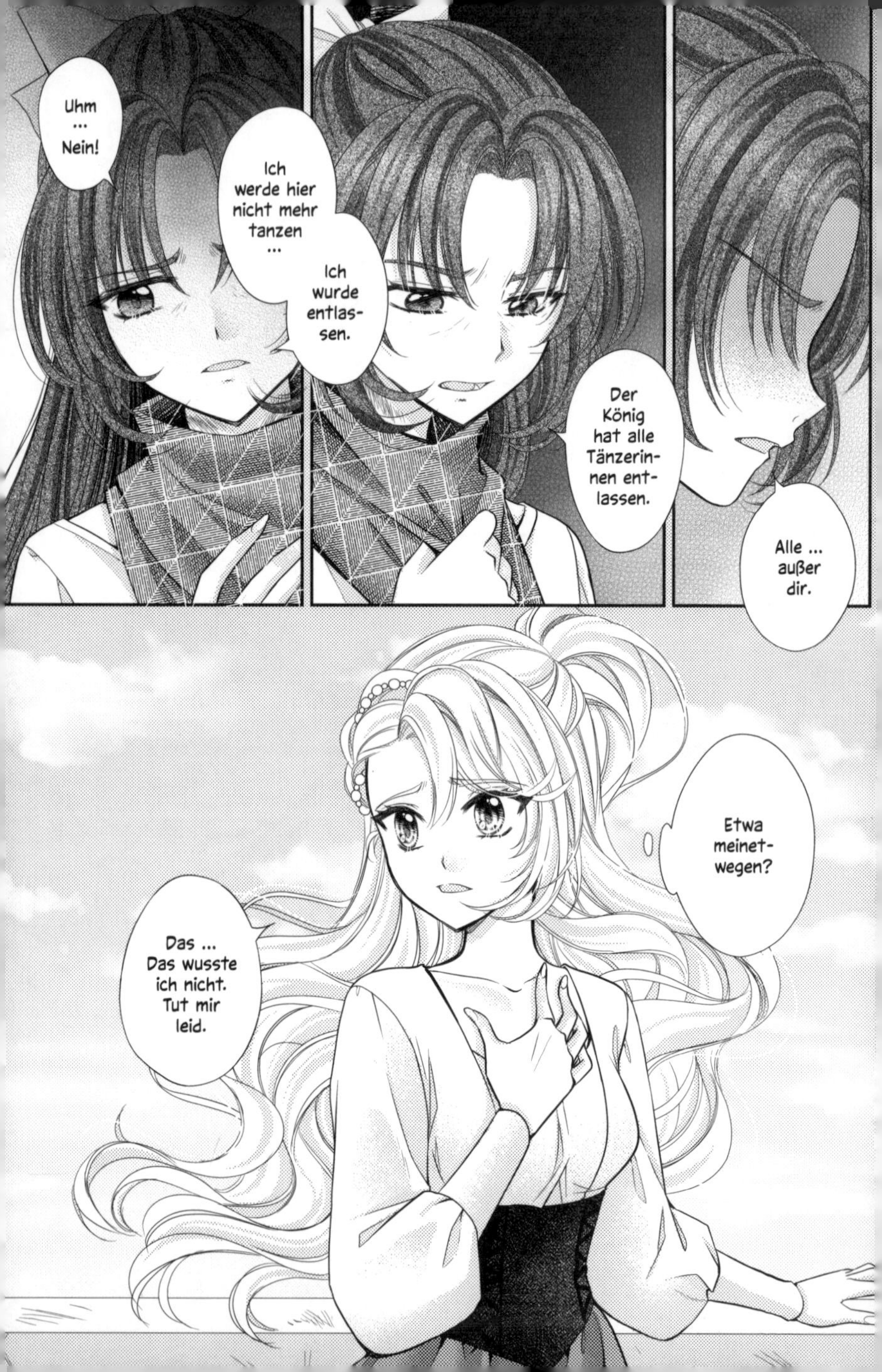
Uhm ... Nein!
Ich werde hier nicht mehr tanzen ...
Ich wurde entlassen.
Der König hat alle Tänzerinnen entlassen.
Alle ... außer dir.
Etwa meinetwegen?
Das ... Das wusste ich nicht. Tut mir leid.

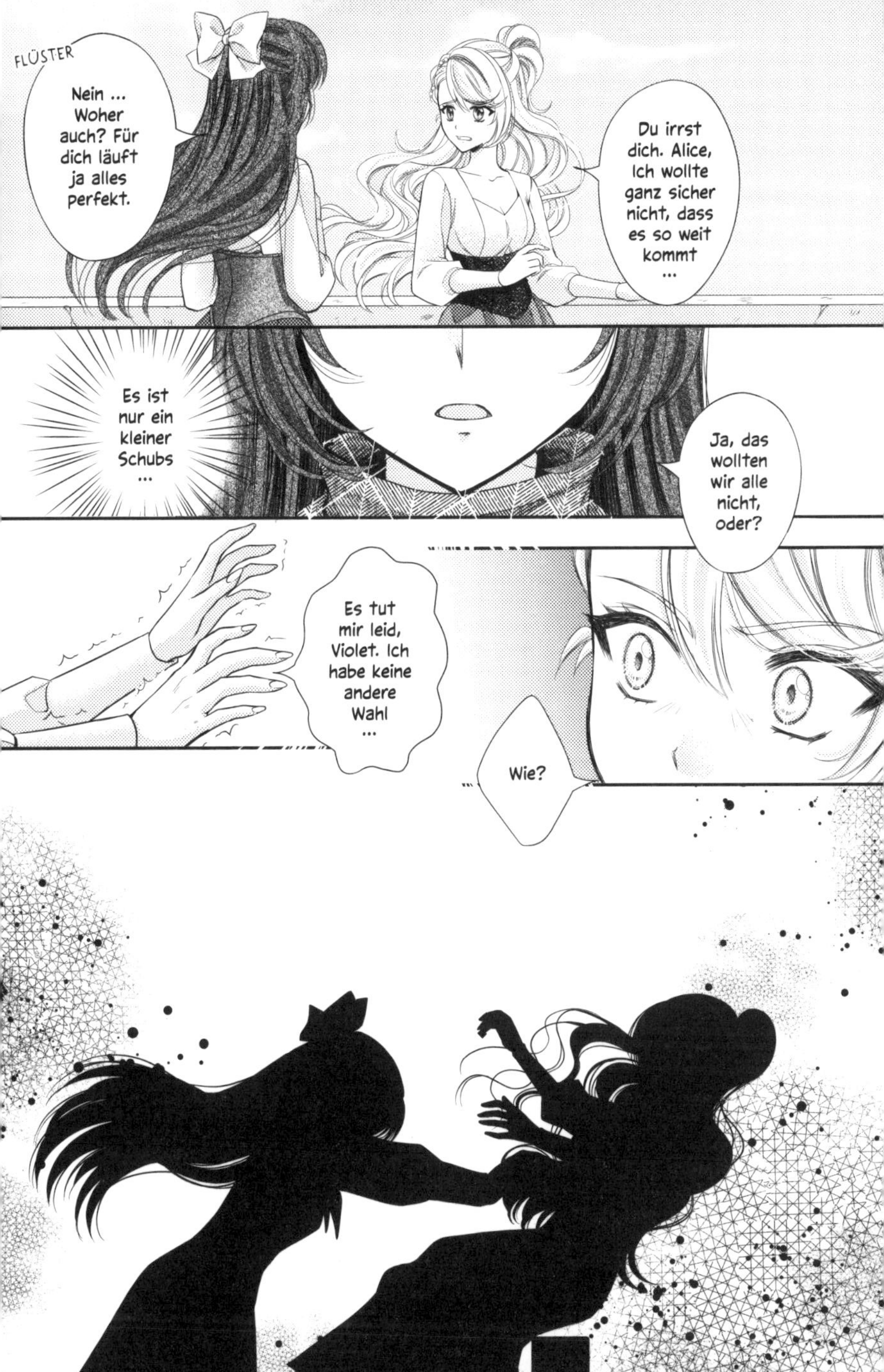
FLÜSTER
Du irrst dich. Alice, Ich wollte ganz sicher nicht, dass es so weit kommt ...
Nein ... Woher auch? Für dich läuft ja alles perfekt.
Ja, das wollten wir alle nicht, oder?
Es ist nur ein kleiner Schubs ...
Wie?
Es tut mir leid, Violet. Ich habe keine andere Wahl ...

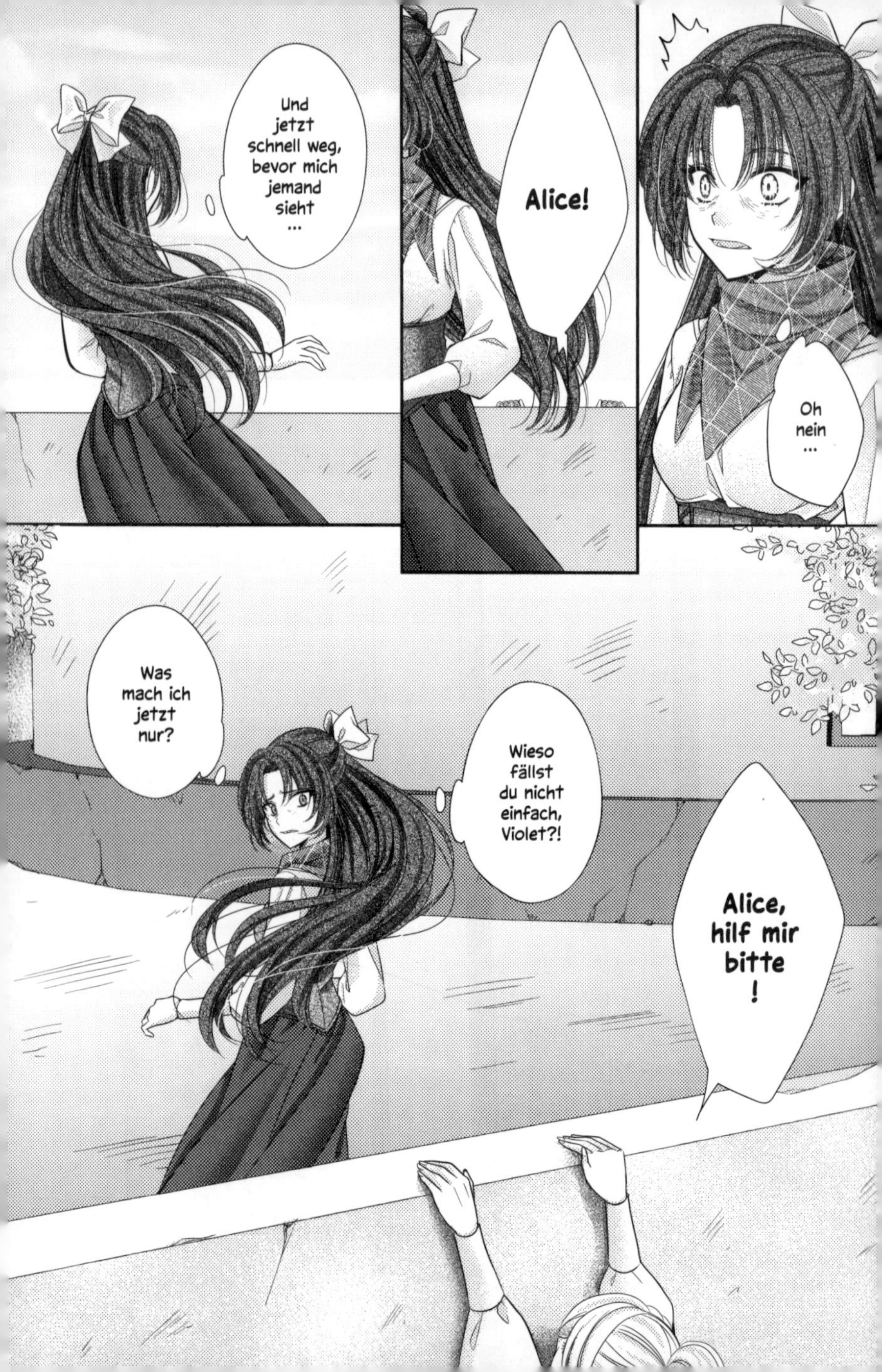
Und jetzt schnell weg, bevor mich jemand sieht ...
Alice!
Oh nein ...
Was mach ich jetzt nur?
Wieso fällst du nicht einfach, Violet?!
Alice, hilf mir bitte !

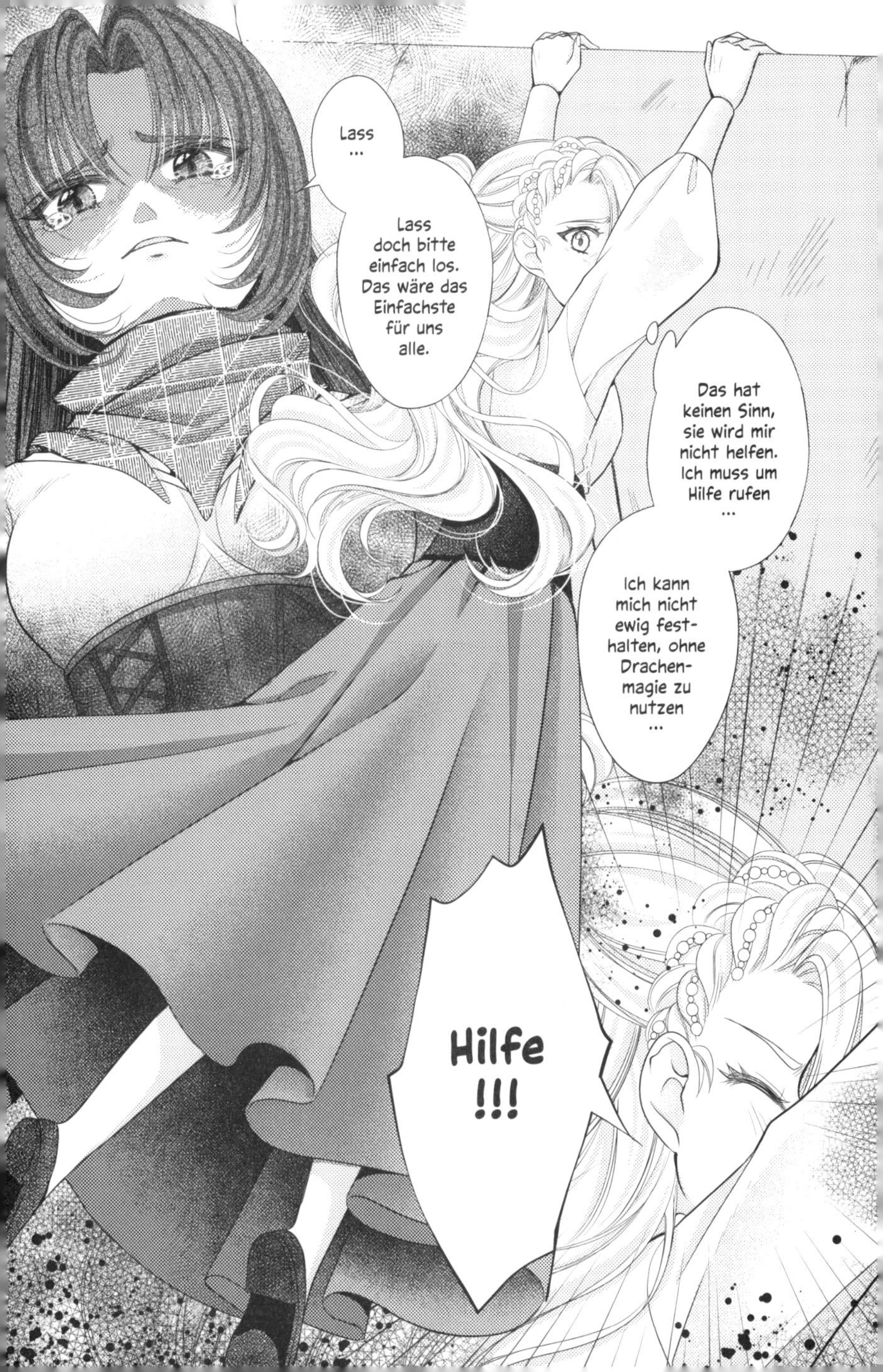
Lass …
Lass doch bitte einfach los. Das wäre das Einfachste für uns alle.
Das hat keinen Sinn, sie wird mir nicht helfen. Ich muss um Hilfe rufen …
Ich kann mich nicht ewig fest-halten, ohne Drachen-magie zu nutzen …
Hilfe !!!

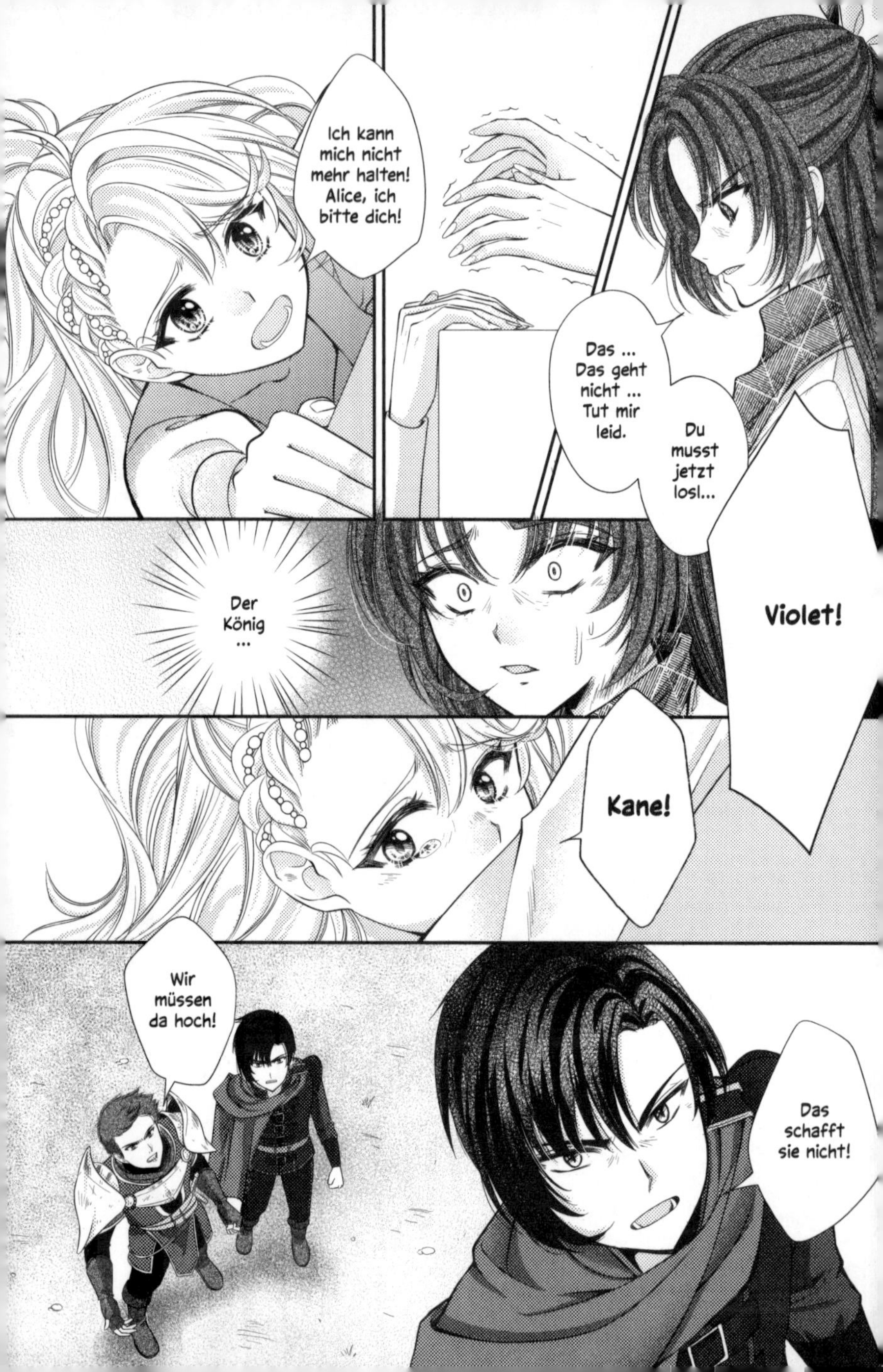

Ich kann mich nicht mehr halten! Alice, ich bitte dich!
Das ... Das geht nicht ... Tut mir leid.
Du musst jetzt losl...
Violet!
Der König ...
Kane!
Das schafft sie nicht!
Wir müssen da hoch!

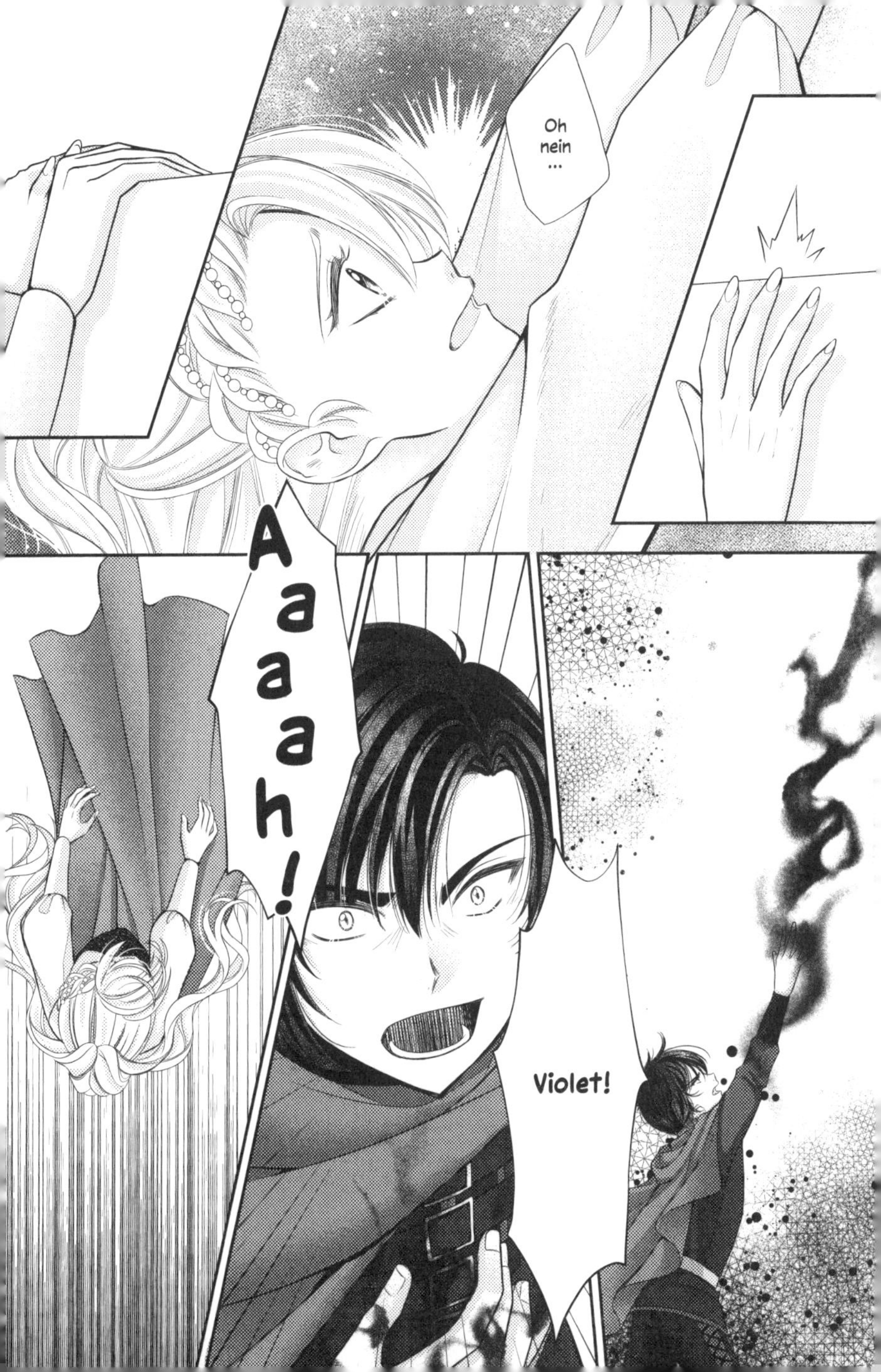
Oh nein ...
Aaaah!
Violet!

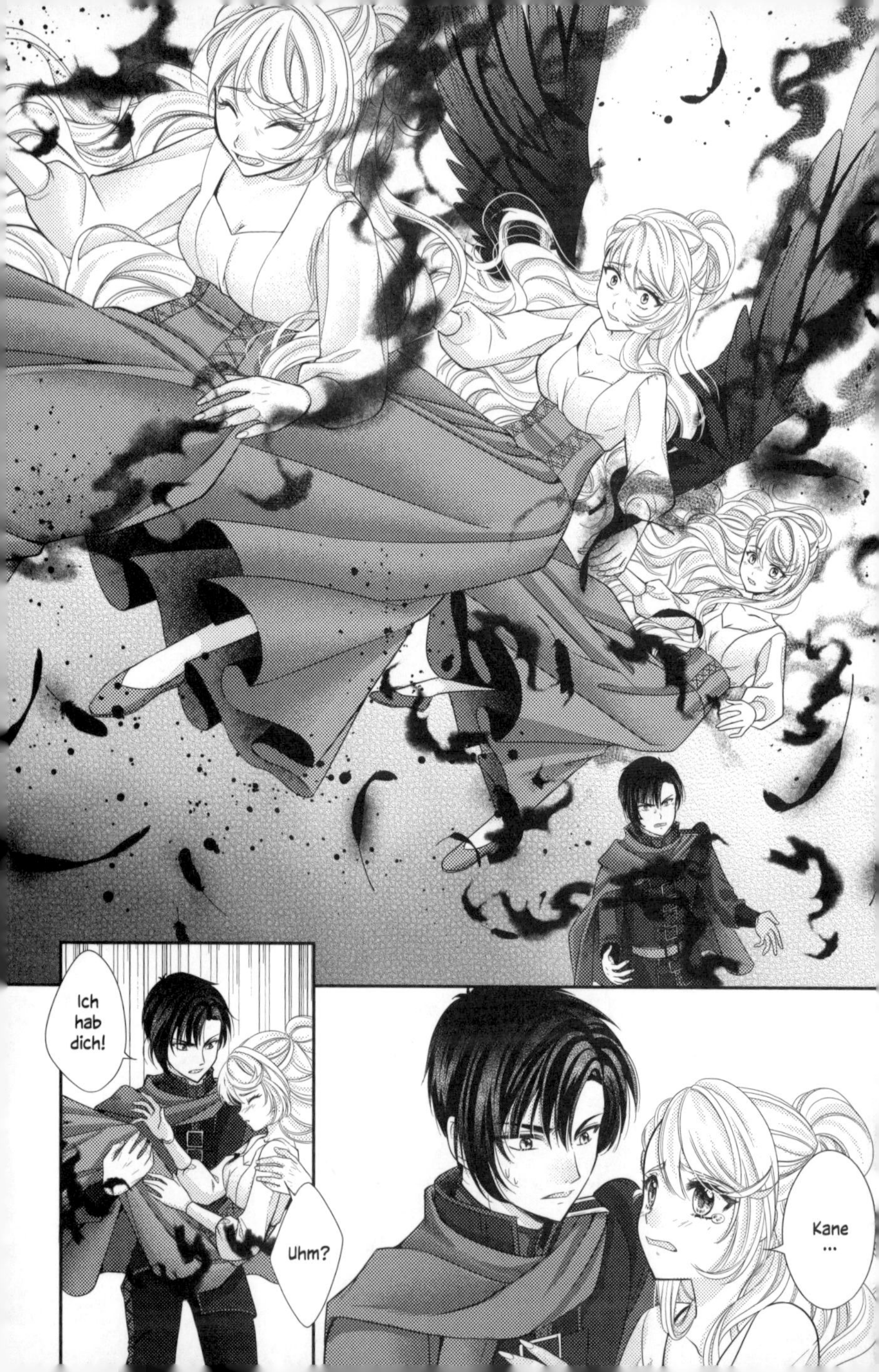
Kane ...
Uhm?
Ich hab dich!

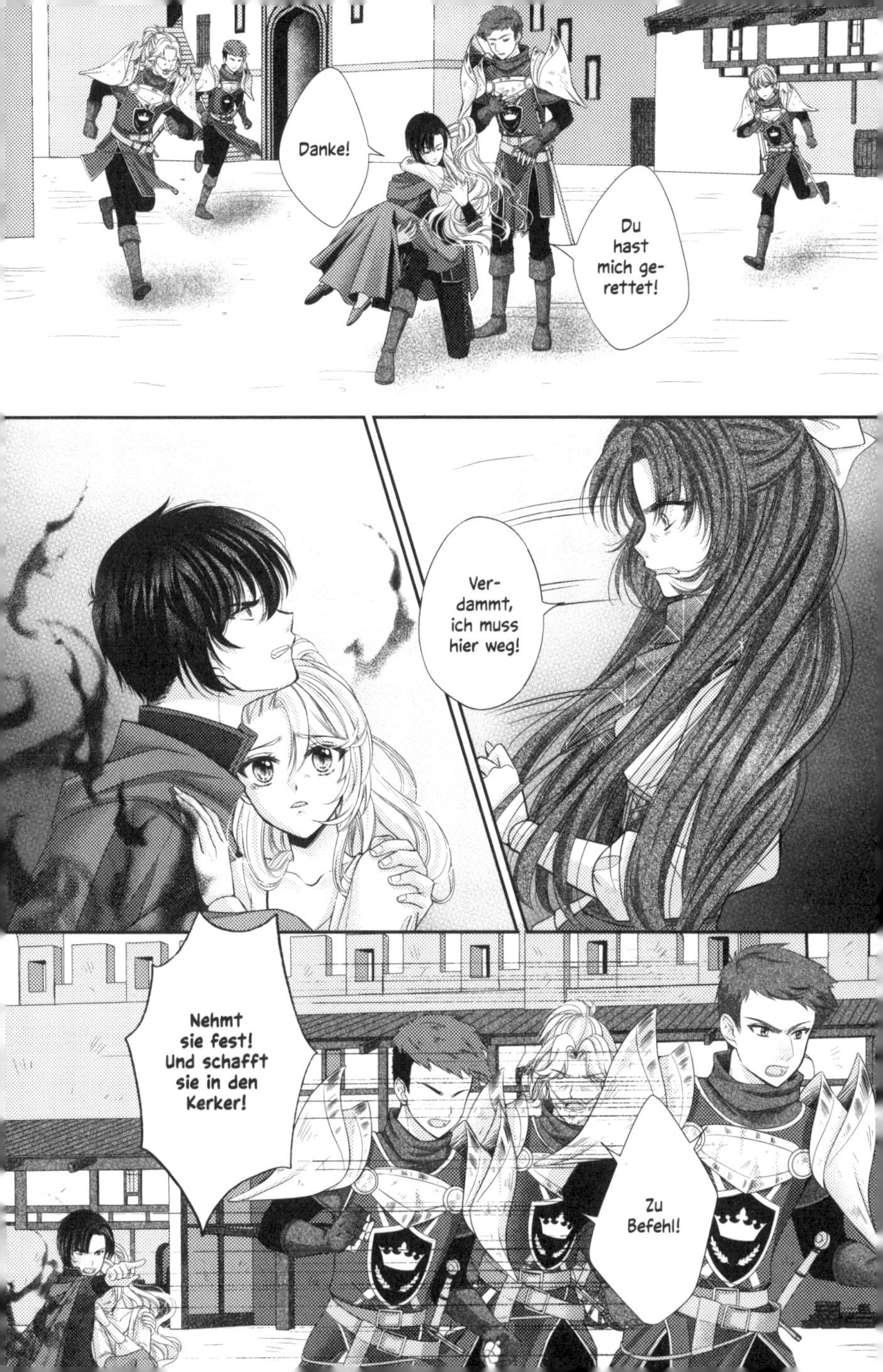
Danke!
Du hast mich gerettet!
Verdammt, ich muss hier weg!
Nehmt sie fest! Und schafft sie in den Kerker!
Zu Befehl!

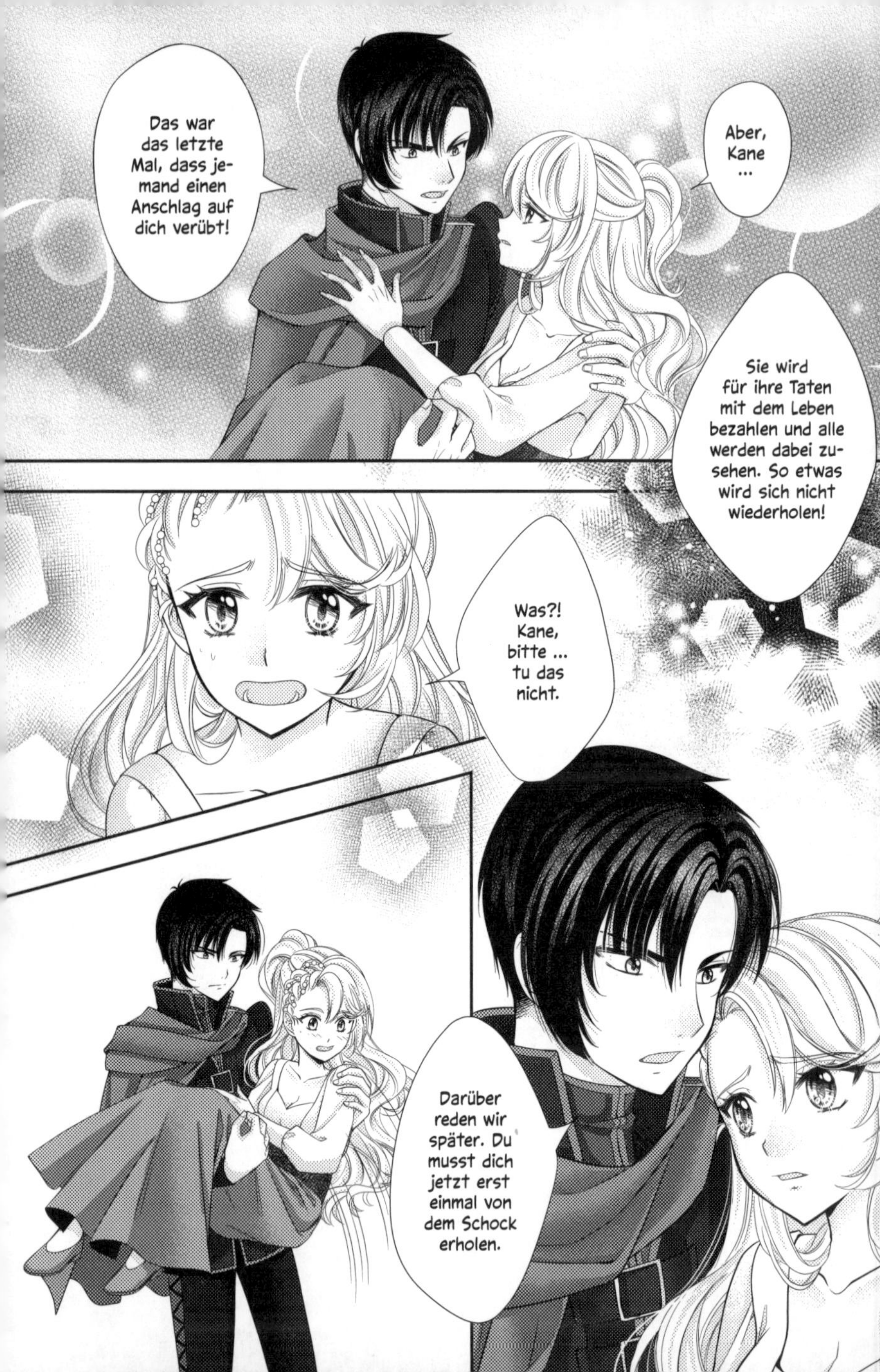
Aber, Kane ...
Das war das letzte Mal, dass jemand einen Anschlag auf dich verübt!
Sie wird für ihre Taten mit dem Leben bezahlen und alle werden dabei zusehen. So etwas wird sich nicht wiederholen!
Was?! Kane, bitte ... tu das nicht.
Darüber reden wir später. Du musst dich jetzt erst einmal von dem Schock erholen.

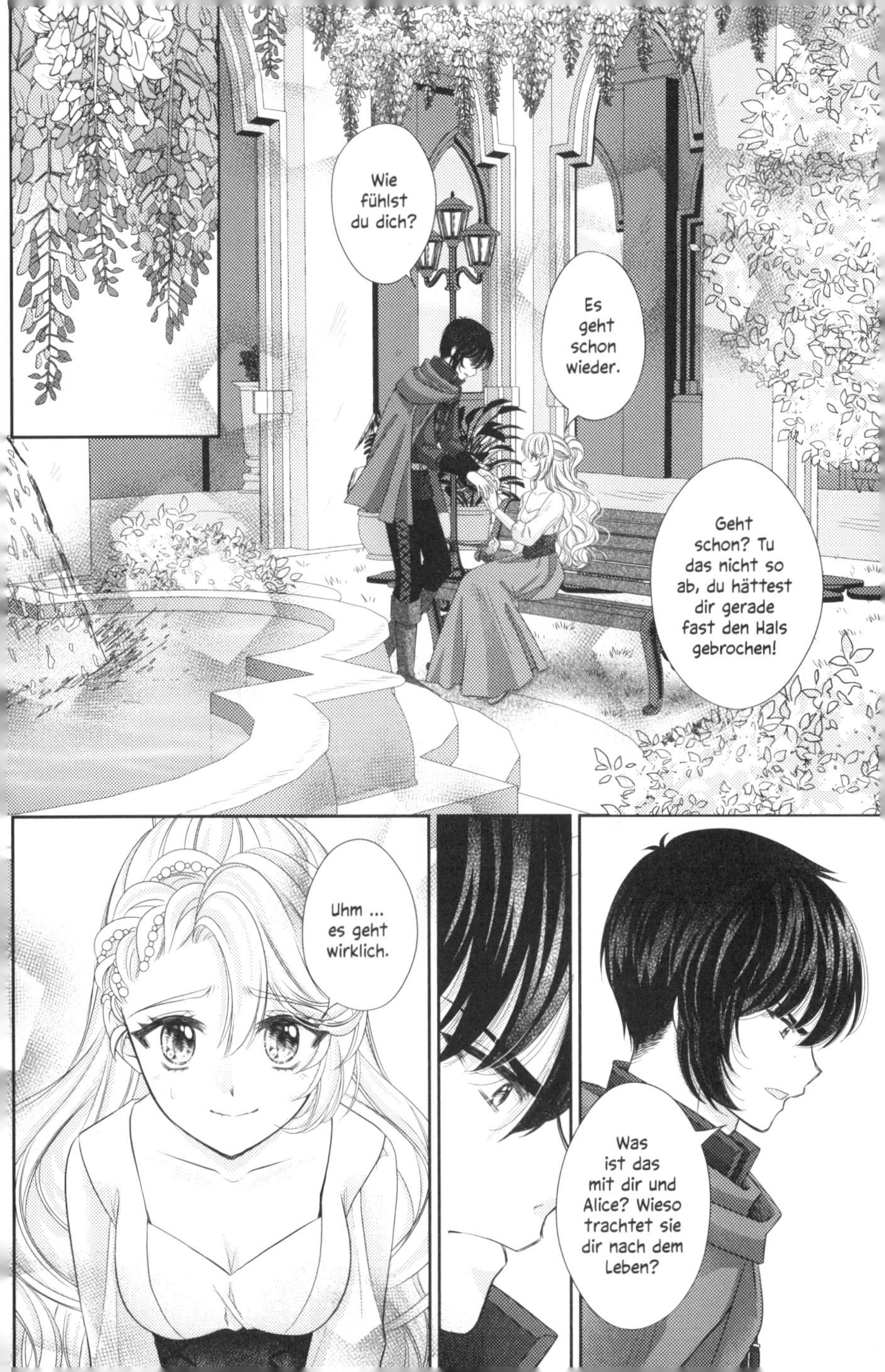
Wie fühlst du dich?
Es geht schon wieder.
Geht schon? Tu das nicht so ab, du hättest dir gerade fast den Hals gebrochen!
Uhm ... es geht wirklich.
Was ist das mit dir und Alice? Wieso trachtet sie dir nach dem Leben?

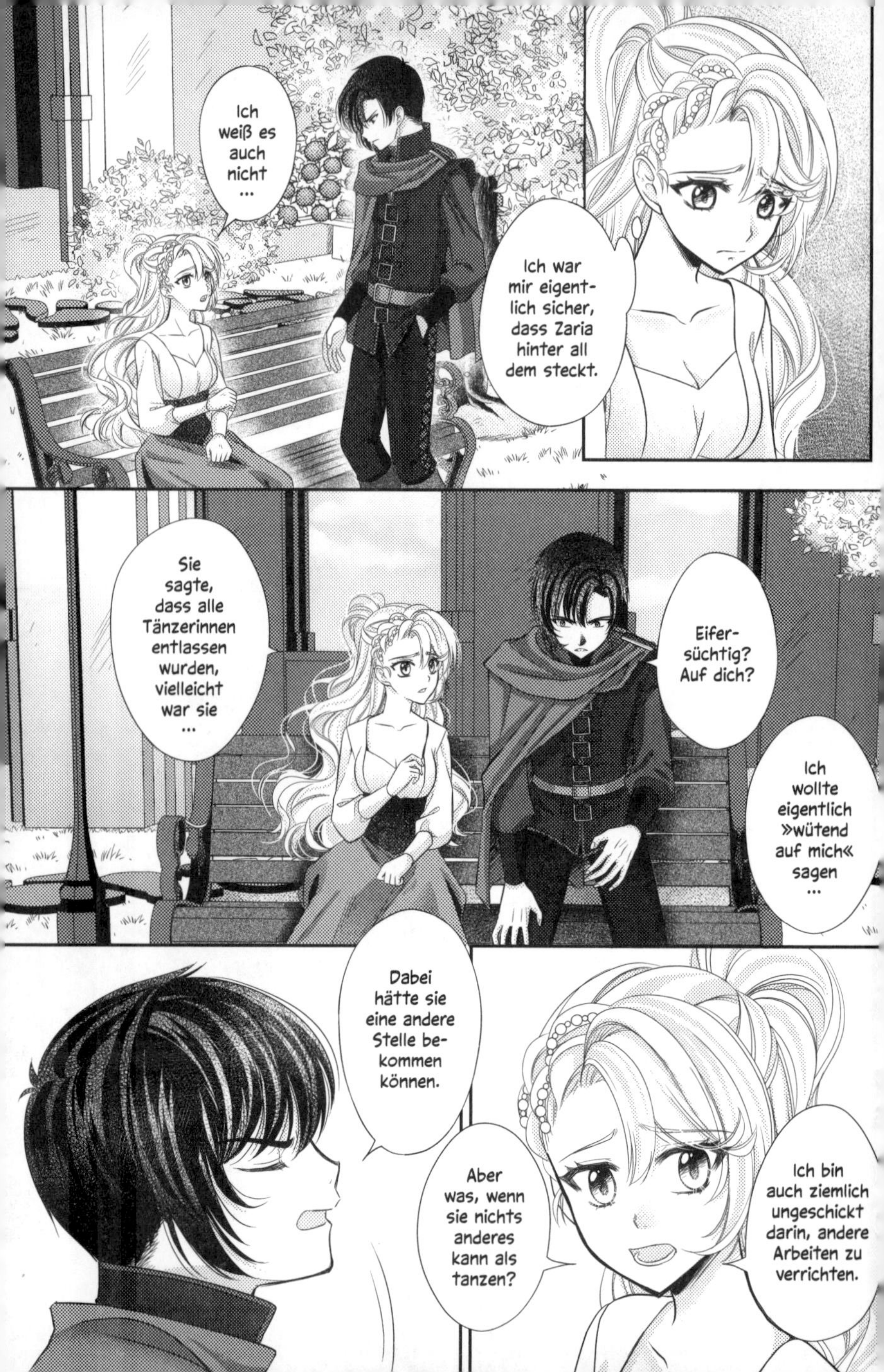

Ich war mir eigentlich sicher, dass Zaria hinter all dem steckt.
Ich weiß es auch nicht ...
Eifer-süchtig? Auf dich?
Sie sagte, dass alle Tänzerinnen entlassen wurden, vielleicht war sie ...
Ich wollte eigentlich »wütend auf mich« sagen ...
Ich bin auch ziemlich ungeschickt darin, andere Arbeiten zu verrichten.
Aber was, wenn sie nichts anderes kann als tanzen?
Dabei hätte sie eine andere Stelle bekommen können.

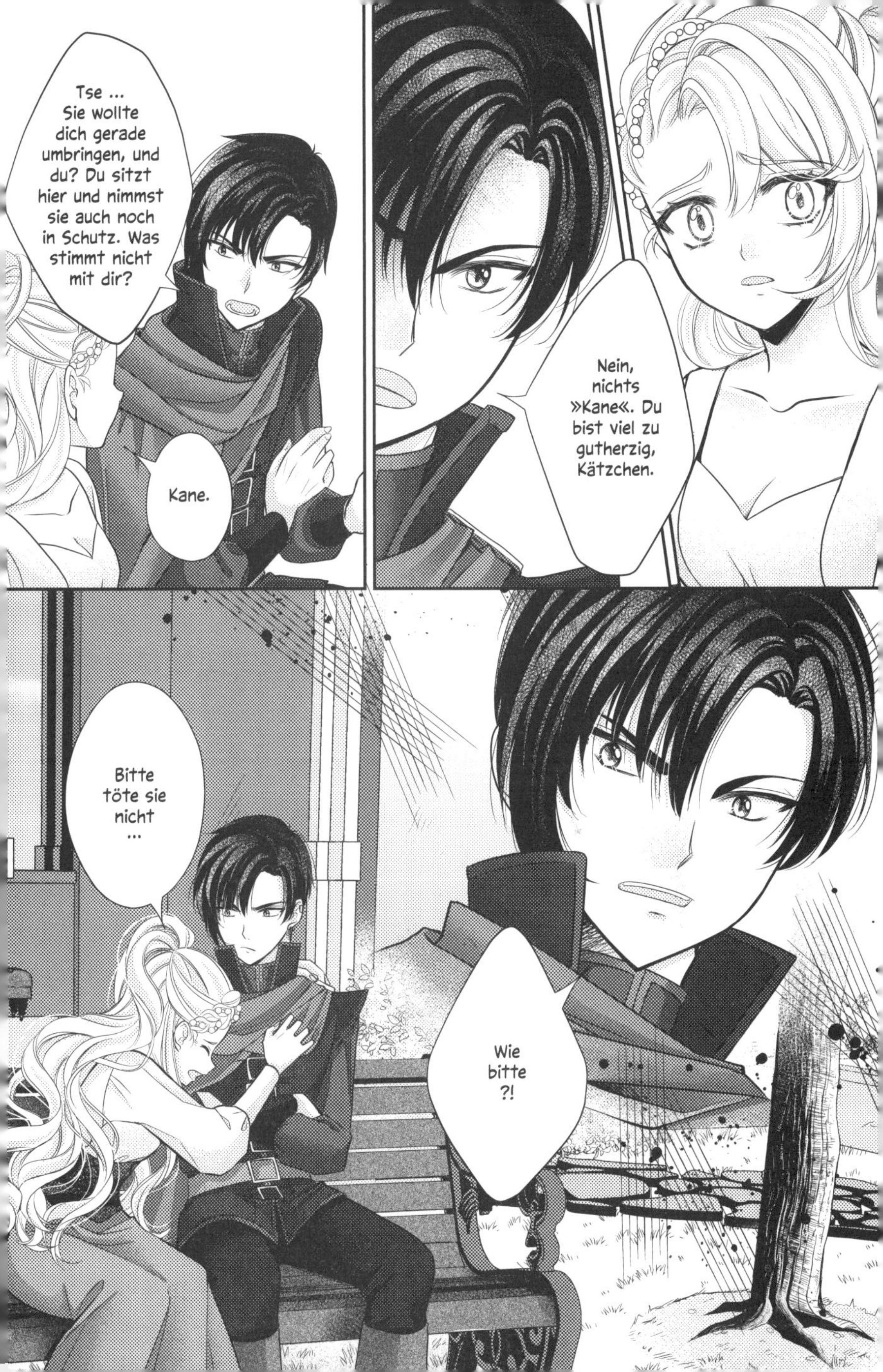
Tse ...
Sie wollte dich gerade umbringen, und du? Du sitzt hier und nimmst sie auch noch in Schutz. Was stimmt nicht mit dir?
Kane.
Nein, nichts »Kane«. Du bist viel zu gutherzig, Kätzchen.
Bitte töte sie nicht ...
Wie bitte ?!

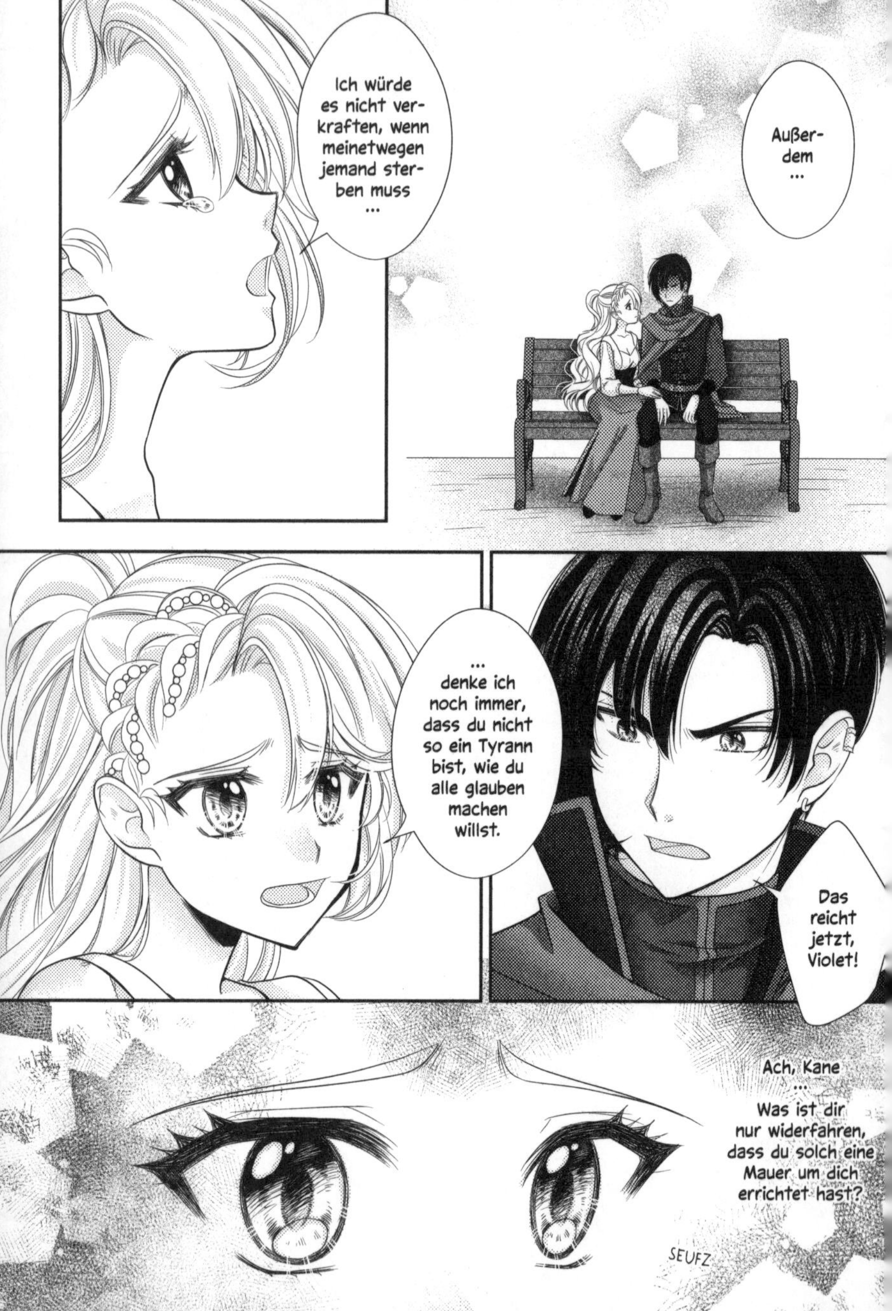

Außer-dem …
Ich würde es nicht ver-kraften, wenn meinetwegen jemand ster-ben muss …
… denke ich noch immer, dass du nicht so ein Tyrann bist, wie du alle glauben machen willst.
Das reicht jetzt, Violet!
Ach, Kane … Was ist dir nur widerfahren, dass du solch eine Mauer um dich errichtet hast?
SEUFZ

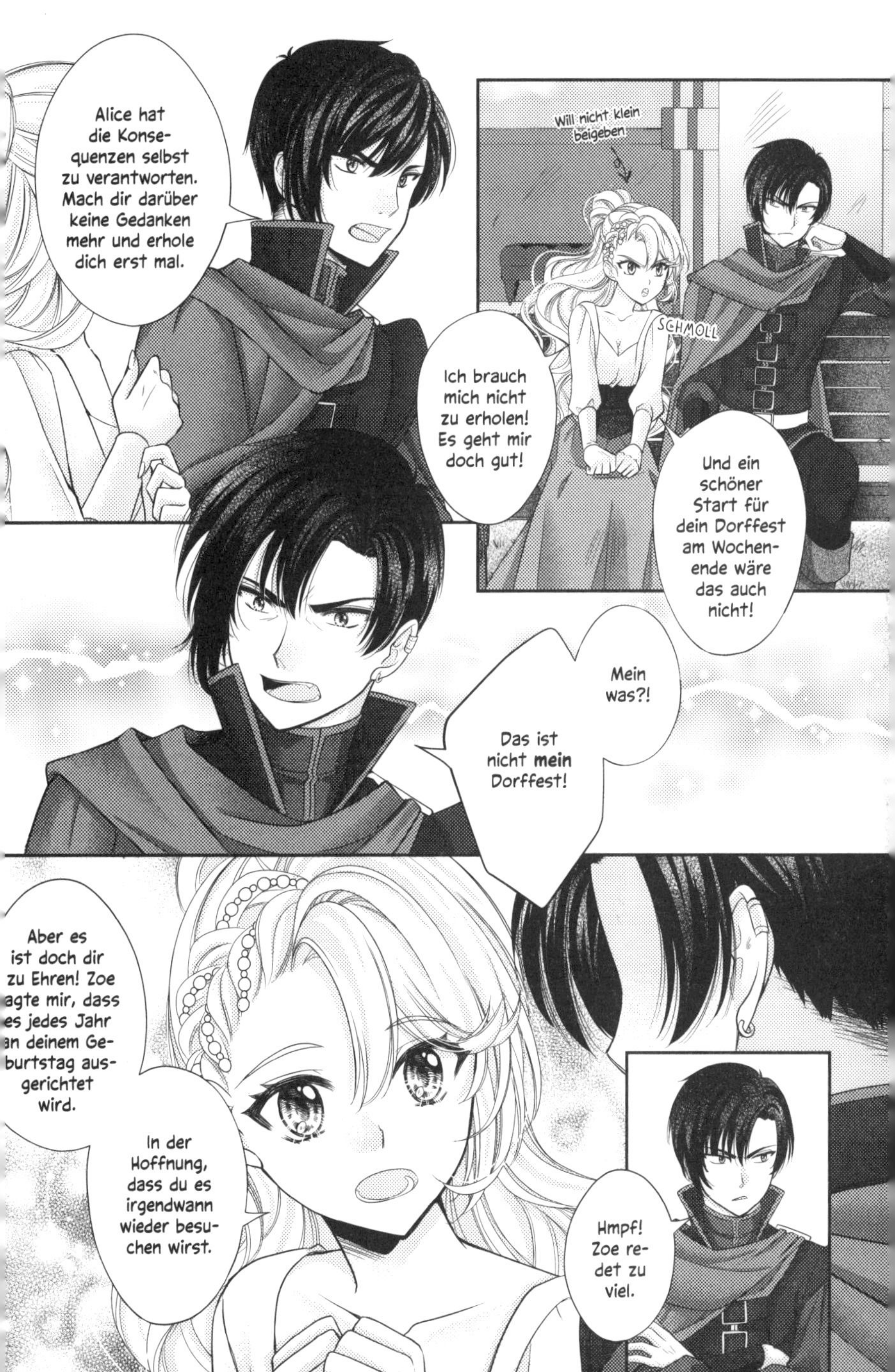
Alice hat die Konsequenzen selbst zu verantworten. Mach dir darüber keine Gedanken mehr und erhole dich erst mal.
Will nicht klein beigeben
SCHMOLL
Ich brauch mich nicht zu erholen! Es geht mir doch gut!
Und ein schöner Start für dein Dorffest am Wochenende wäre das auch nicht!
Mein was?!
Das ist nicht **mein** Dorffest!
Aber es ist doch dir zu Ehren! Zoe agte mir, dass es jedes Jahr an deinem Geburtstag ausgerichtet wird.
In der Hoffnung, dass du es irgendwann wieder besuchen wirst.
Hmpf! Zoe redet zu viel.

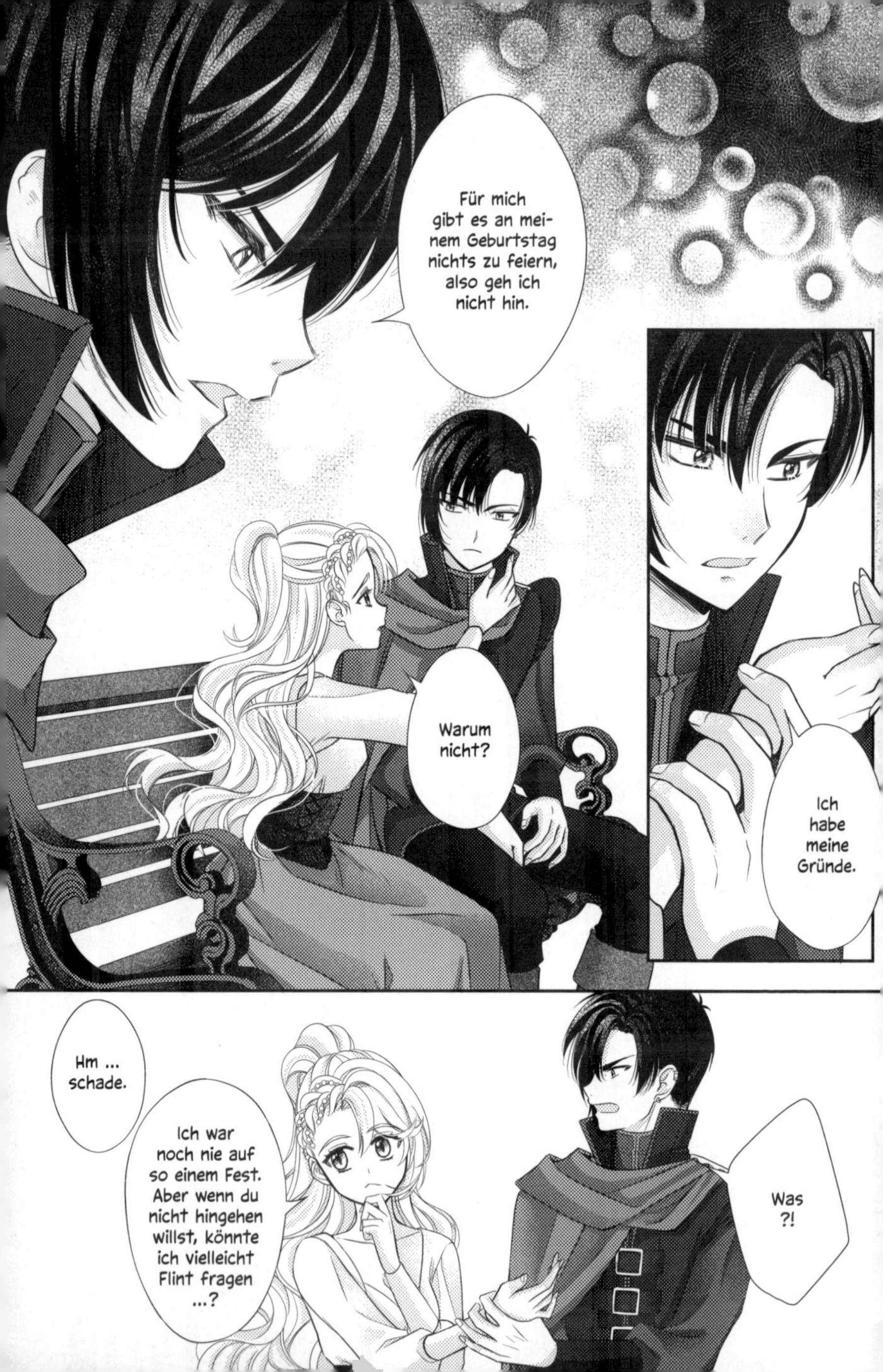
Für mich gibt es an meinem Geburtstag nichts zu feiern, also geh ich nicht hin.
Warum nicht?
Ich habe meine Gründe.
Hm ... schade.
Ich war noch nie auf so einem Fest. Aber wenn du nicht hingehen willst, könnte ich vielleicht Flint fragen ...?
Was ?!

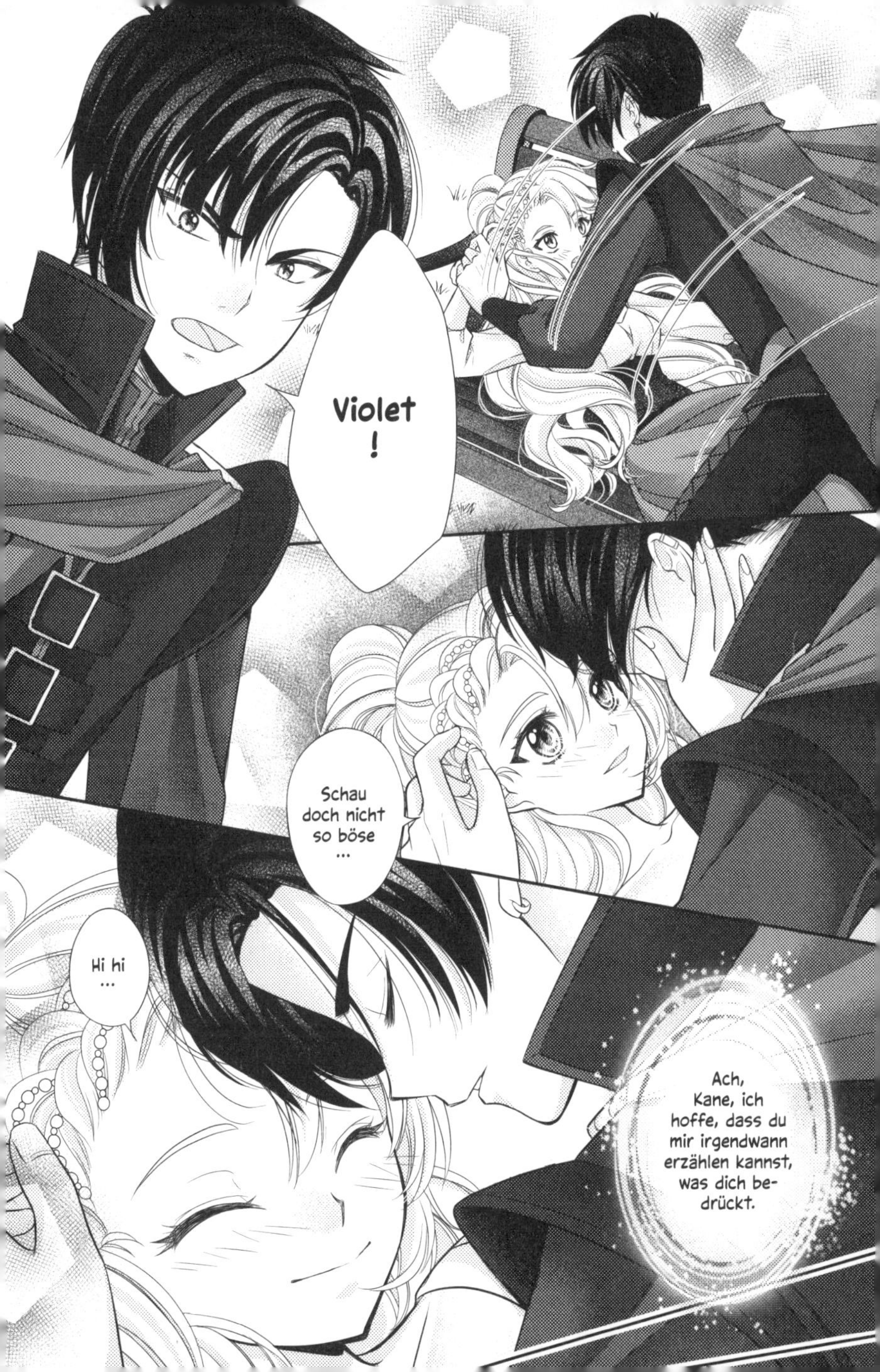
Violet !
Schau doch nicht so böse ...
Hi hi ...
Ach, Kane, ich hoffe, dass du mir irgendwann erzählen kannst, was dich be-drückt.

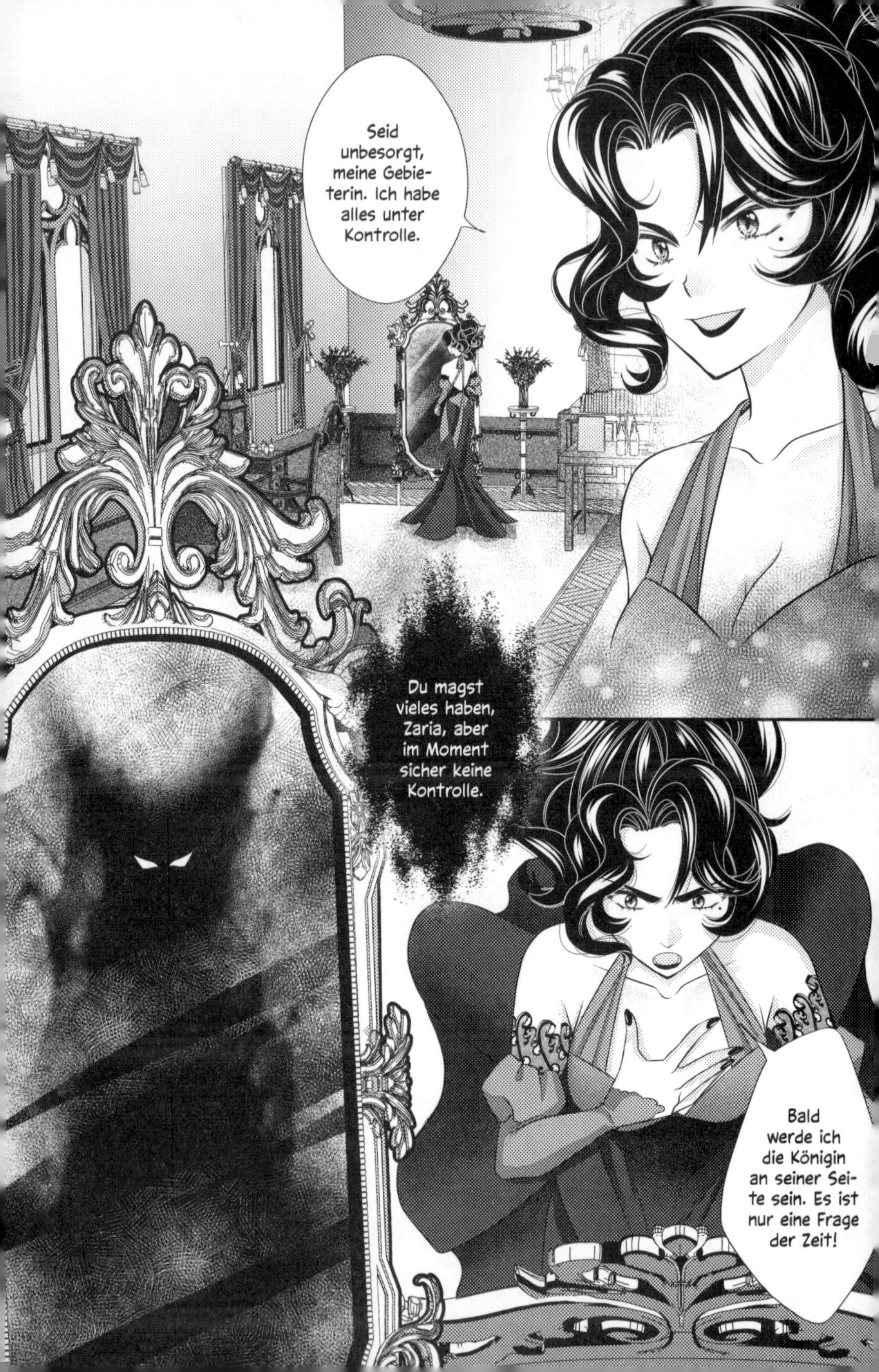
Seid unbesorgt, meine Gebieterin. Ich habe alles unter Kontrolle.
Du magst vieles haben, Zaria, aber im Moment sicher keine Kontrolle.
Bald werde ich die Königin an seiner Seite sein. Es ist nur eine Frage der Zeit!

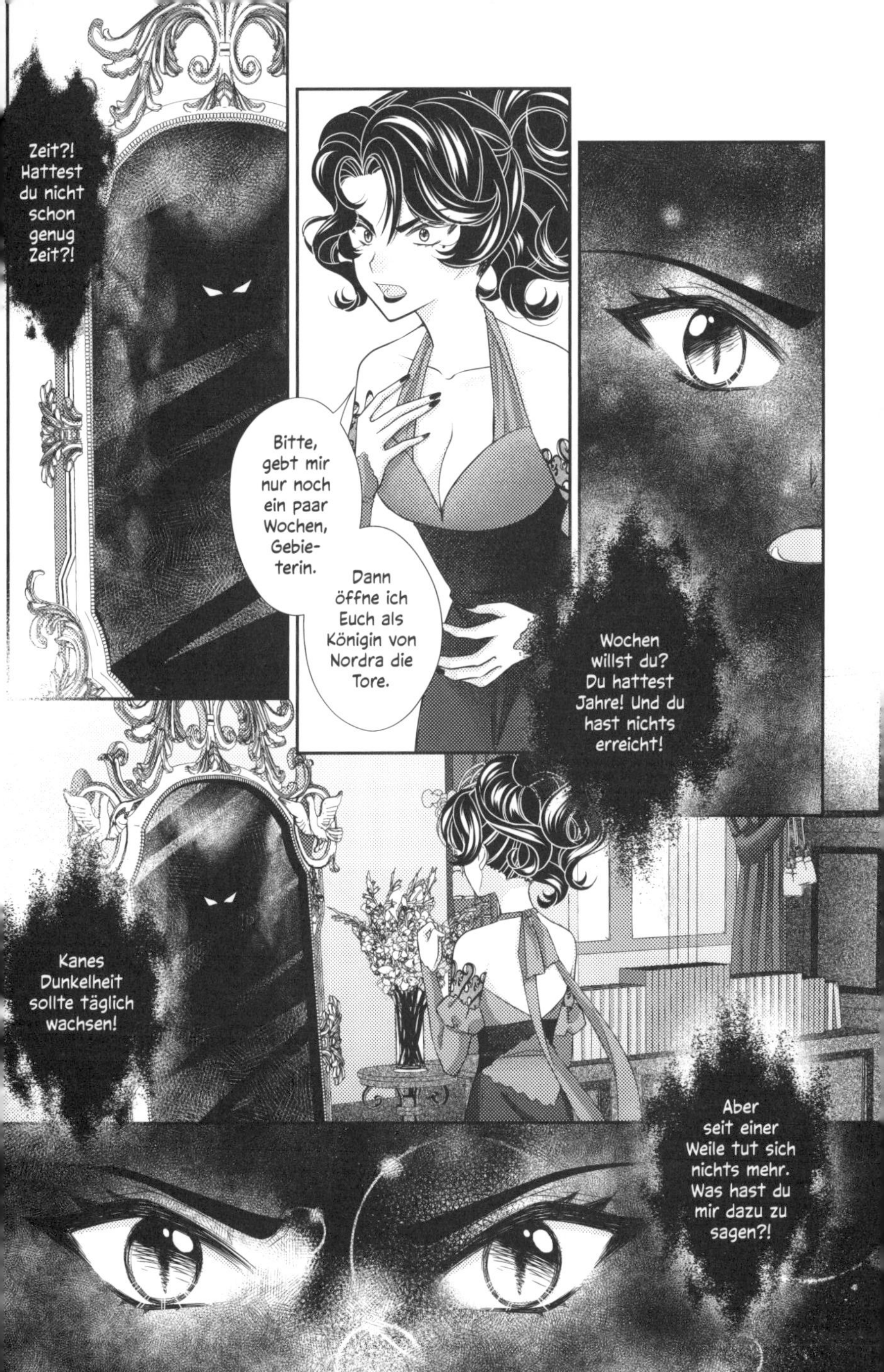
Zeit?! Hattest du nicht schon genug Zeit?!
Bitte, gebt mir nur noch ein paar Wochen, Gebie-terin.
Dann öffne ich Euch als Königin von Nordra die Tore.
Wochen willst du? Du hattest Jahre! Und du hast nichts erreicht!
Kanes Dunkelheit sollte täglich wachsen!
Aber seit einer Weile tut sich nichts mehr. Was hast du mir dazu zu sagen?!

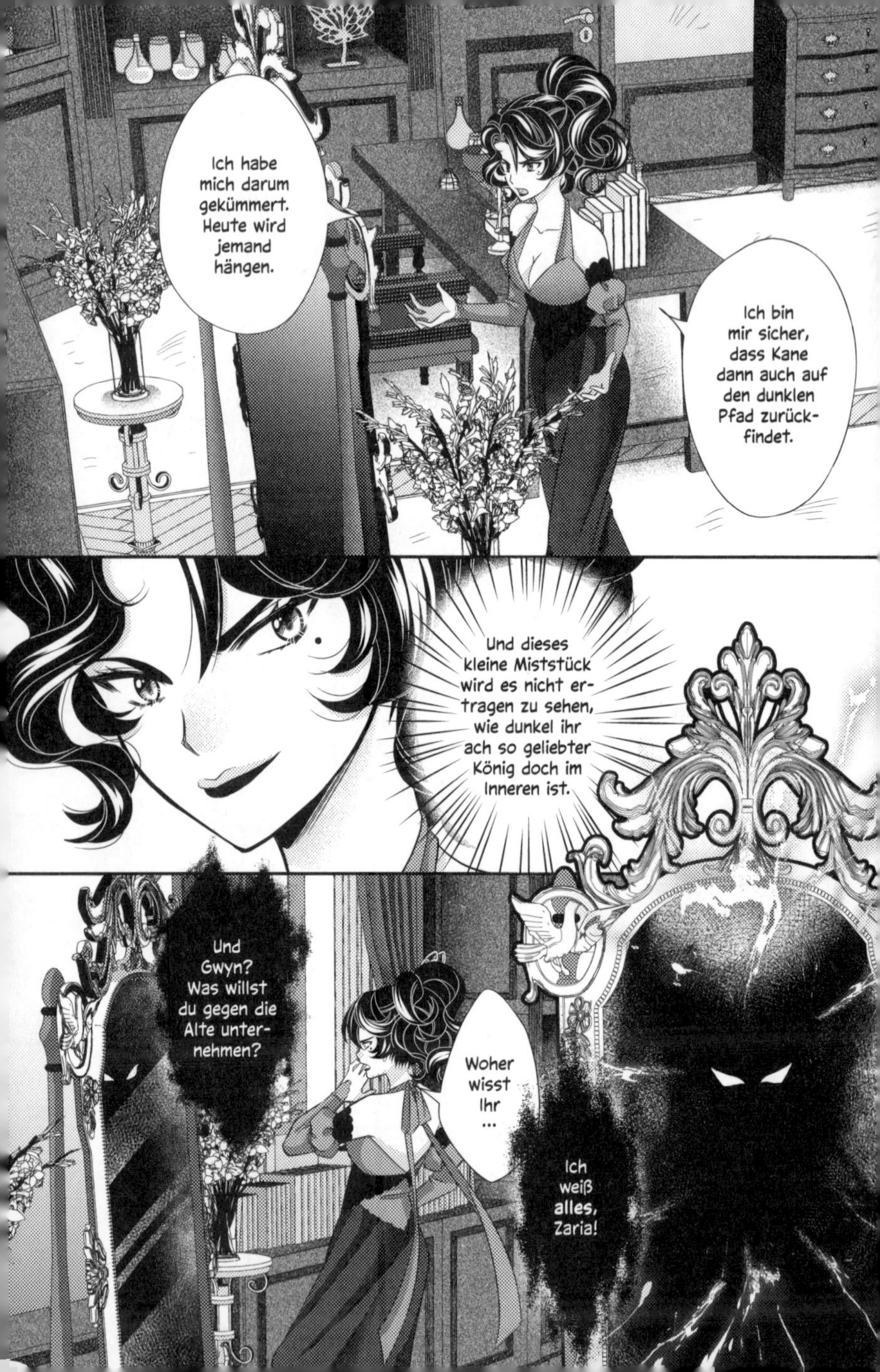
Ich habe mich darum gekümmert. Heute wird jemand hängen.
Ich bin mir sicher, dass Kane dann auch auf den dunklen Pfad zurück-findet.
Und dieses kleine Miststück wird es nicht er-tragen zu sehen, wie dunkel ihr ach so geliebter König doch im Inneren ist.
Und Gwyn? Was willst du gegen die Alte unter-nehmen?
Woher wisst Ihr ...
Ich weiß **alles,** Zaria!

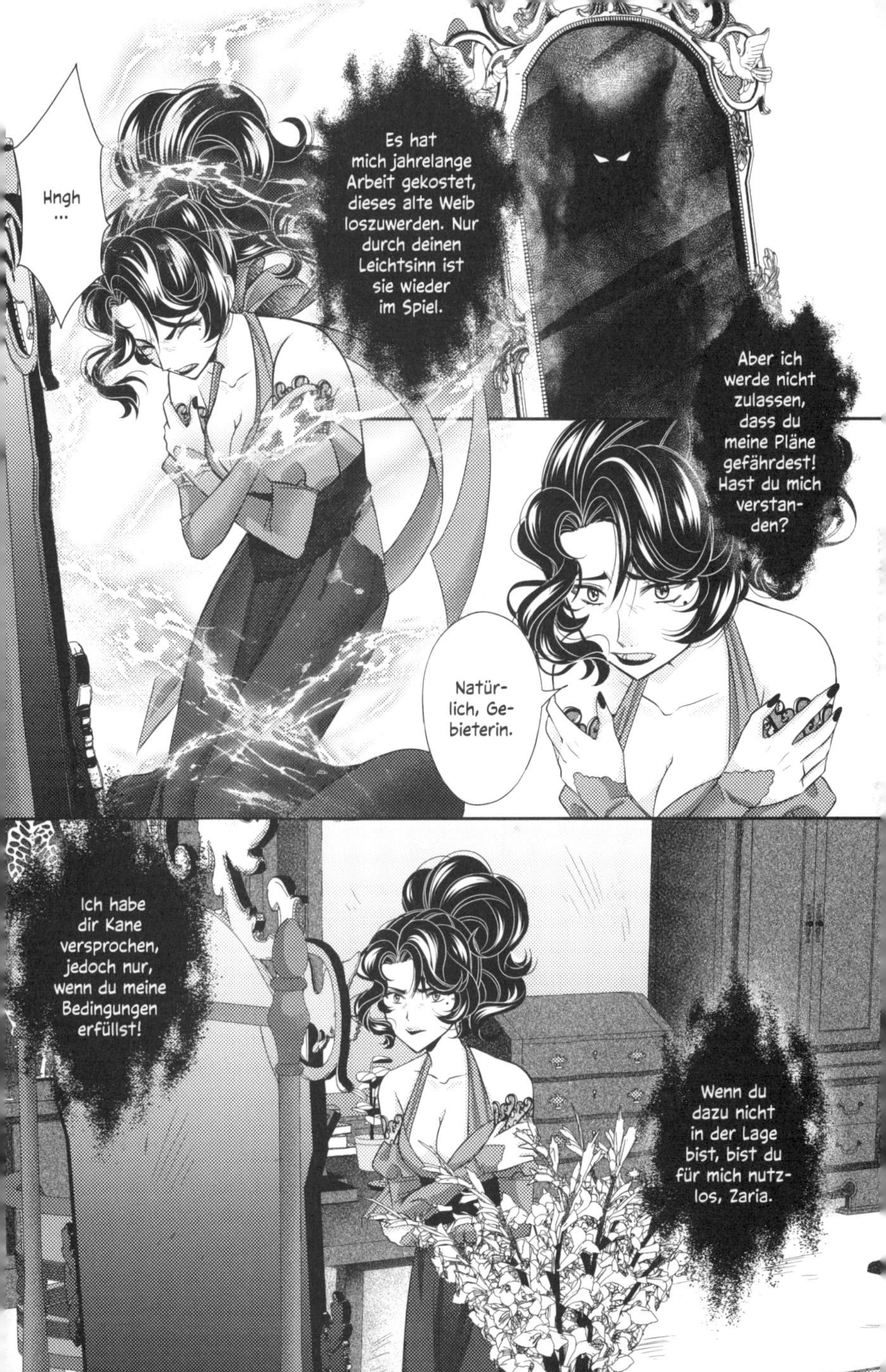
Hngh ...
Es hat mich jahrelange Arbeit gekostet, dieses alte Weib loszuwerden. Nur durch deinen Leichtsinn ist sie wieder im Spiel.
Aber ich werde nicht zulassen, dass du meine Pläne gefährdest! Hast du mich verstanden?
Natürlich, Gebieterin.
Ich habe dir Kane versprochen, jedoch nur, wenn du meine Bedingungen erfüllst!
Wenn du dazu nicht in der Lage bist, bist du für mich nutzlos, Zaria.

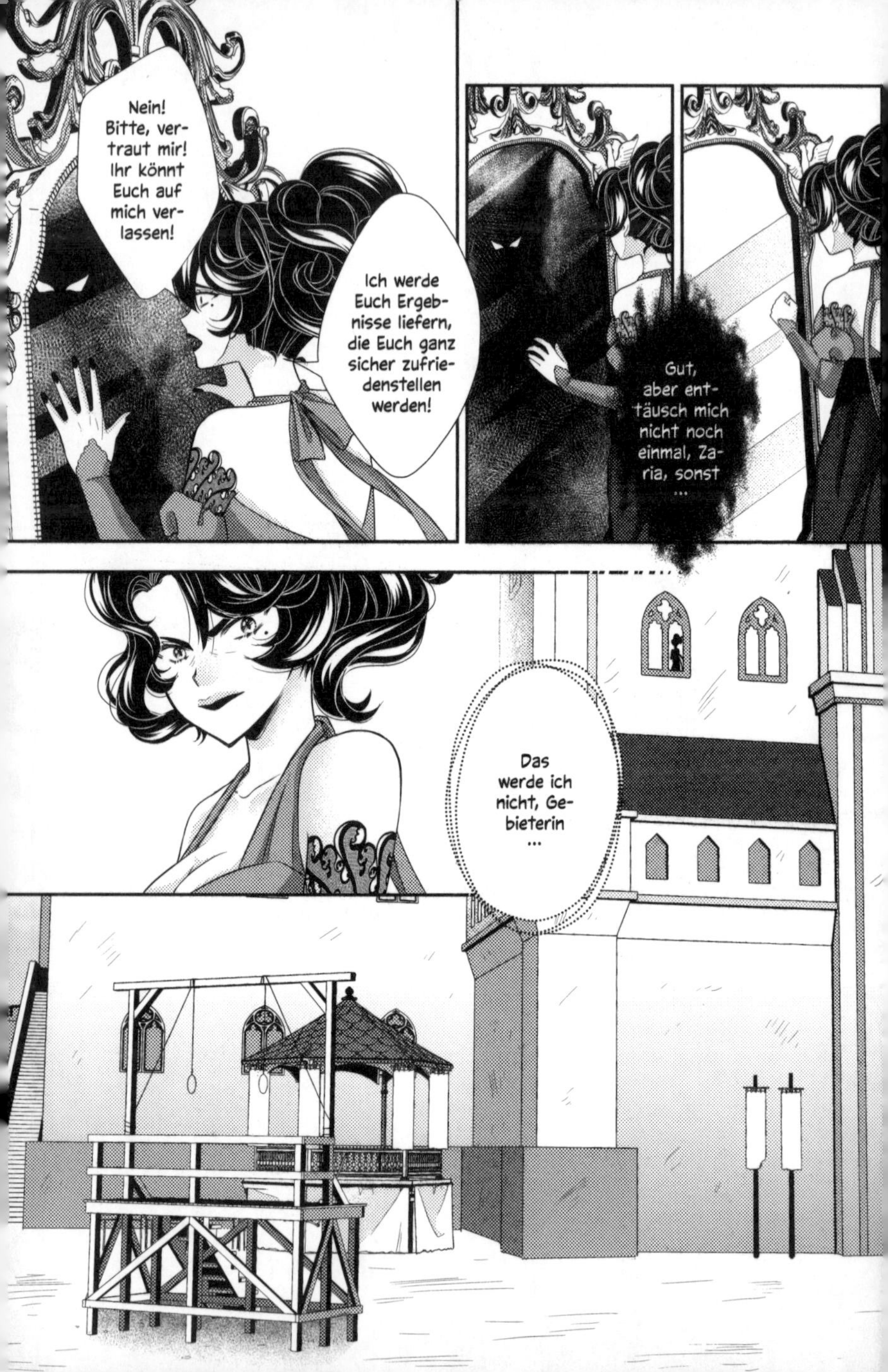
Nein! Bitte, vertraut mir! Ihr könnt Euch auf mich verlassen!
Ich werde Euch Ergebnisse liefern, die Euch ganz sicher zufriedenstellen werden!
Gut, aber enttäusch mich nicht noch einmal, Zaria, sonst …
Das werde ich nicht, Gebieterin …

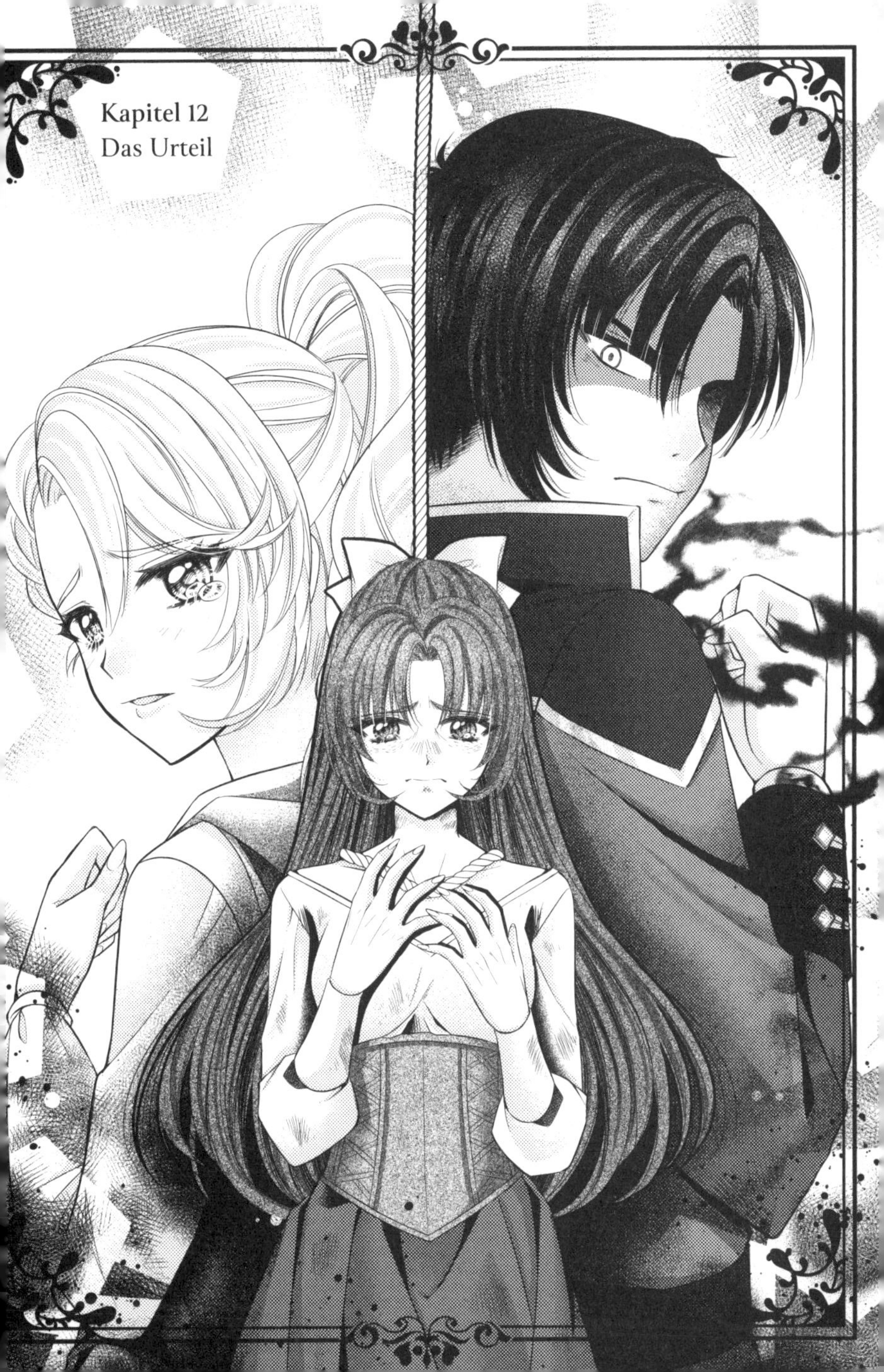
Kapitel 12
Das Urteil

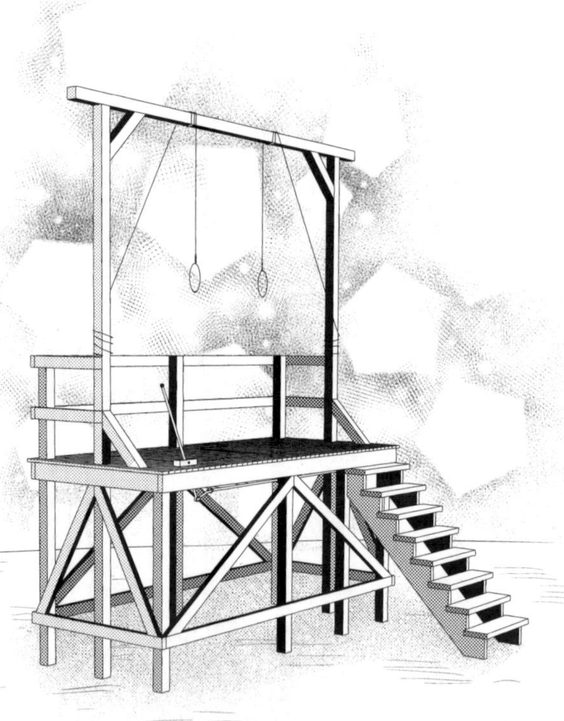

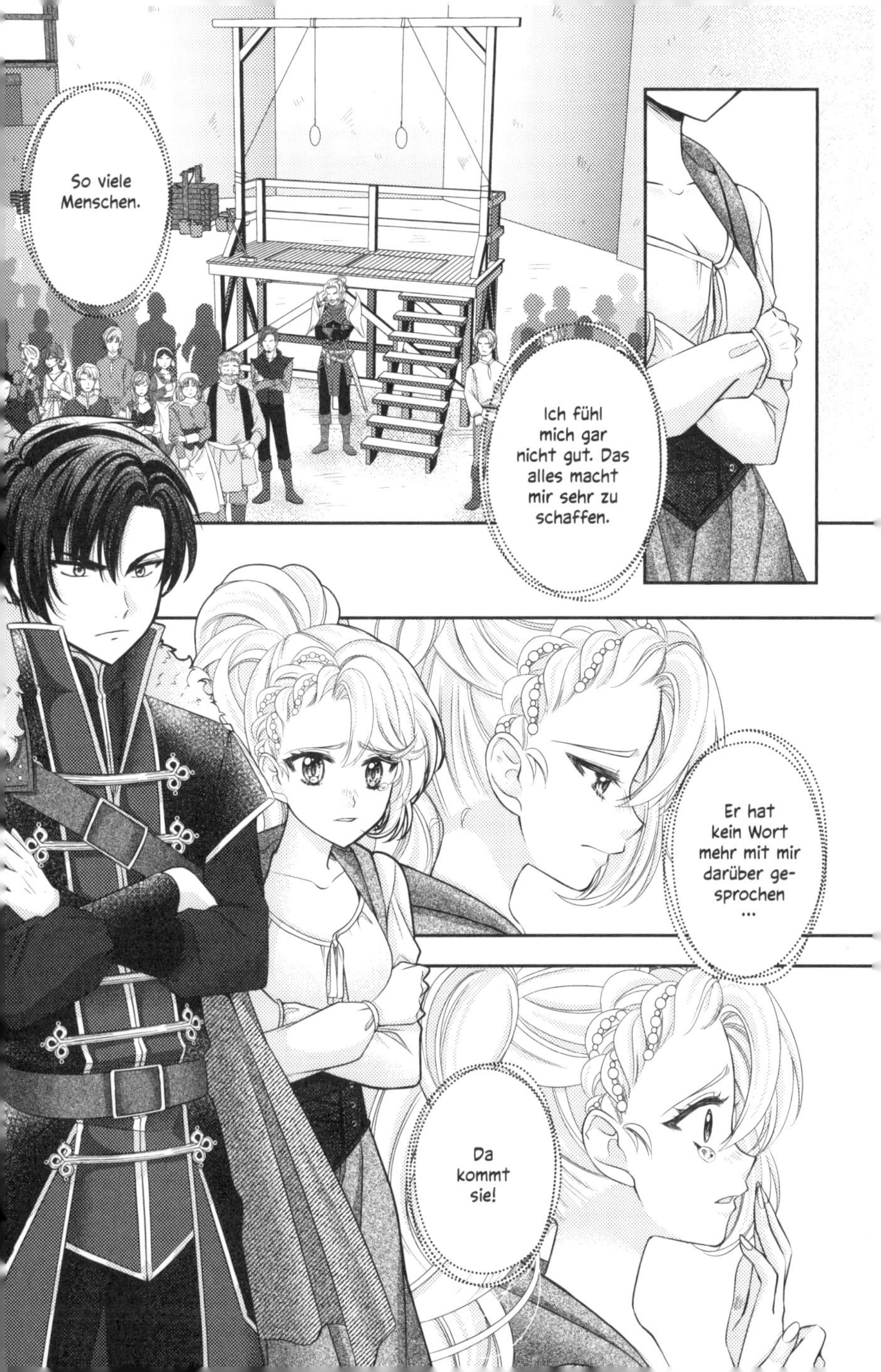
So viele Menschen.
Ich fühl mich gar nicht gut. Das alles macht mir sehr zu schaffen.
Er hat kein Wort mehr mit mir darüber ge-sprochen ...
Da kommt sie!

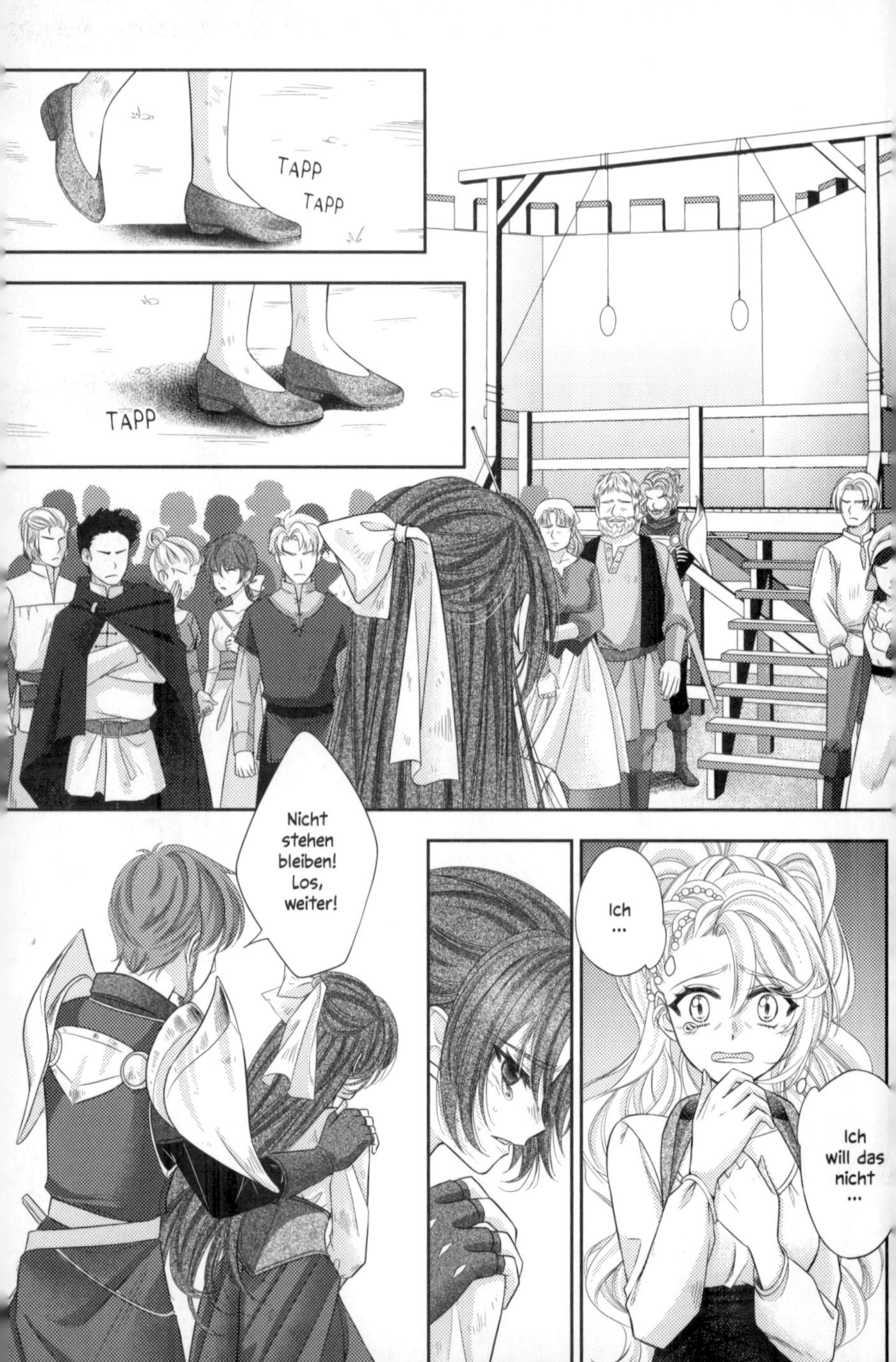
TAPP
TAPP
TAPP
Nicht stehen bleiben! Los, weiter!
Ich ...
Ich will das nicht ...

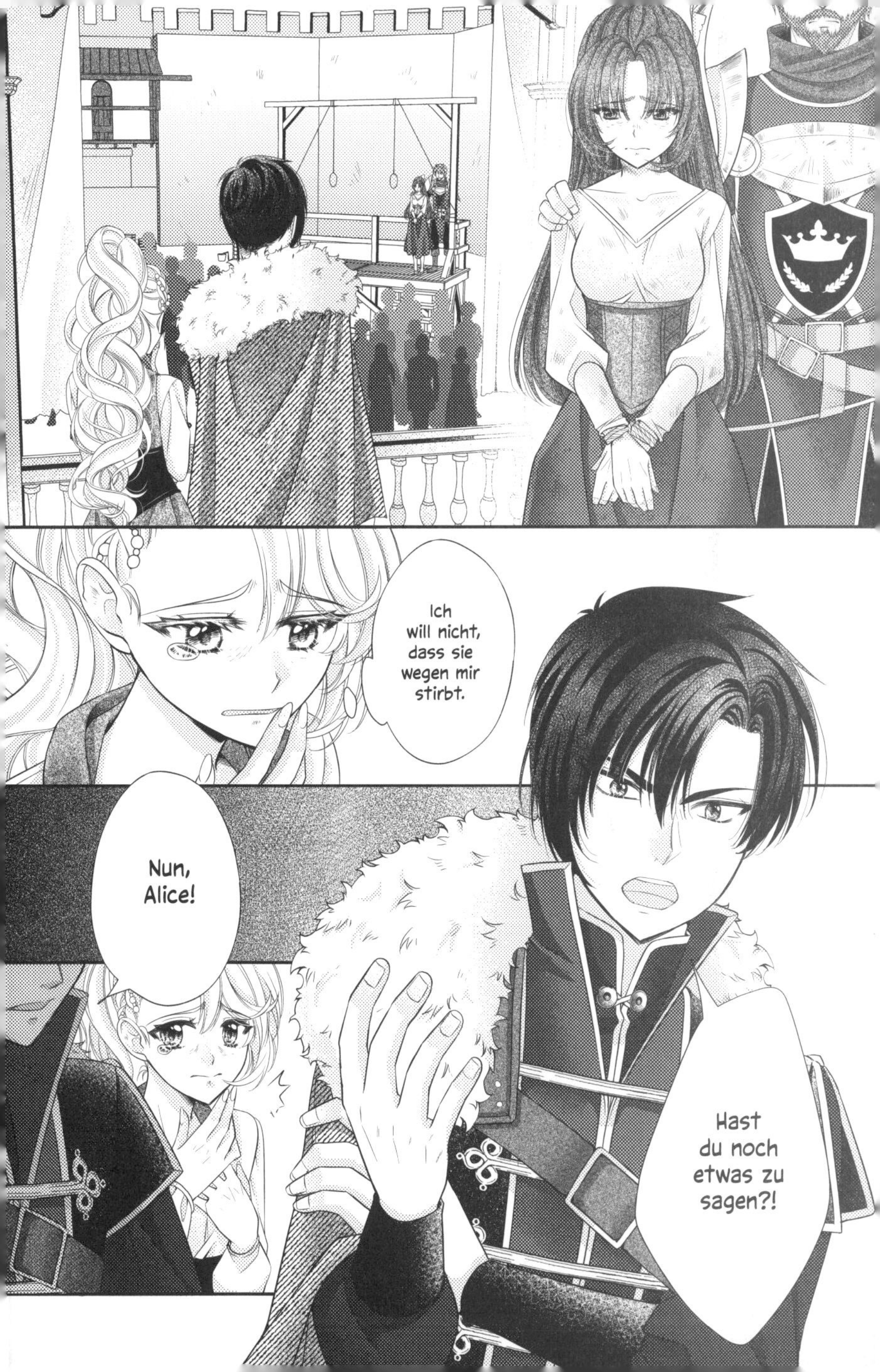

Ich will nicht, dass sie wegen mir stirbt.

Nun, Alice!

Hast du noch etwas zu sagen?!

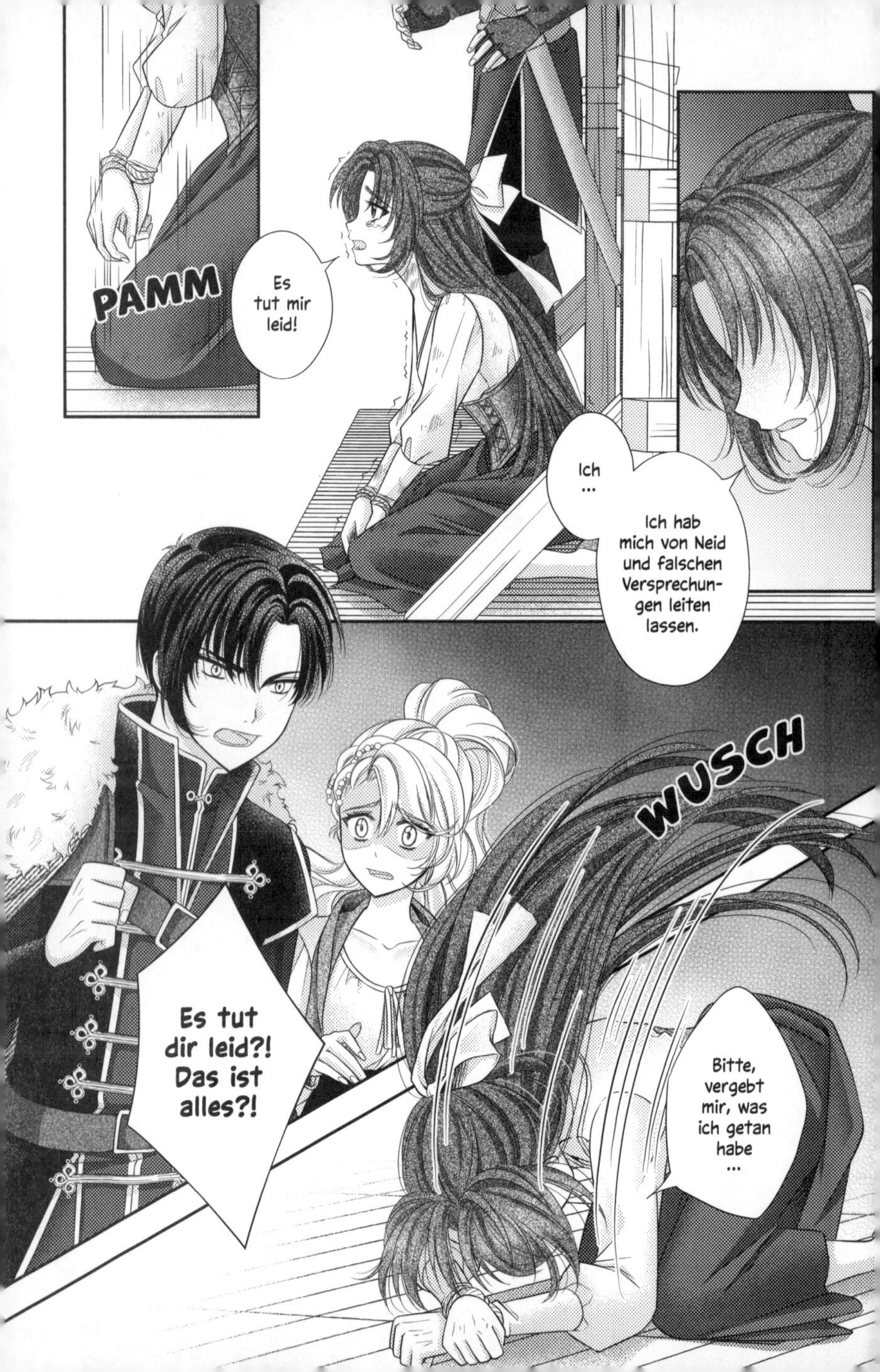
PAMM
Es tut mir leid!
Ich ...
Ich hab mich von Neid und falschen Versprechungen leiten lassen.
WUSCH
Bitte, vergebt mir, was ich getan habe ...
Es tut dir leid?! Das ist alles?!

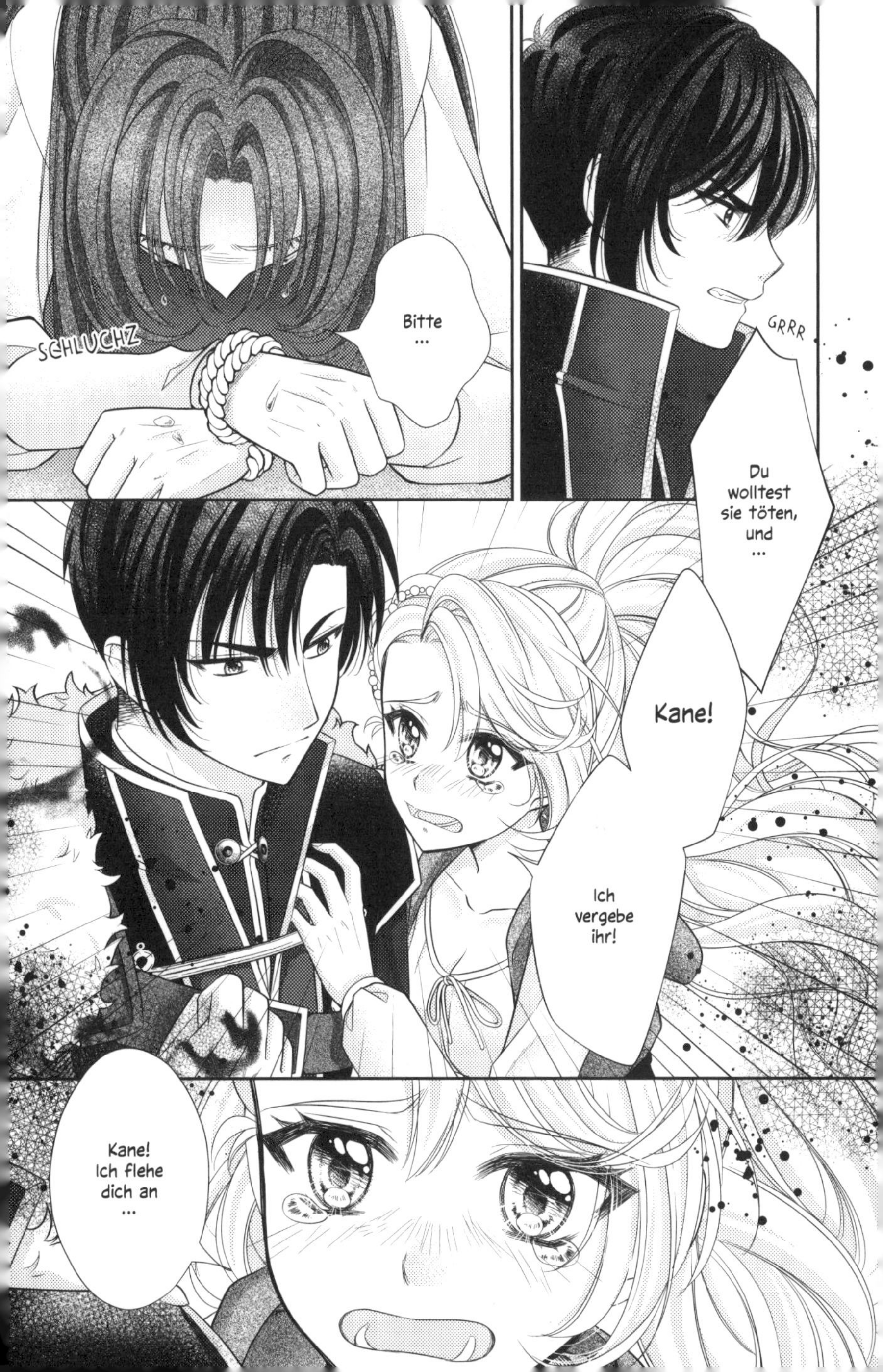
GRRR
Du wolltest sie töten, und ...
Bitte ...
SCHLUCHZ
Kane!
Ich vergebe ihr!
Kane! Ich flehe dich an ...

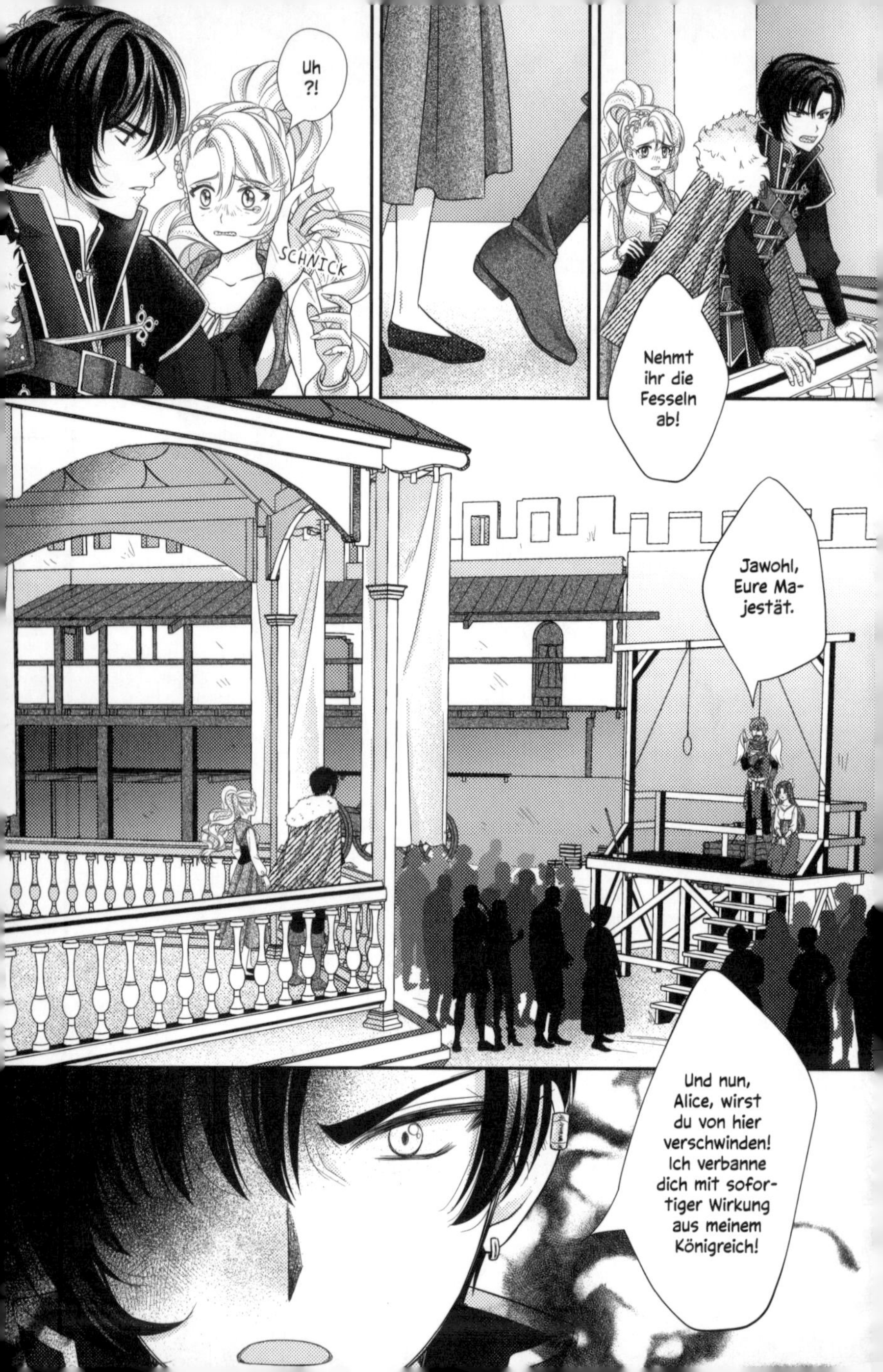
Uh ?!
SCHNICK
Nehmt ihr die Fesseln ab!
Jawohl, Eure Majestät.
Und nun, Alice, wirst du von hier verschwinden! Ich verbanne dich mit sofortiger Wirkung aus meinem Königreich!

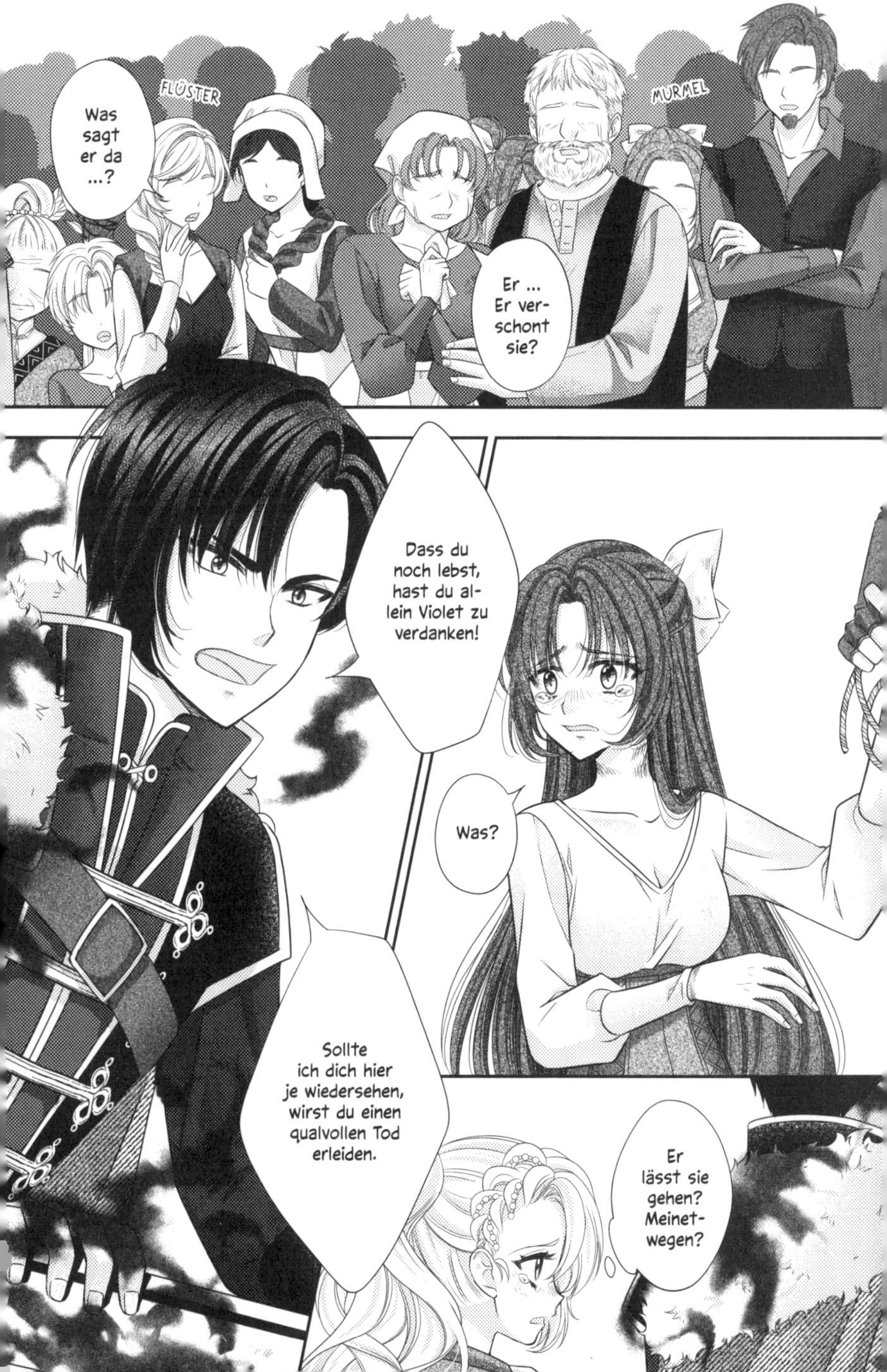
Was sagt er da ...?
FLÜSTER
MURMEL
Er ... Er verschont sie?
Dass du noch lebst, hast du allein Violet zu verdanken!
Was?
Sollte ich dich hier je wiedersehen, wirst du einen qualvollen Tod erleiden.
Er lässt sie gehen? Meinetwegen?

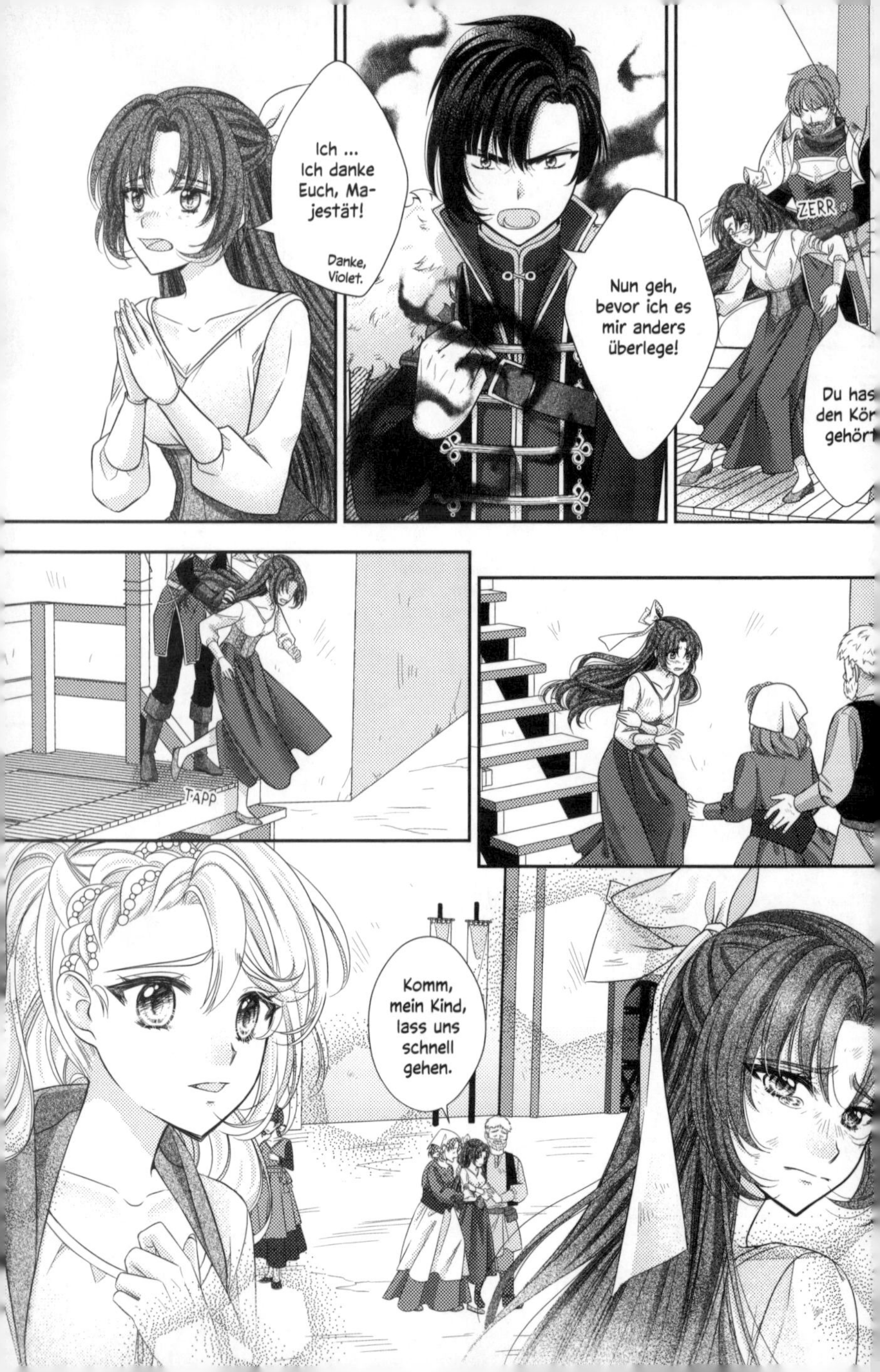

Ich ... Ich danke Euch, Majestät!

Danke, Violet.

Nun geh, bevor ich es mir anders überlege!

ZERR

Du has den Kör gehört

TAPP

Komm, mein Kind, lass uns schnell gehen.

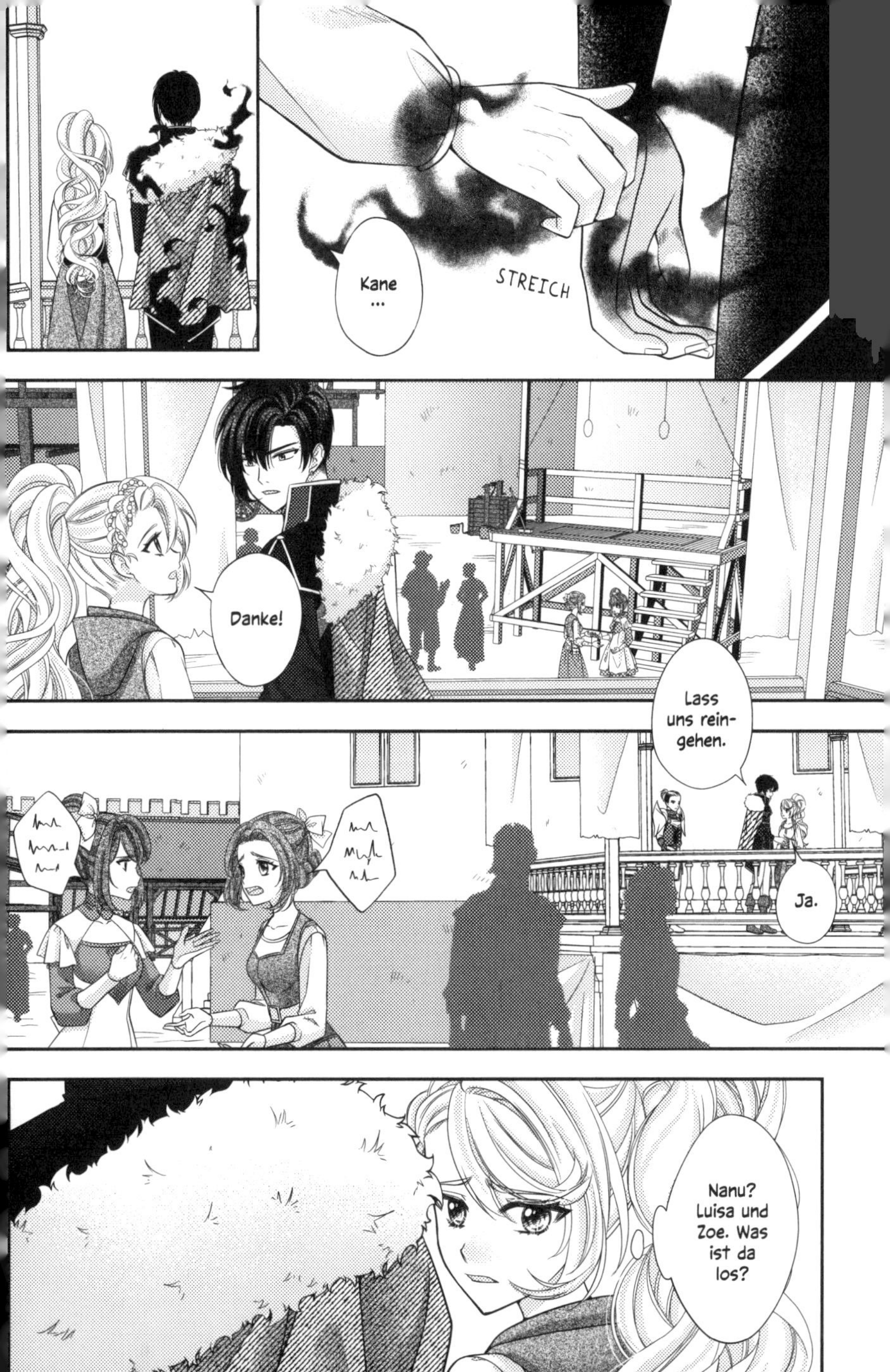

STREICH
Kane ...
Danke!
Lass uns rein- gehen.
Ja.
Nanu? Luisa und Zoe. Was ist da los?

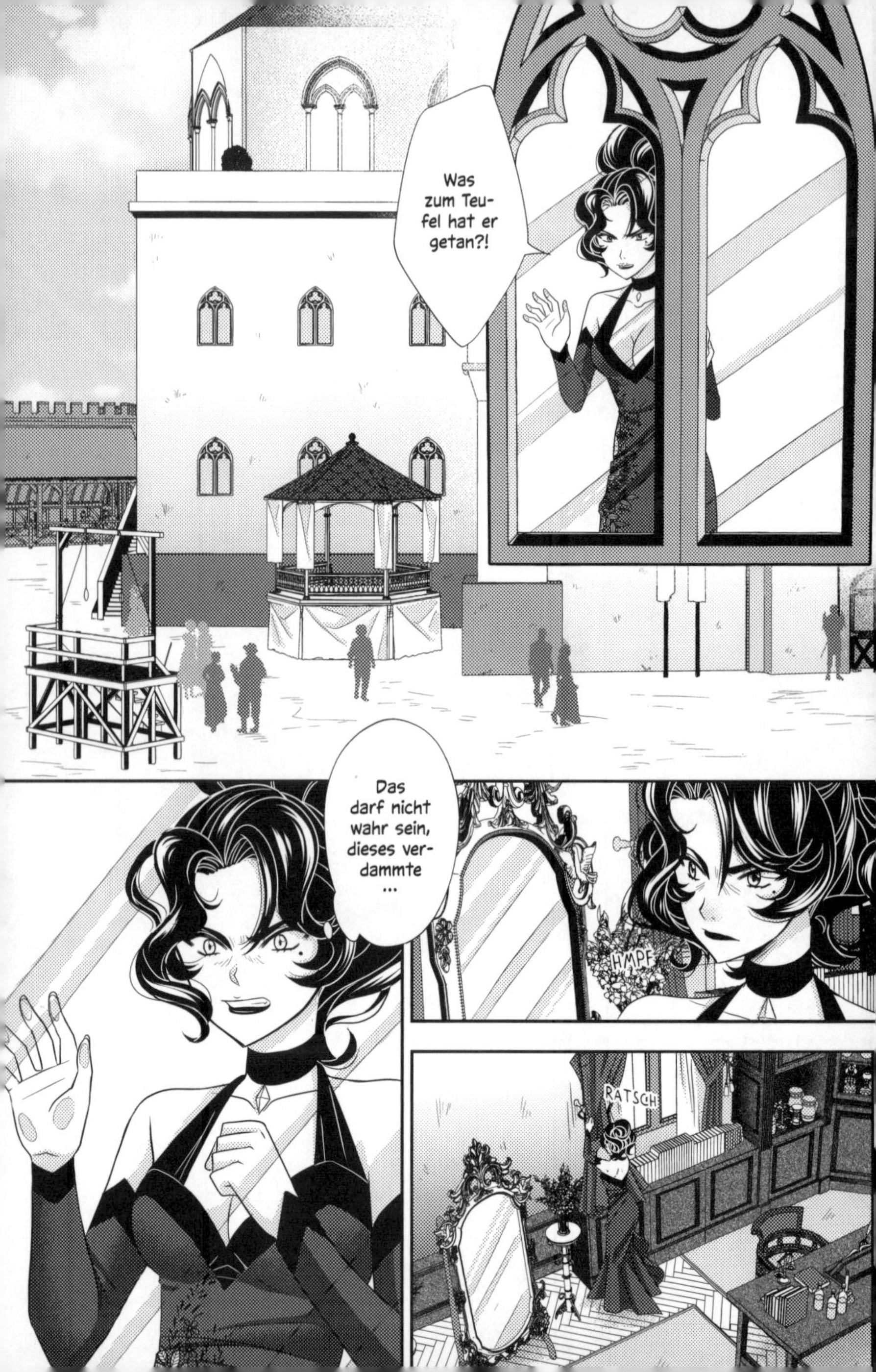
Was zum Teufel hat er getan?!
Das darf nicht wahr sein, dieses verdammte ...
HMPF
RATSCH

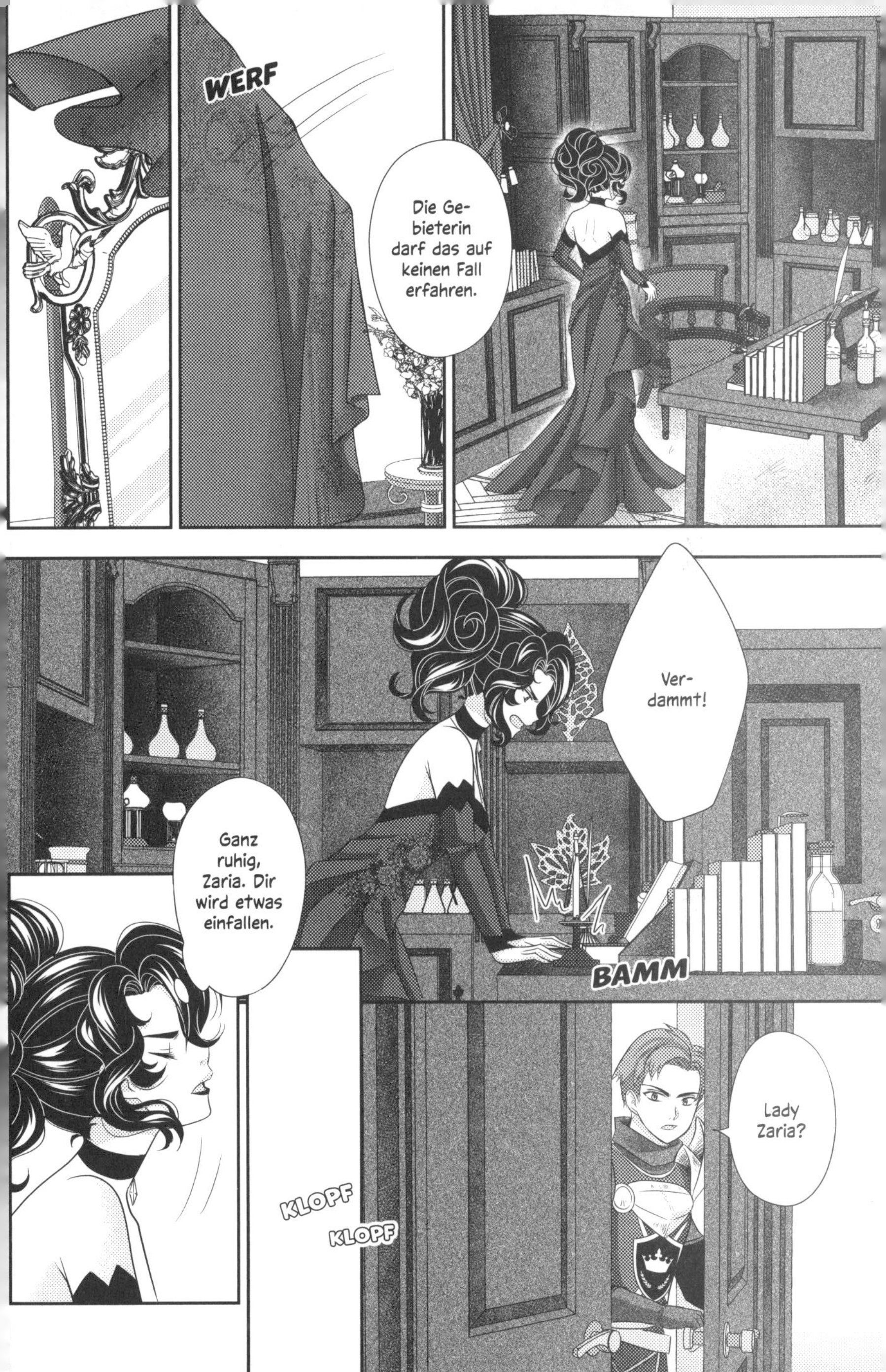
WERF
Die Gebieterin darf das auf keinen Fall erfahren.
Verdammt!
BAMM
Ganz ruhig, Zaria. Dir wird etwas einfallen.
KLOPF
KLOPF
Lady Zaria?

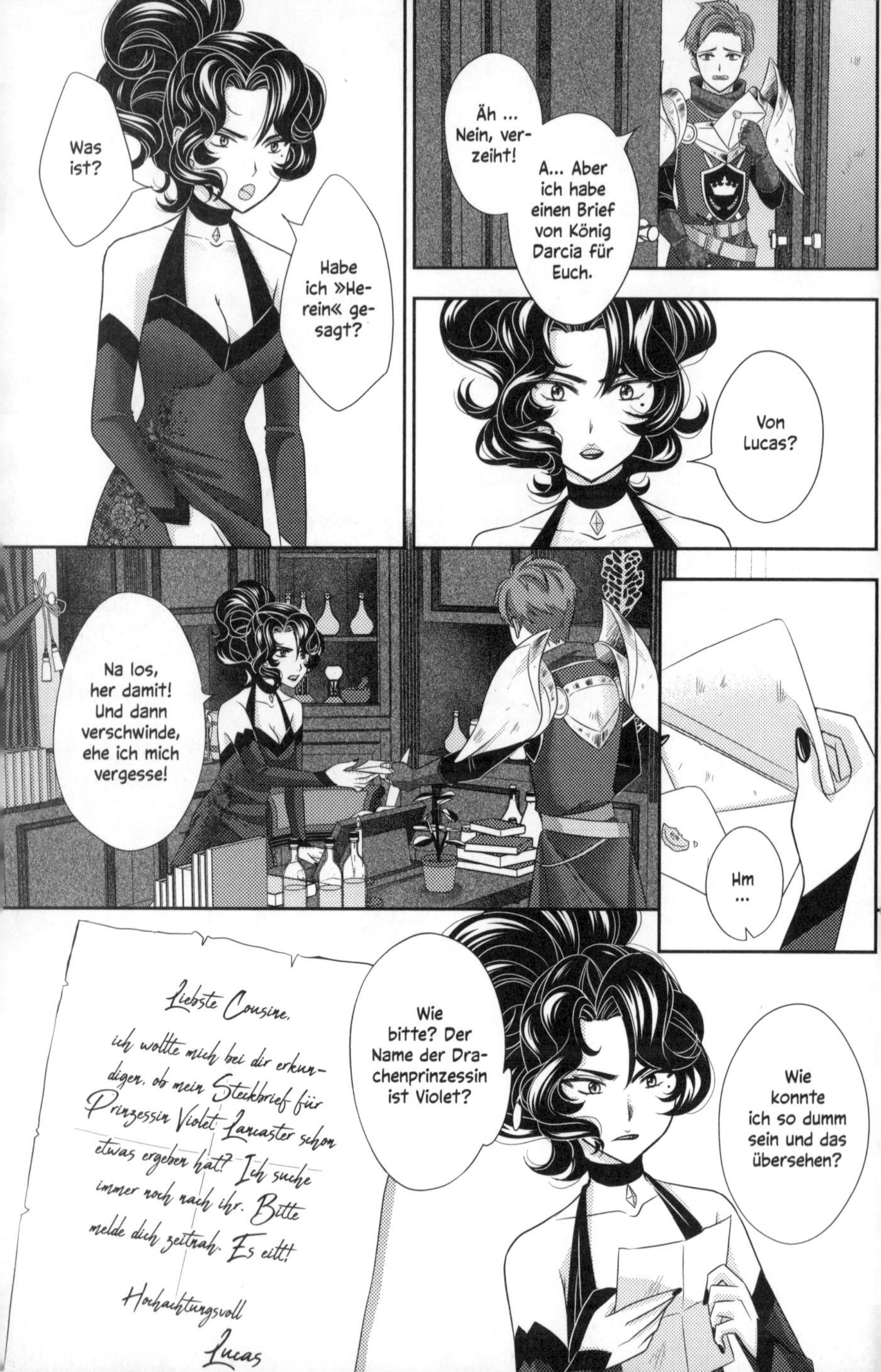
Was ist?
Habe ich »Herein« gesagt?
Äh ... Nein, verzeiht!
A... Aber ich habe einen Brief von König Darcia für Euch.
Von Lucas?
Na los, her damit! Und dann verschwinde, ehe ich mich vergesse!
Hm ...
Liebste Cousine,
ich wollte mich bei dir erkundigen, ob mein Steckbrief für Prinzessin Violet Lancaster schon etwas ergeben hat? Ich suche immer noch nach ihr. Bitte melde dich zeitnah. Es eilt!
Hochachtungsvoll
Lucas
Wie bitte? Der Name der Drachenprinzessin ist Violet?
Wie konnte ich so dumm sein und das übersehen?

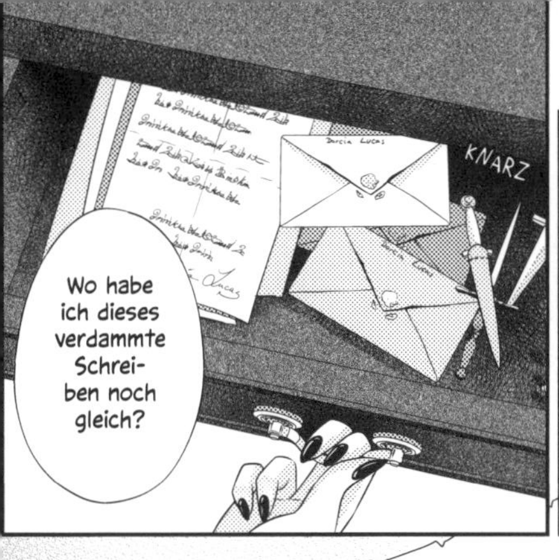

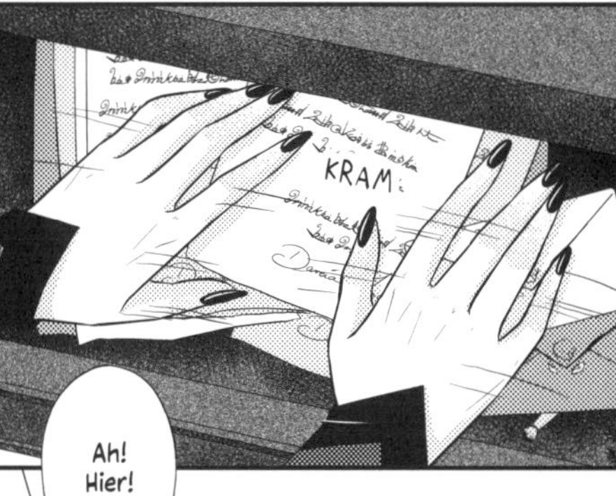

Ah! Hier!

GESUCHT!

Drakin-Prinzessin

Lebendig

Sie hat zwei Hörner und kristallartige Schuppen umrahmen ihr hübsches Gesicht.

Denjenigen, die die Drakin-Prinzessin finden und lebendig nach Mooran oder Asteria bringen, winkt eine großzügige Belohnung von

200 Goldstücken.

Gezeichnet

König Lucas Darcia von Mooran

Oh, Lucas, du Trottel! Du hättest ihren Namen gleich im Steckbrief erwähnen sollen.

Liebste Cousine,

könntest du Kane bereits irgendwie davon überzeugen den Steckbrief in Nordra aufzuhängen? Ich werde den Finder großzügig belohnen.

Hochachtungsvoll

Lucas

Hm ... Unsere Violet hat leider weder Hörner noch Schuppen ...

Aber wenn da Magie im Spiel ist ...?

Nur einer weiß, wie diese Prinzessin wirklich aussieht. Es ist wohl an der Zeit, dass du uns mal wieder einen Besuch abstattest, lieber Lucas.

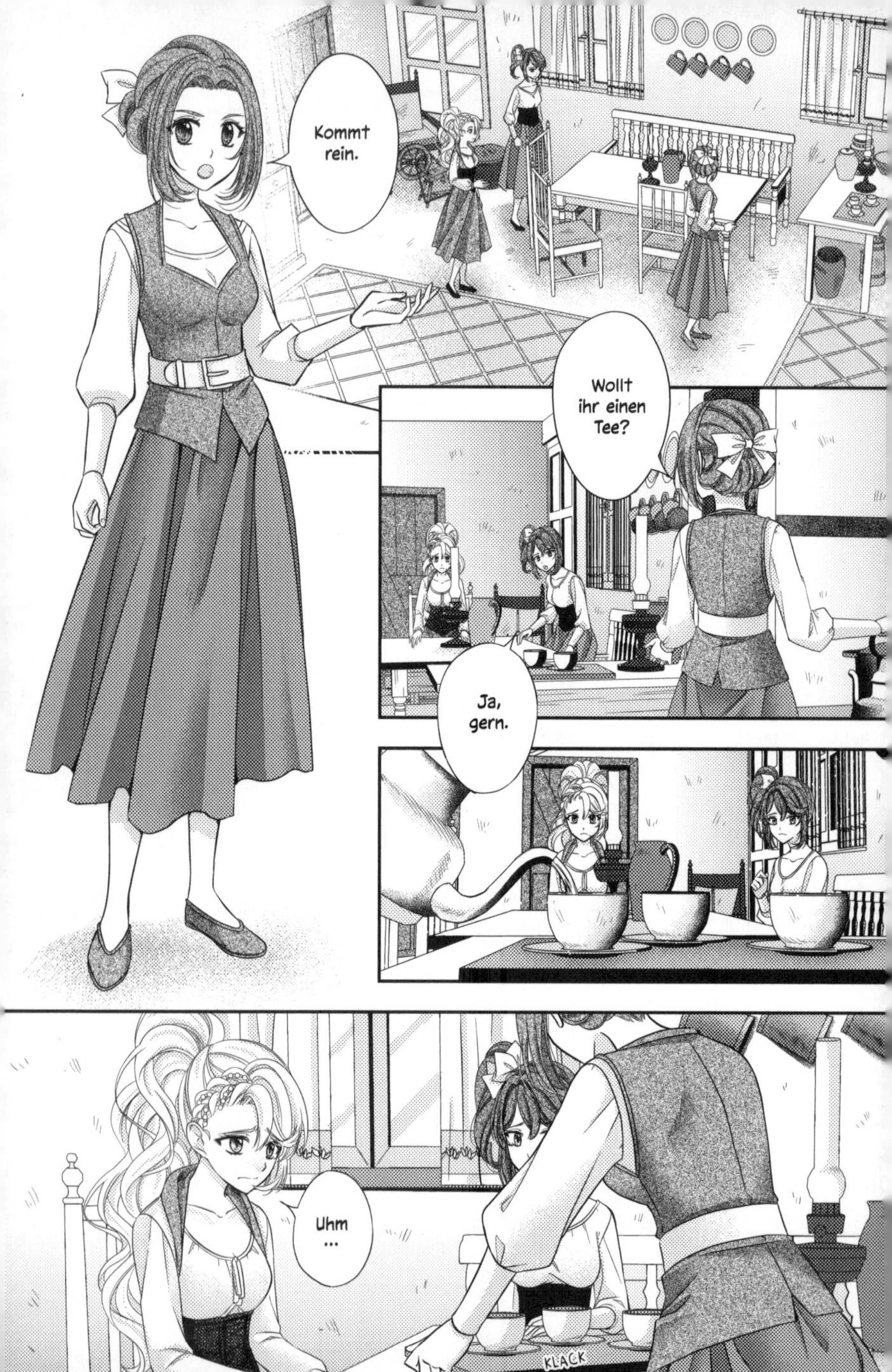
Kommt rein.
Wollt ihr einen Tee?
Ja, gern.
Uhm ...
KLACK

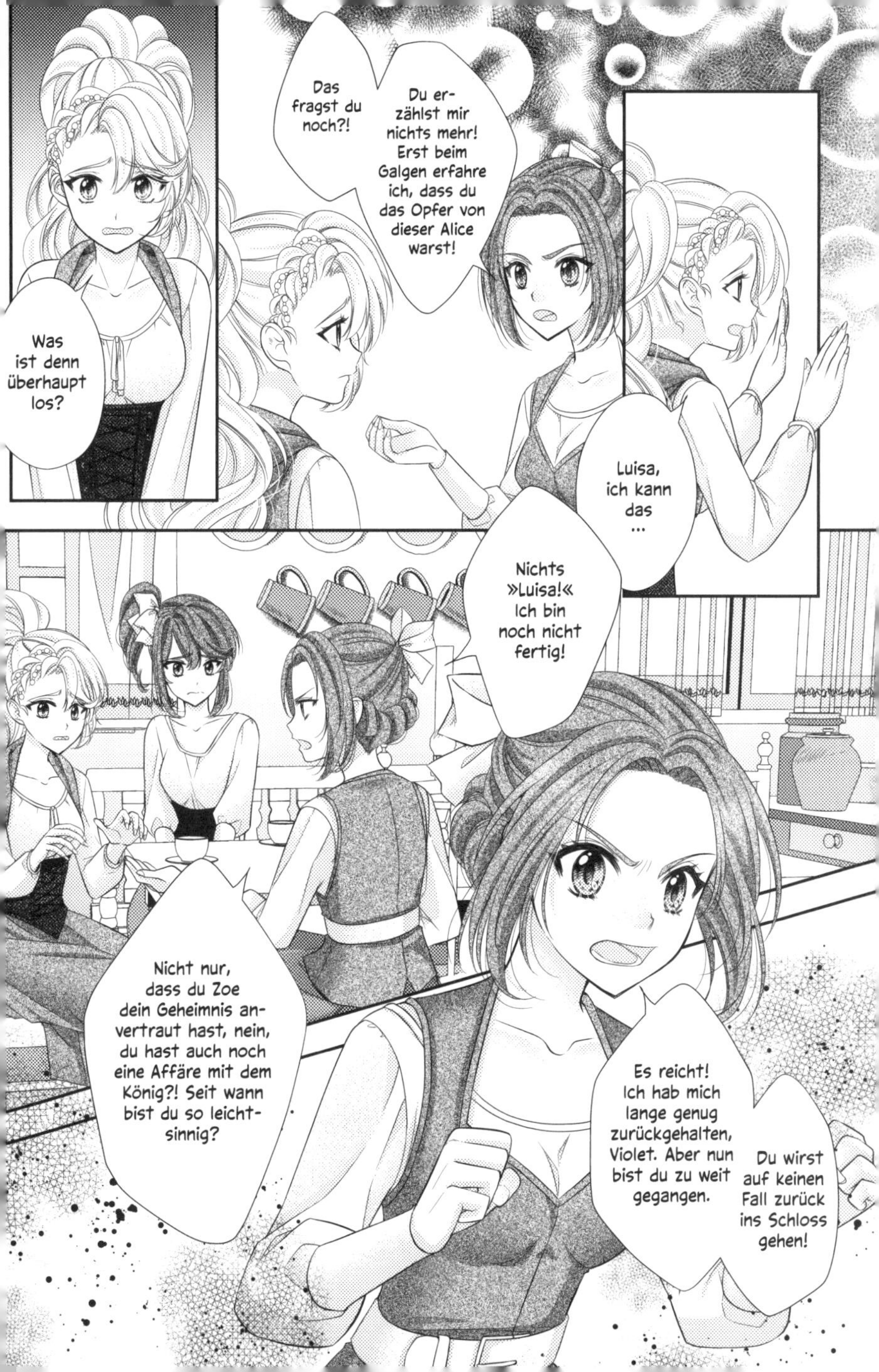
Das fragst du noch?!
Du erzählst mir nichts mehr! Erst beim Galgen erfahre ich, dass du das Opfer von dieser Alice warst!
Was ist denn überhaupt los?
Luisa, ich kann das …
Nichts »Luisa!« Ich bin noch nicht fertig!
Nicht nur, dass du Zoe dein Geheimnis anvertraut hast, nein, du hast auch noch eine Affäre mit dem König?! Seit wann bist du so leichtsinnig?
Es reicht! Ich hab mich lange genug zurückgehalten, Violet. Aber nun bist du zu weit gegangen.
Du wirst auf keinen Fall zurück ins Schloss gehen!

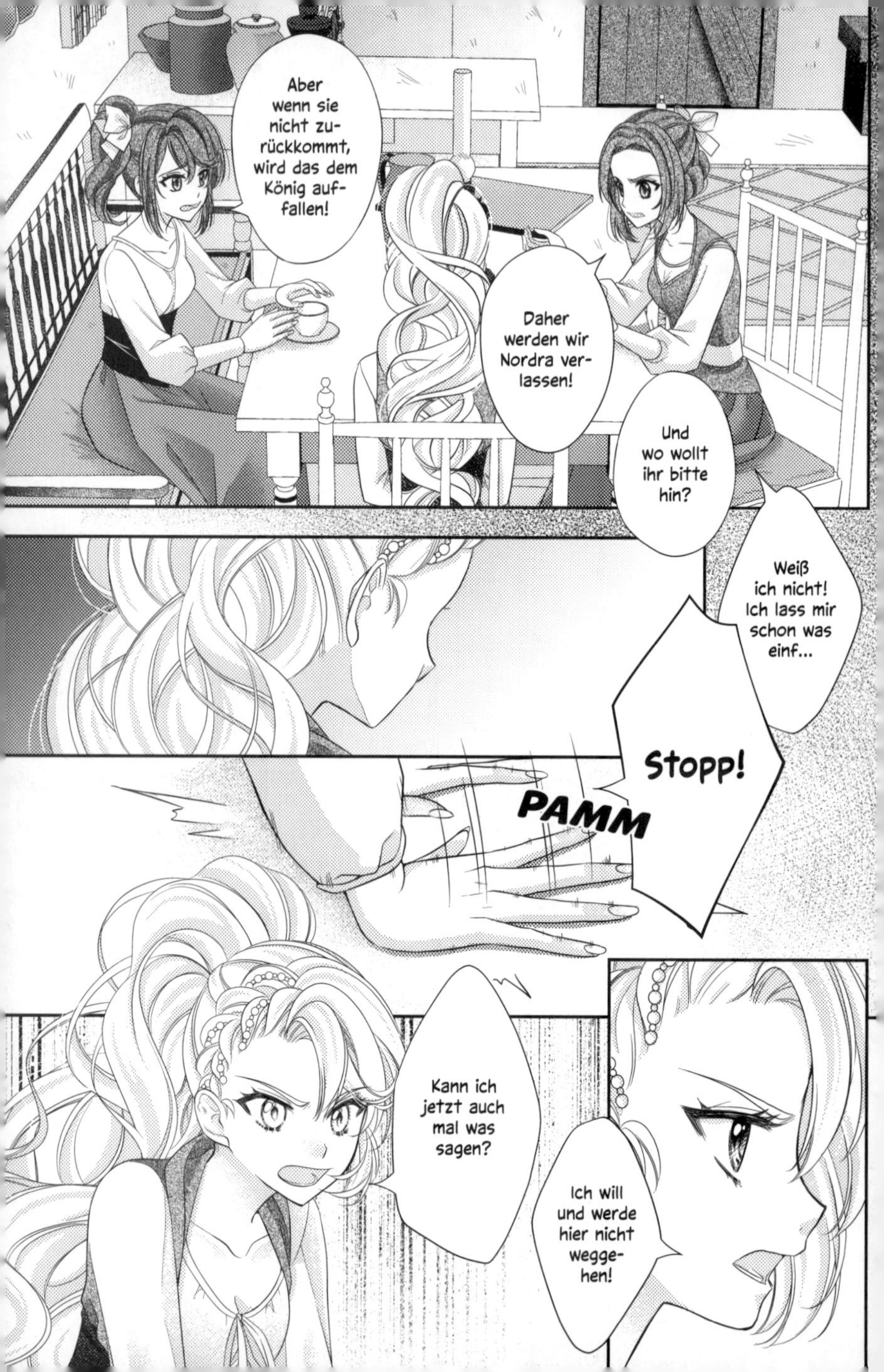
Aber wenn sie nicht zurückkommt, wird das dem König auffallen!
Daher werden wir Nordra verlassen!
Und wo wollt ihr bitte hin?
Weiß ich nicht! Ich lass mir schon was einf...
Stopp!
PAMM
Kann ich jetzt auch mal was sagen?
Ich will und werde hier nicht weggehen!

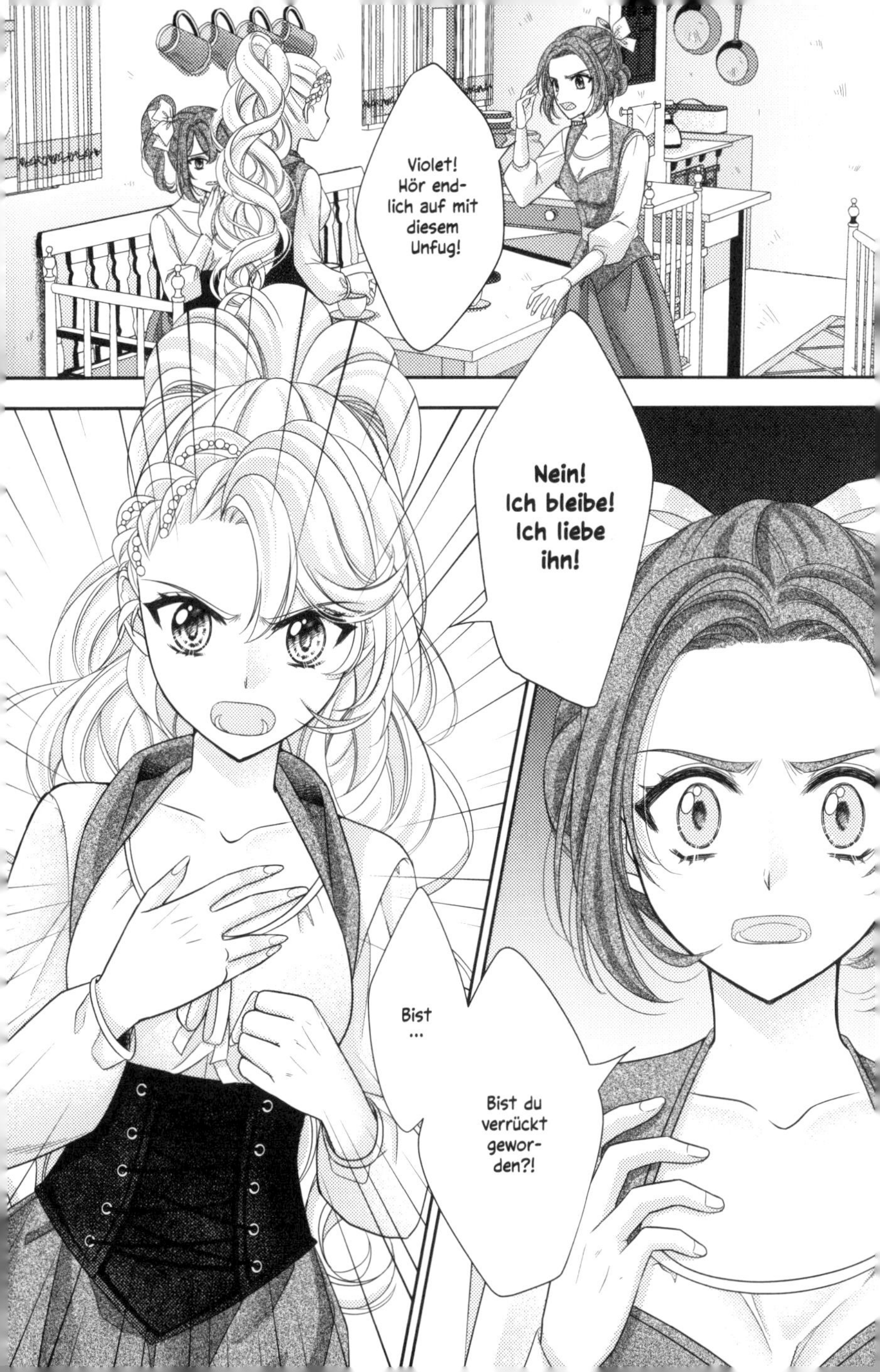
Violet! Hör endlich auf mit diesem Unfug!
Nein! Ich bleibe! Ich liebe ihn!
Bist …
Bist du verrückt geworden?!

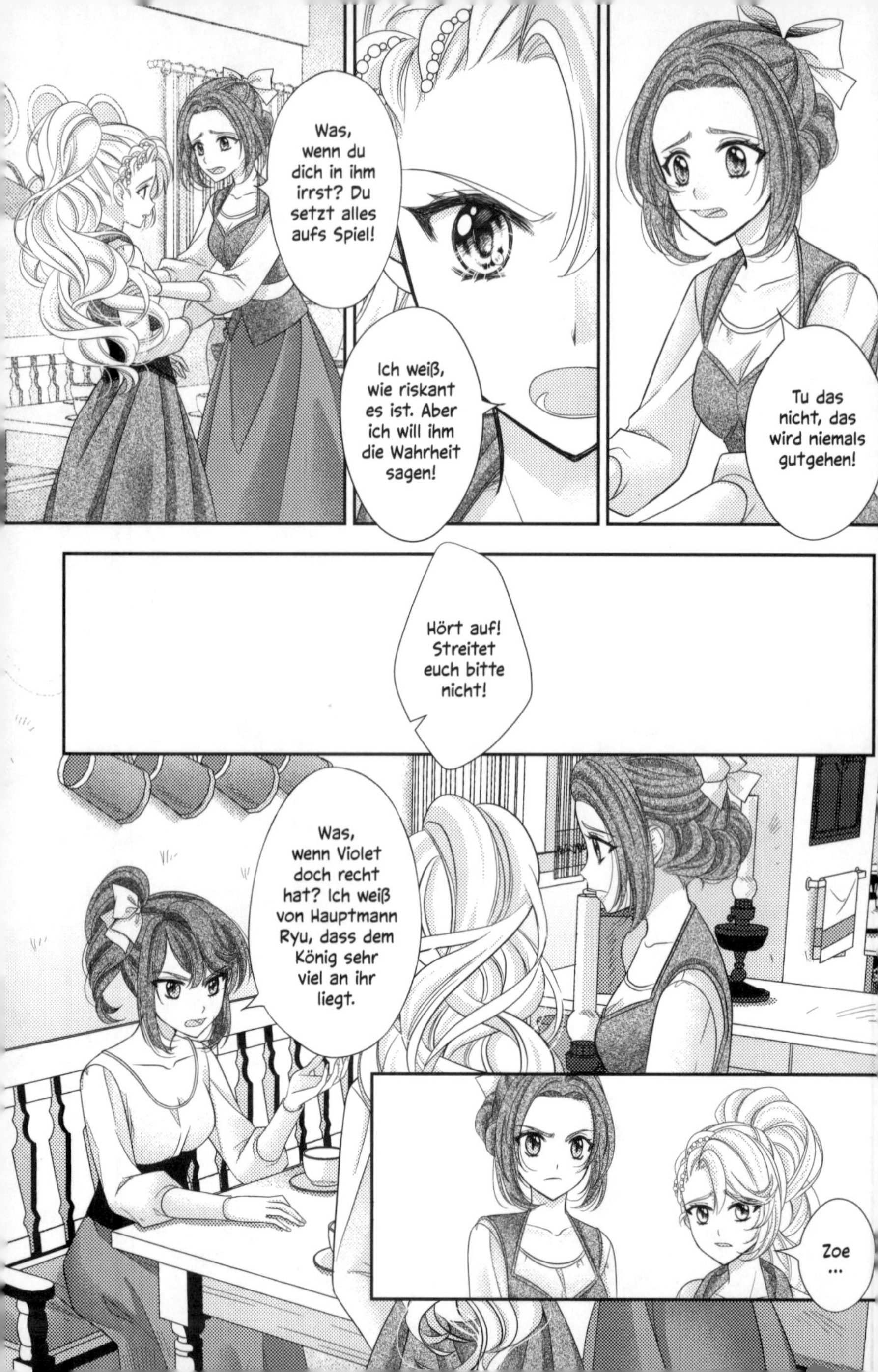
Was, wenn du dich in ihm irrst? Du setzt alles aufs Spiel!
Ich weiß, wie riskant es ist. Aber ich will ihm die Wahrheit sagen!
Tu das nicht, das wird niemals gutgehen!
Hört auf! Streitet euch bitte nicht!
Was, wenn Violet doch recht hat? Ich weiß von Hauptmann Ryu, dass dem König sehr viel an ihr liegt.
Zoe …

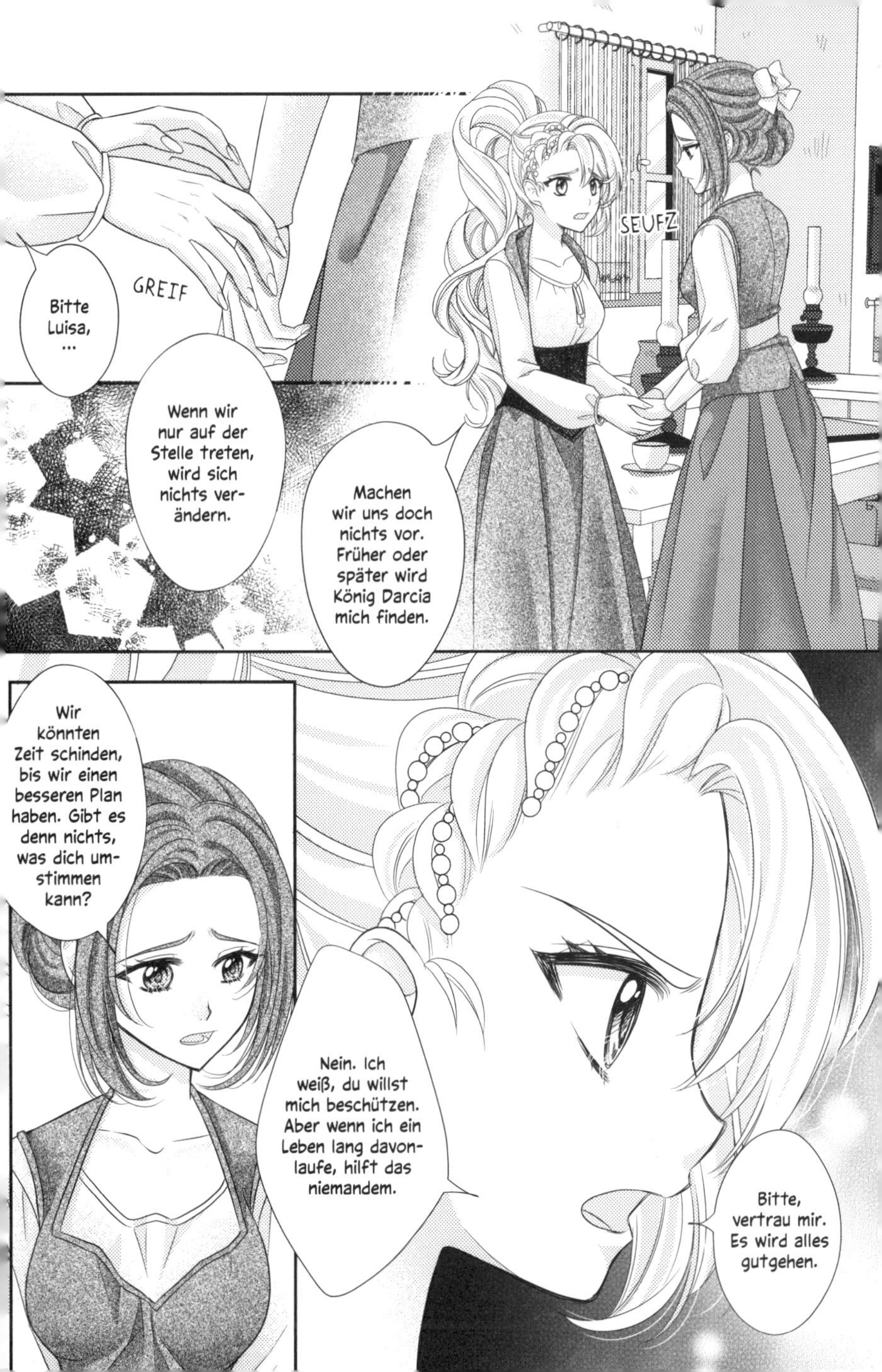
GREIF
Bitte Luisa, ...
SEUFZ
Wenn wir nur auf der Stelle treten, wird sich nichts verändern.
Machen wir uns doch nichts vor. Früher oder später wird König Darcia mich finden.
Wir könnten Zeit schinden, bis wir einen besseren Plan haben. Gibt es denn nichts, was dich umstimmen kann?
Nein. Ich weiß, du willst mich beschützen. Aber wenn ich ein Leben lang davonlaufe, hilft das niemandem.
Bitte, vertrau mir. Es wird alles gutgehen.

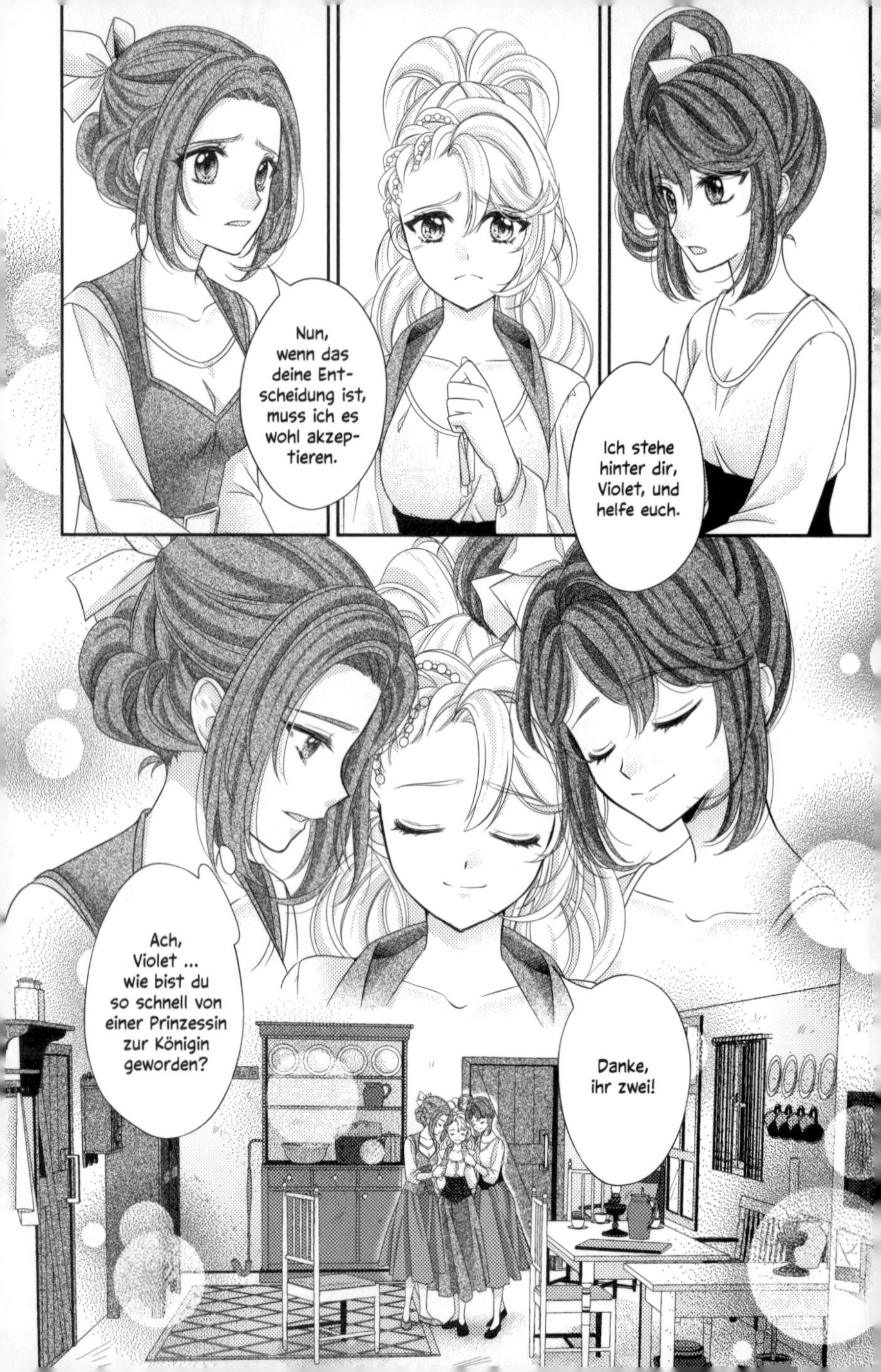
Nun, wenn das deine Entscheidung ist, muss ich es wohl akzeptieren.
Ich stehe hinter dir, Violet, und helfe euch.
Danke, ihr zwei!
Ach, Violet ... wie bist du so schnell von einer Prinzessin zur Königin geworden?

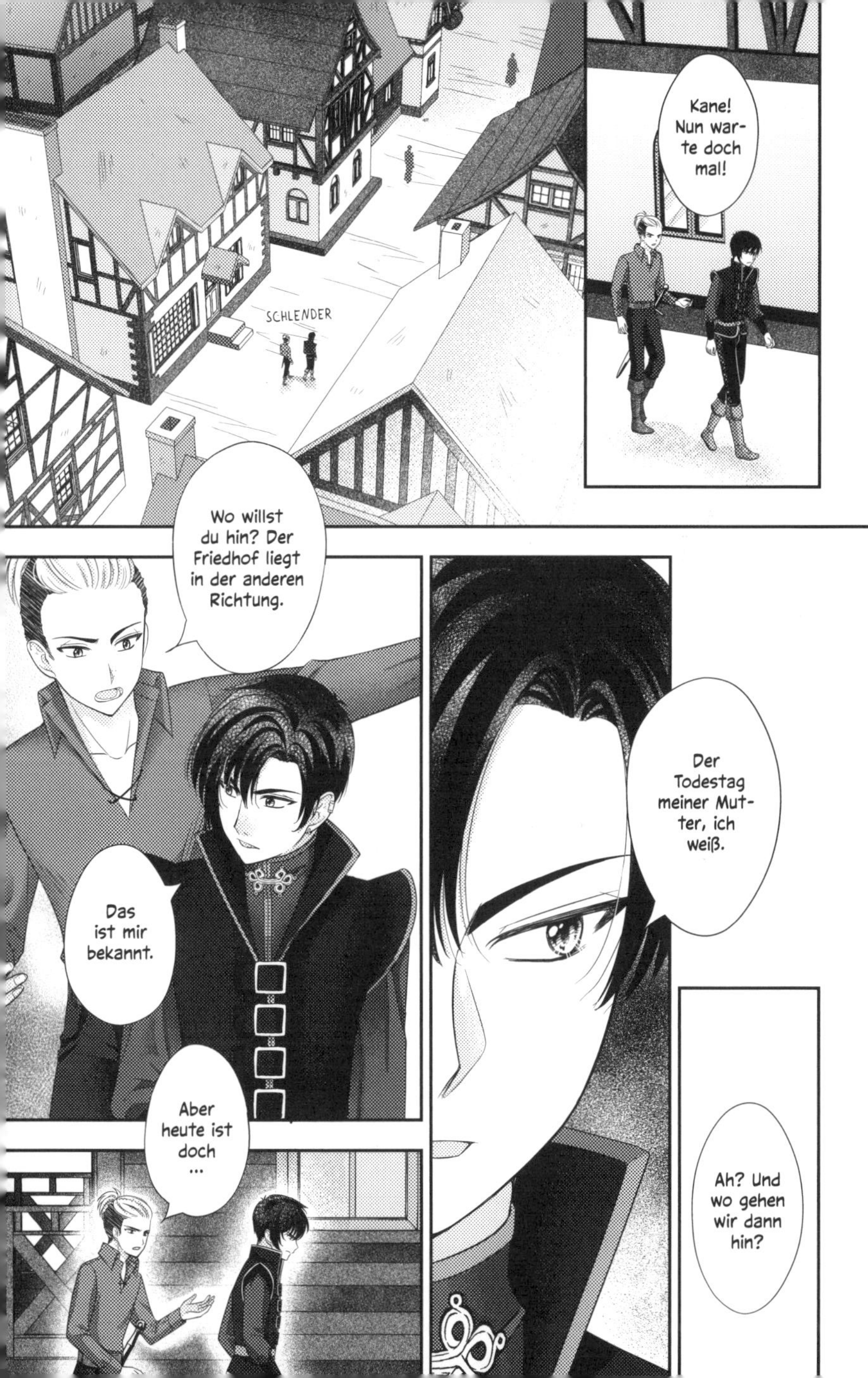
SCHLENDER
Kane! Nun warte doch mal!
Wo willst du hin? Der Friedhof liegt in der anderen Richtung.
Das ist mir bekannt.
Aber heute ist doch ...
Der Todestag meiner Mutter, ich weiß.
Ah? Und wo gehen wir dann hin?

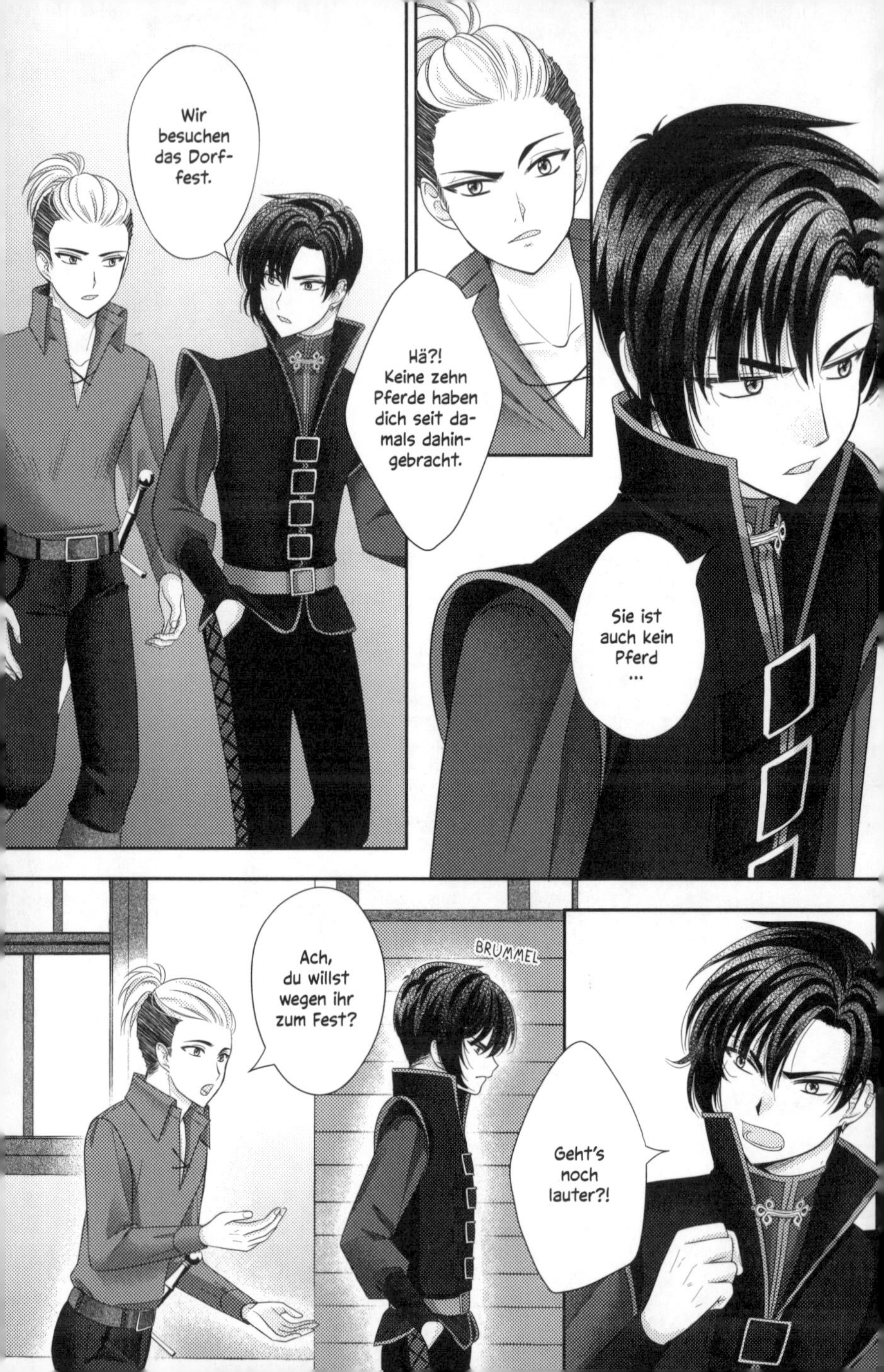
Wir besuchen das Dorf-fest.
Hä?! Keine zehn Pferde haben dich seit da-mals dahin-gebracht.
Sie ist auch kein Pferd ...
Ach, du willst wegen ihr zum Fest?
BRUMMEL
Geht's noch lauter?!

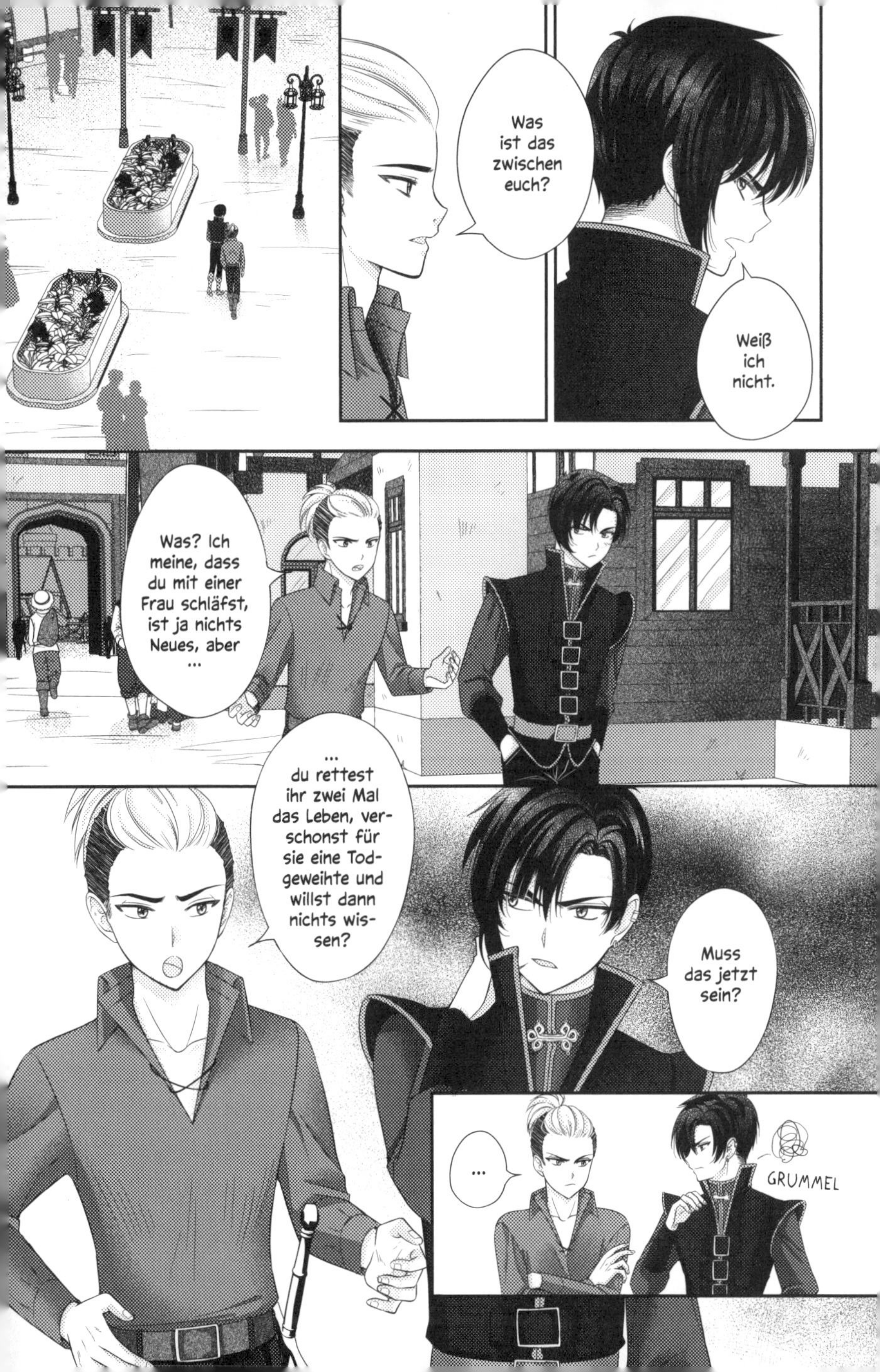
Was ist das zwischen euch?
Weiß ich nicht.
Was? Ich meine, dass du mit einer Frau schläfst, ist ja nichts Neues, aber ...
... du rettest ihr zwei Mal das Leben, verschonst für sie eine Todgeweihte und willst dann nichts wissen?
Muss das jetzt sein?
...
GRUMMEL

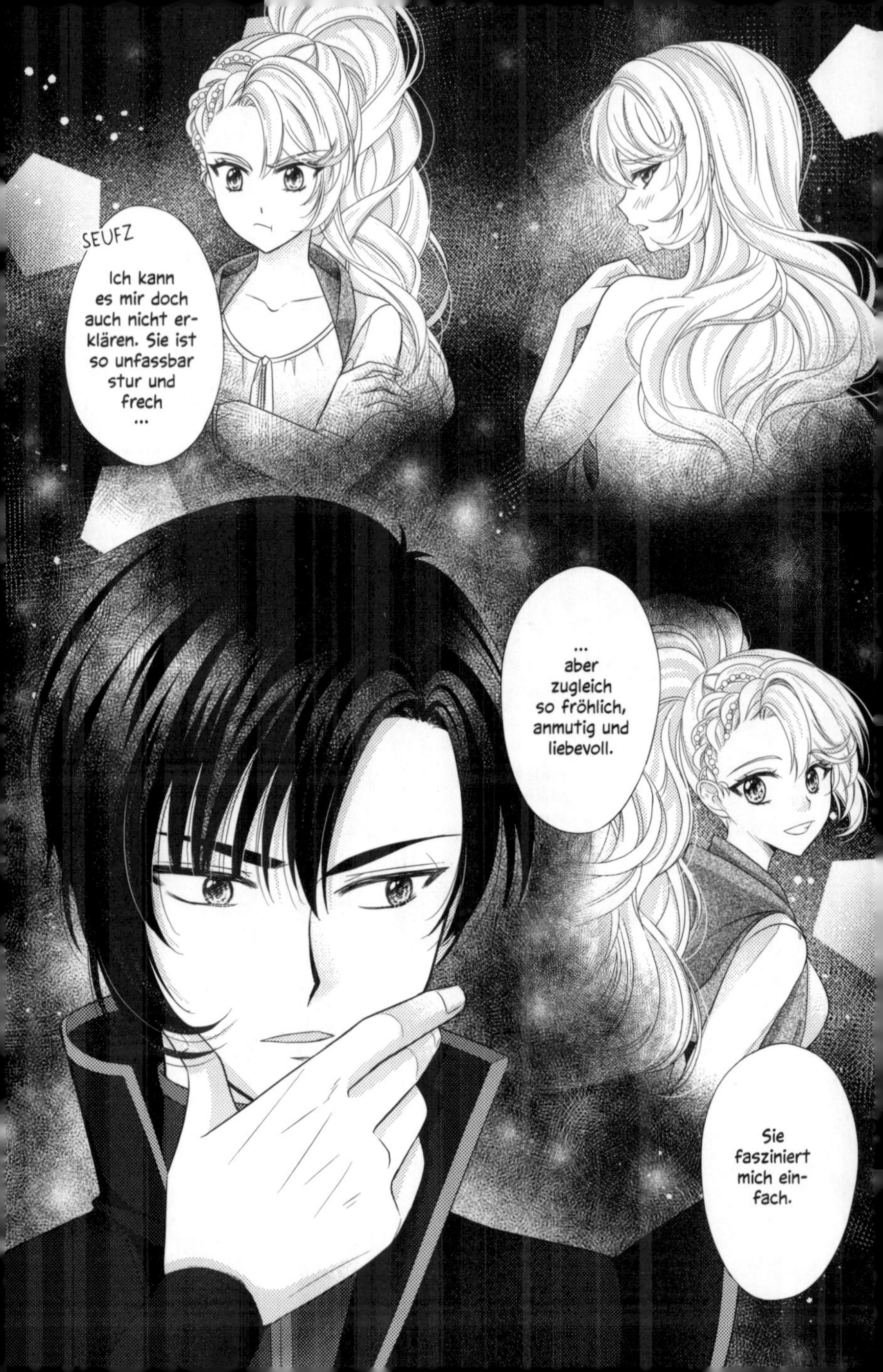
SEUFZ
Ich kann es mir doch auch nicht erklären. Sie ist so unfassbar stur und frech ...
... aber zugleich so fröhlich, anmutig und liebevoll.
Sie fasziniert mich einfach.

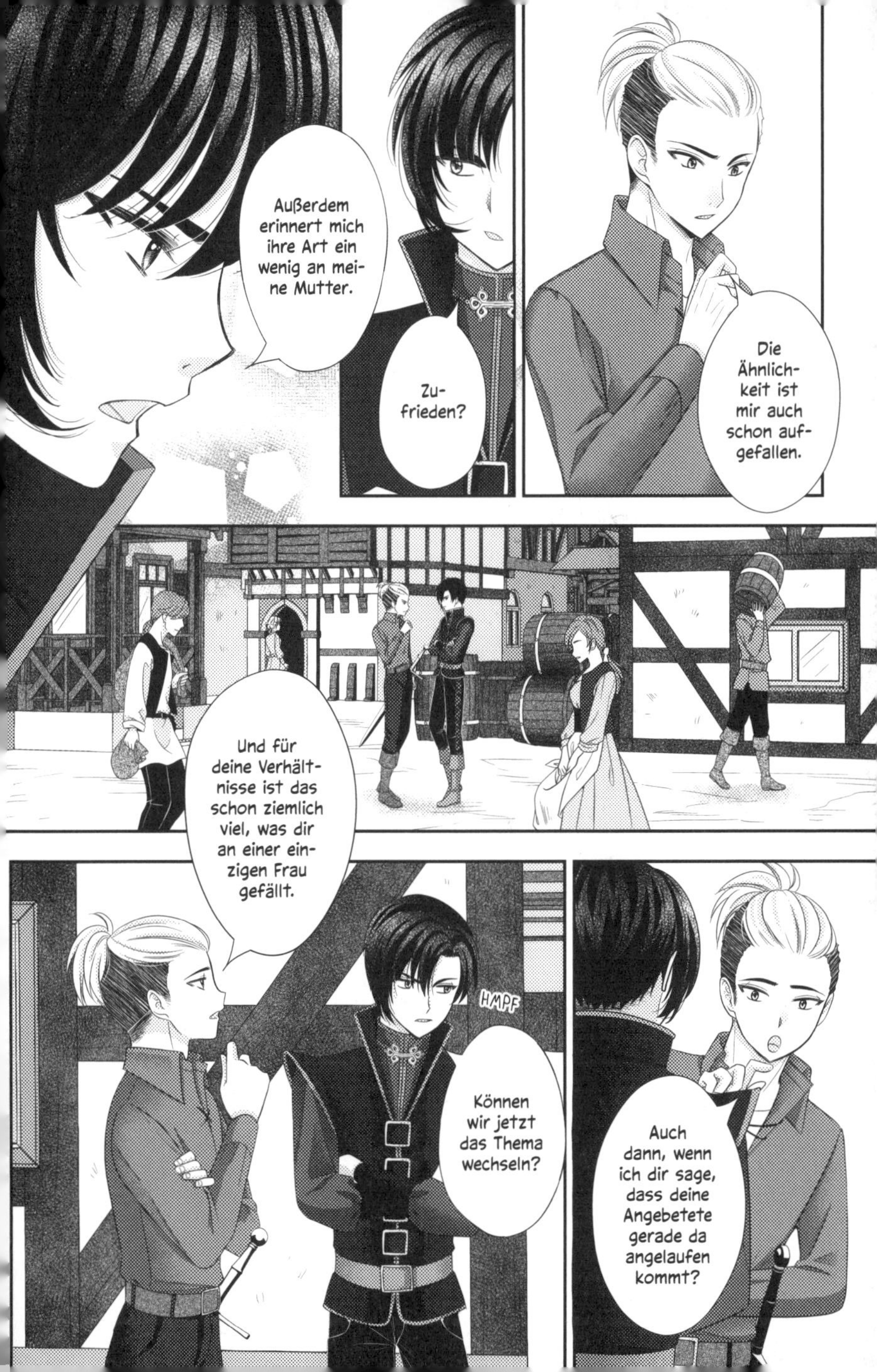
Außerdem erinnert mich ihre Art ein wenig an meine Mutter.
Zufrieden?
Die Ähnlichkeit ist mir auch schon aufgefallen.
Und für deine Verhältnisse ist das schon ziemlich viel, was dir an einer einzigen Frau gefällt.
HMPF
Können wir jetzt das Thema wechseln?
Auch dann, wenn ich dir sage, dass deine Angebetete gerade da angelaufen kommt?

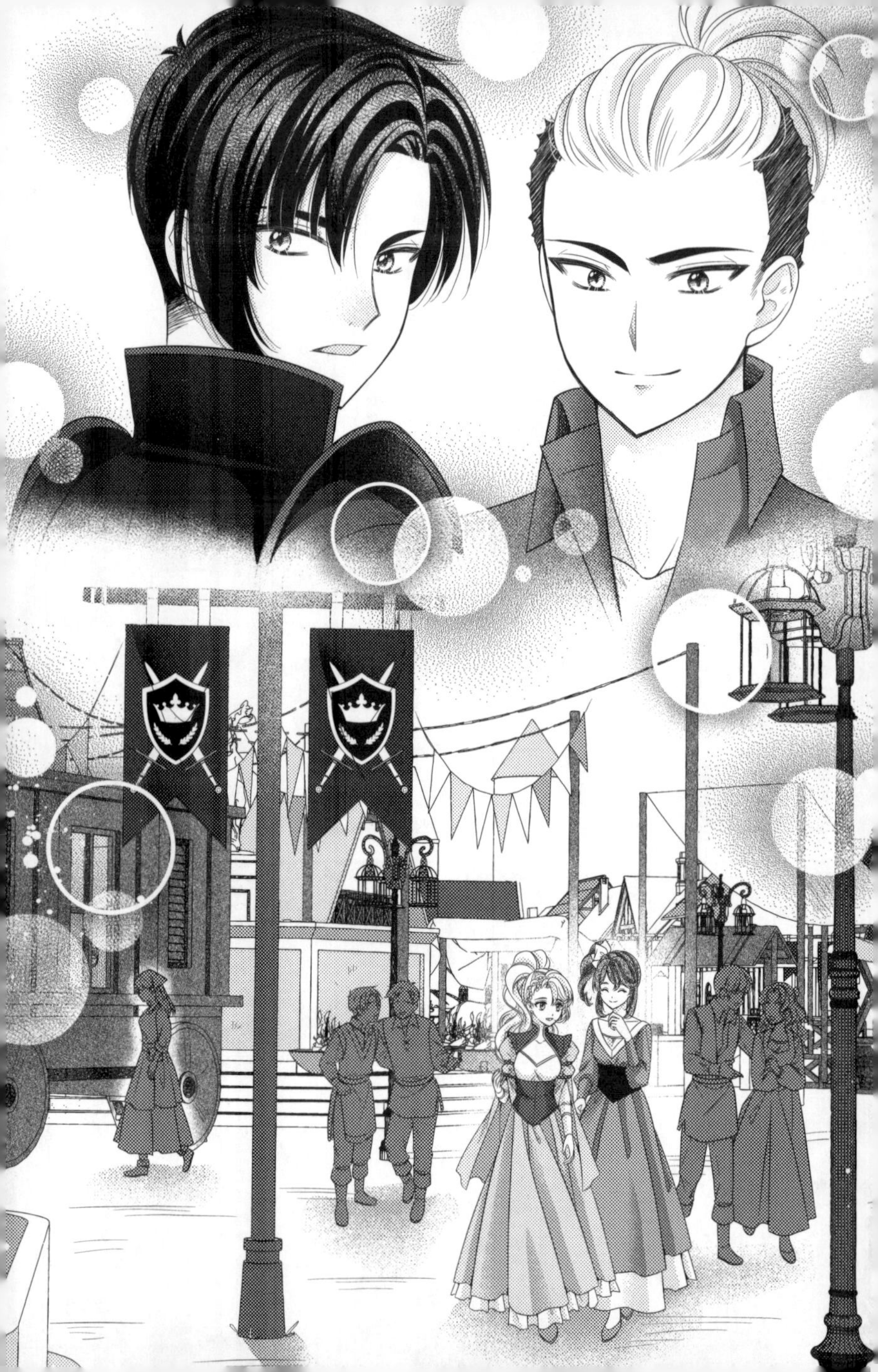

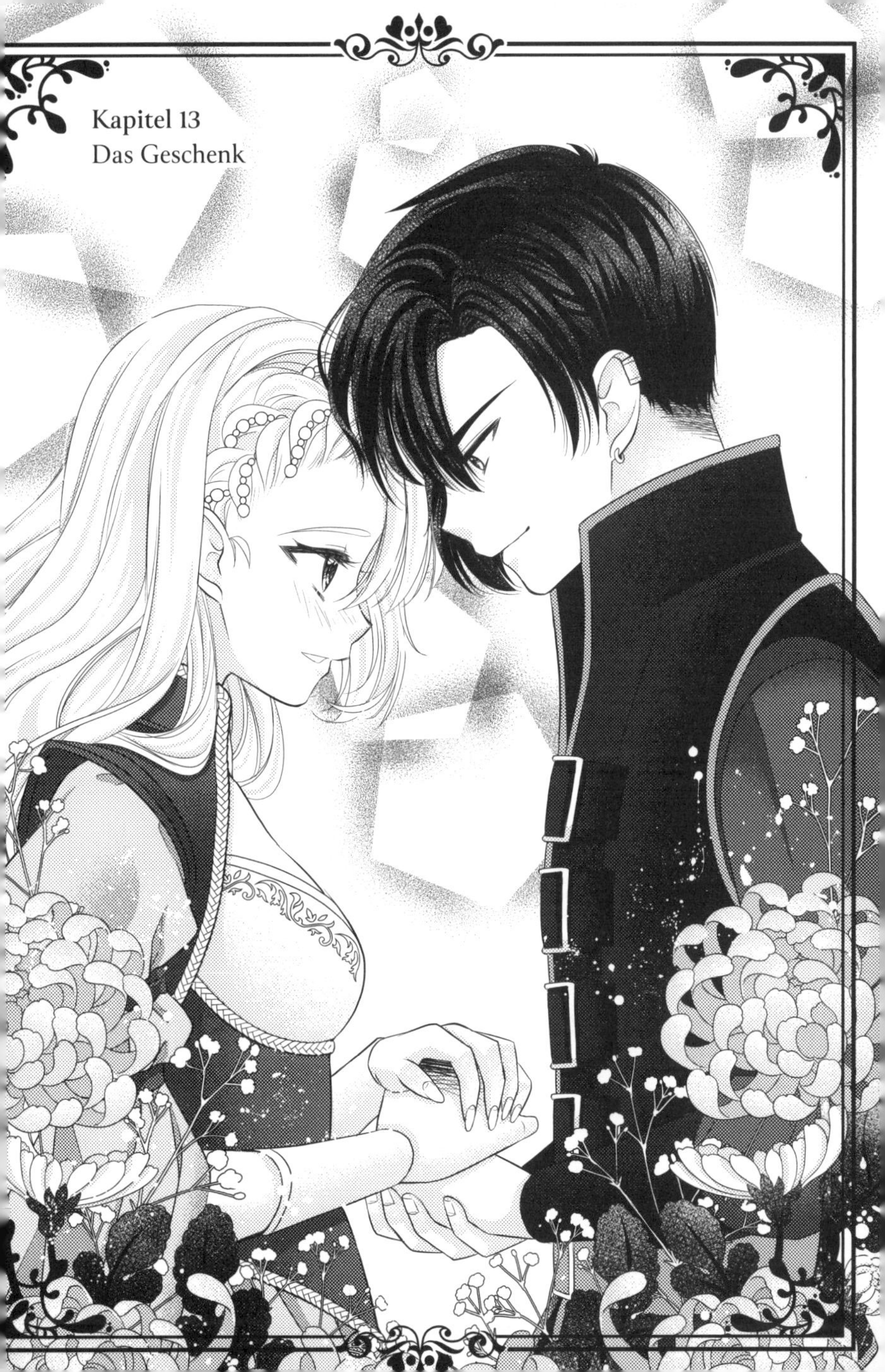
Kapitel 13
Das Geschenk

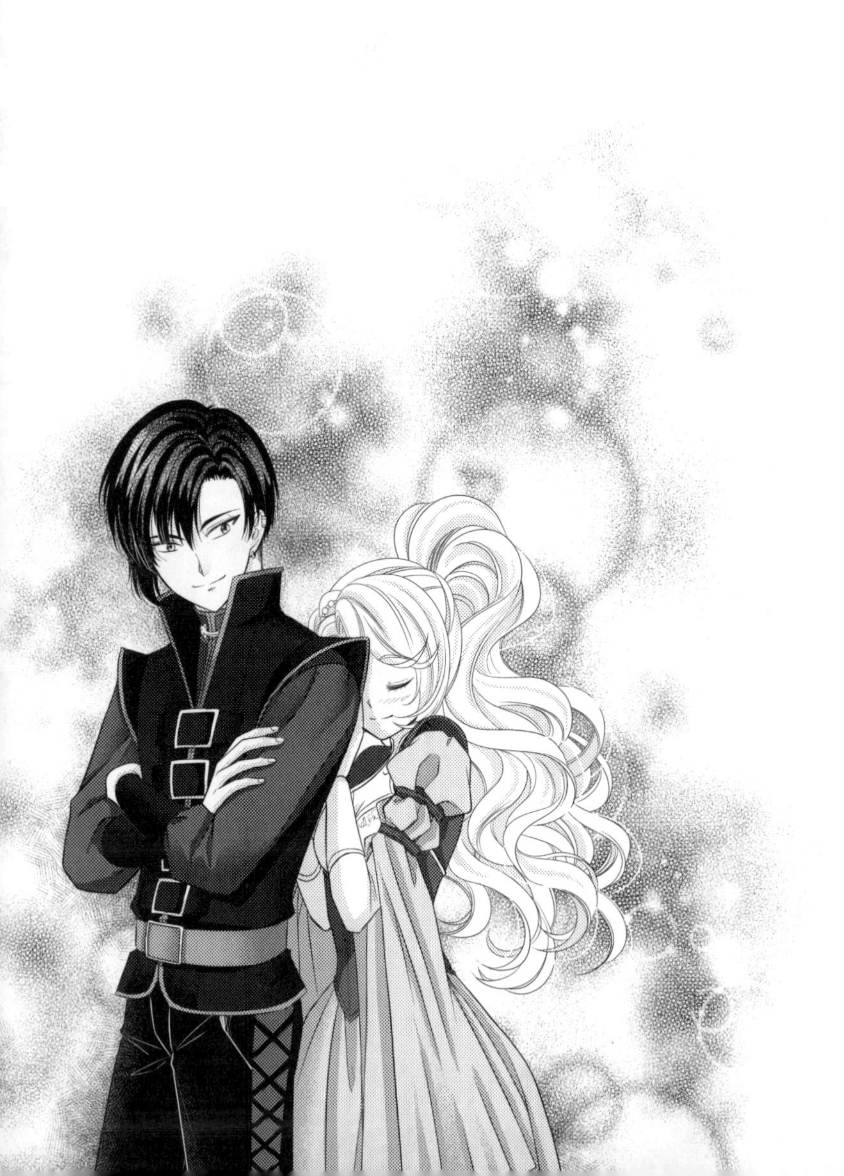

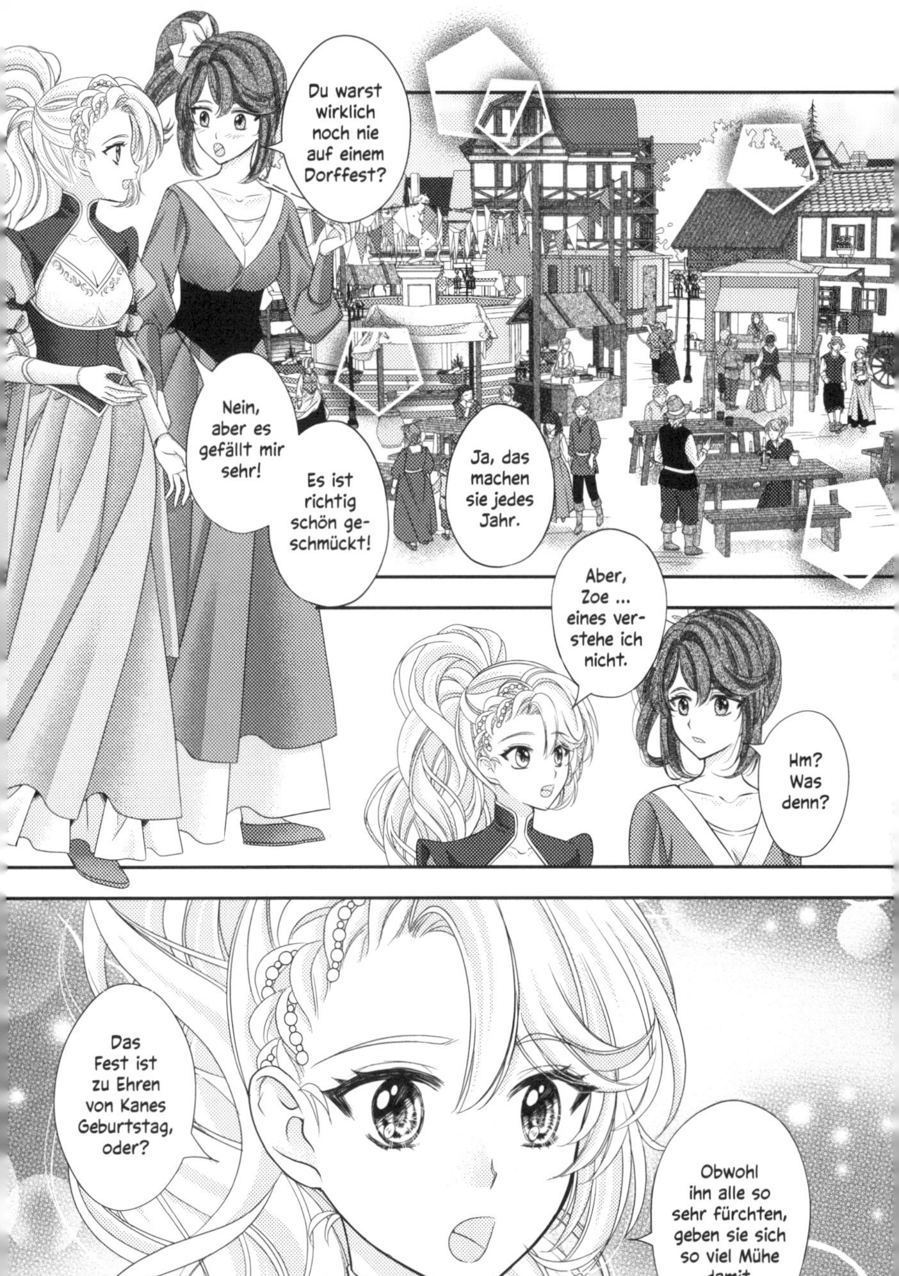
Du warst wirklich noch nie auf einem Dorffest?
Nein, aber es gefällt mir sehr!
Es ist richtig schön geschmückt!
Ja, das machen sie jedes Jahr.
Aber, Zoe ... eines verstehe ich nicht.
Hm? Was denn?
Das Fest ist zu Ehren von Kanes Geburtstag, oder?
Obwohl ihn alle so sehr fürchten, geben sie sich so viel Mühe damit.

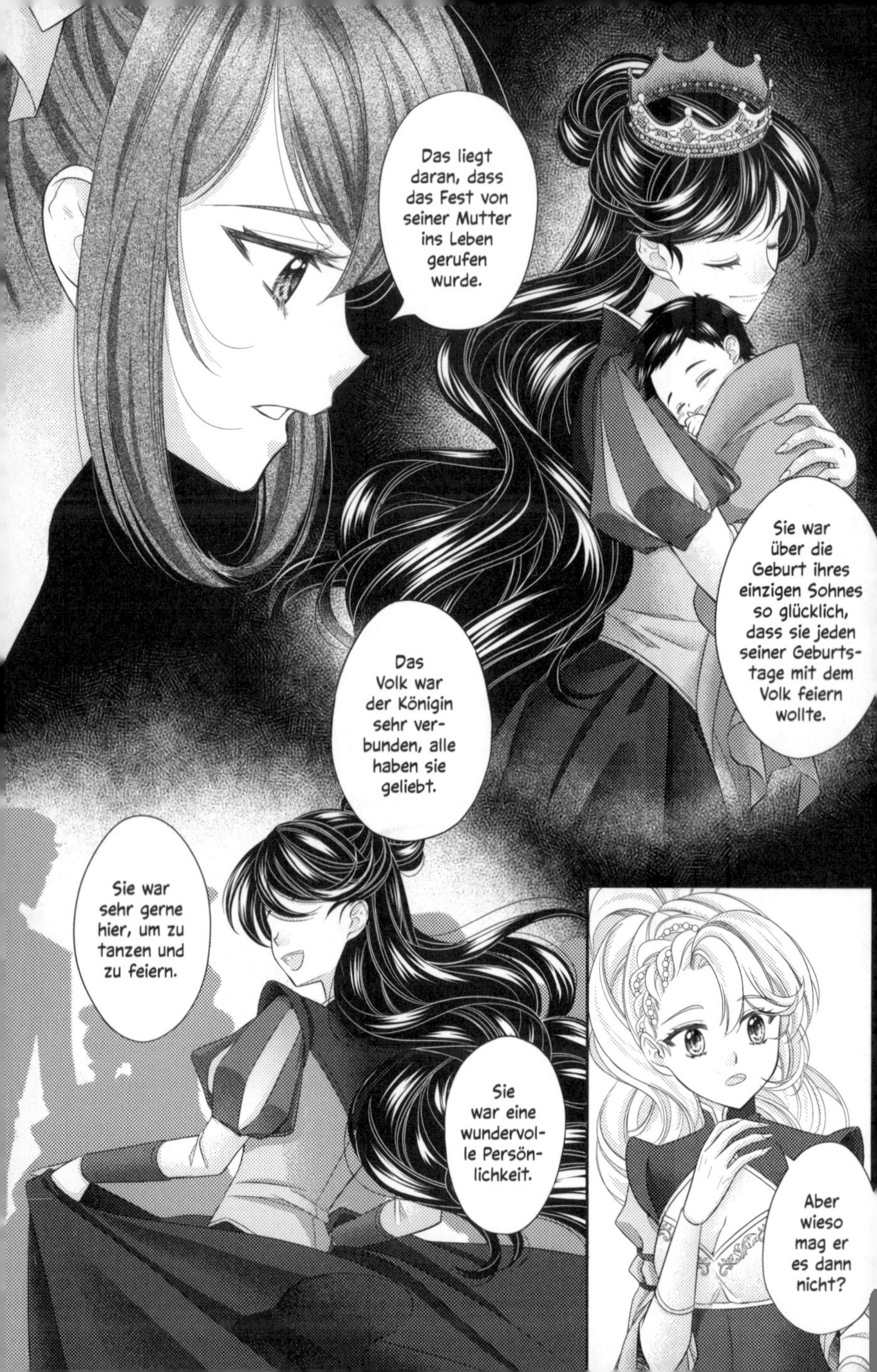
Das liegt daran, dass das Fest von seiner Mutter ins Leben gerufen wurde.
Sie war über die Geburt ihres einzigen Sohnes so glücklich, dass sie jeden seiner Geburtstage mit dem Volk feiern wollte.
Das Volk war der Königin sehr verbunden, alle haben sie geliebt.
Sie war sehr gerne hier, um zu tanzen und zu feiern.
Sie war eine wundervolle Persönlichkeit.
Aber wieso mag er es dann nicht?

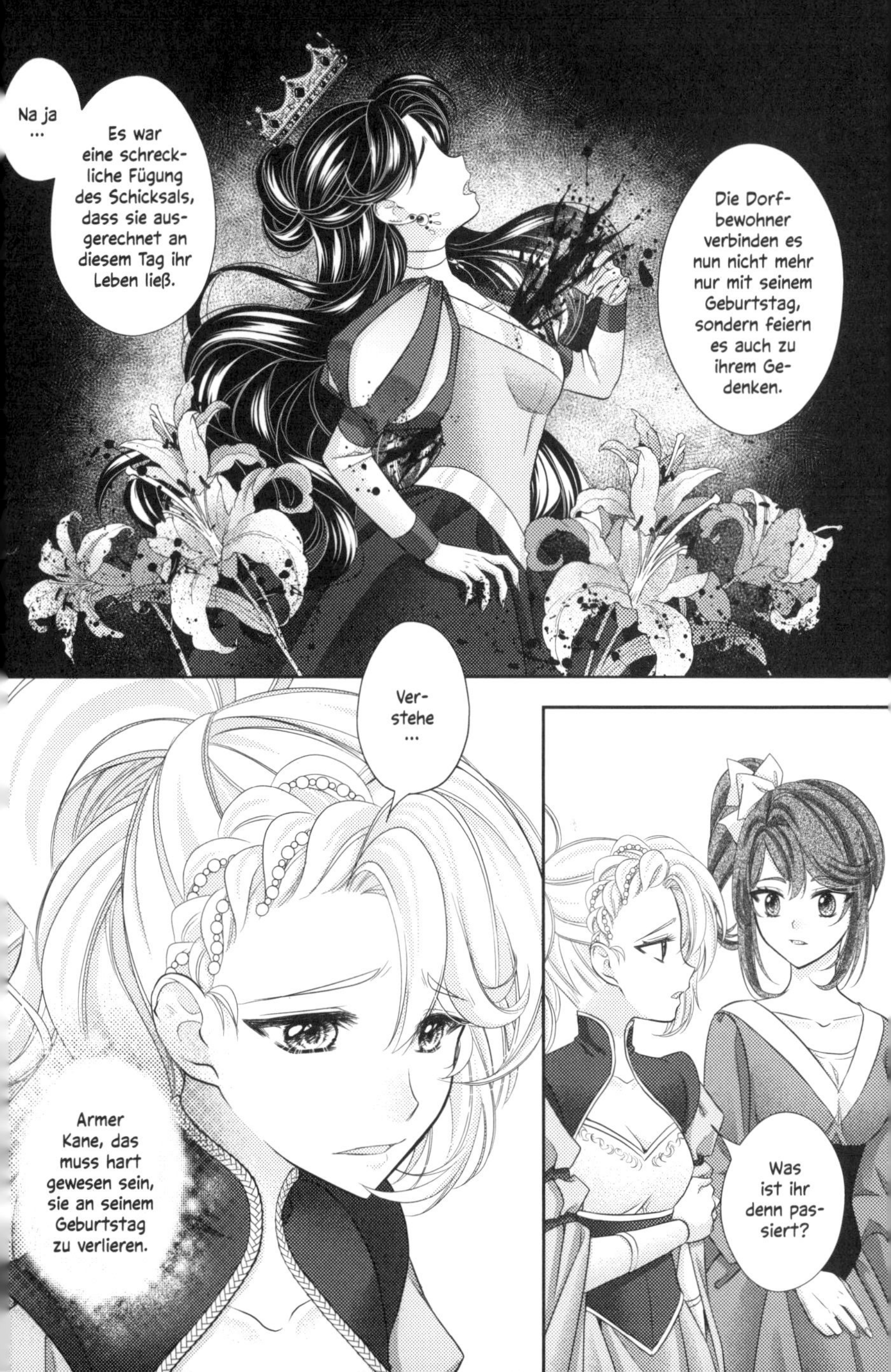
Na ja ...
Es war eine schreckliche Fügung des Schicksals, dass sie ausgerechnet an diesem Tag ihr Leben ließ.
Die Dorfbewohner verbinden es nun nicht mehr nur mit seinem Geburtstag, sondern feiern es auch zu ihrem Gedenken.
Verstehe ...
Armer Kane, das muss hart gewesen sein, sie an seinem Geburtstag zu verlieren.
Was ist ihr denn passiert?

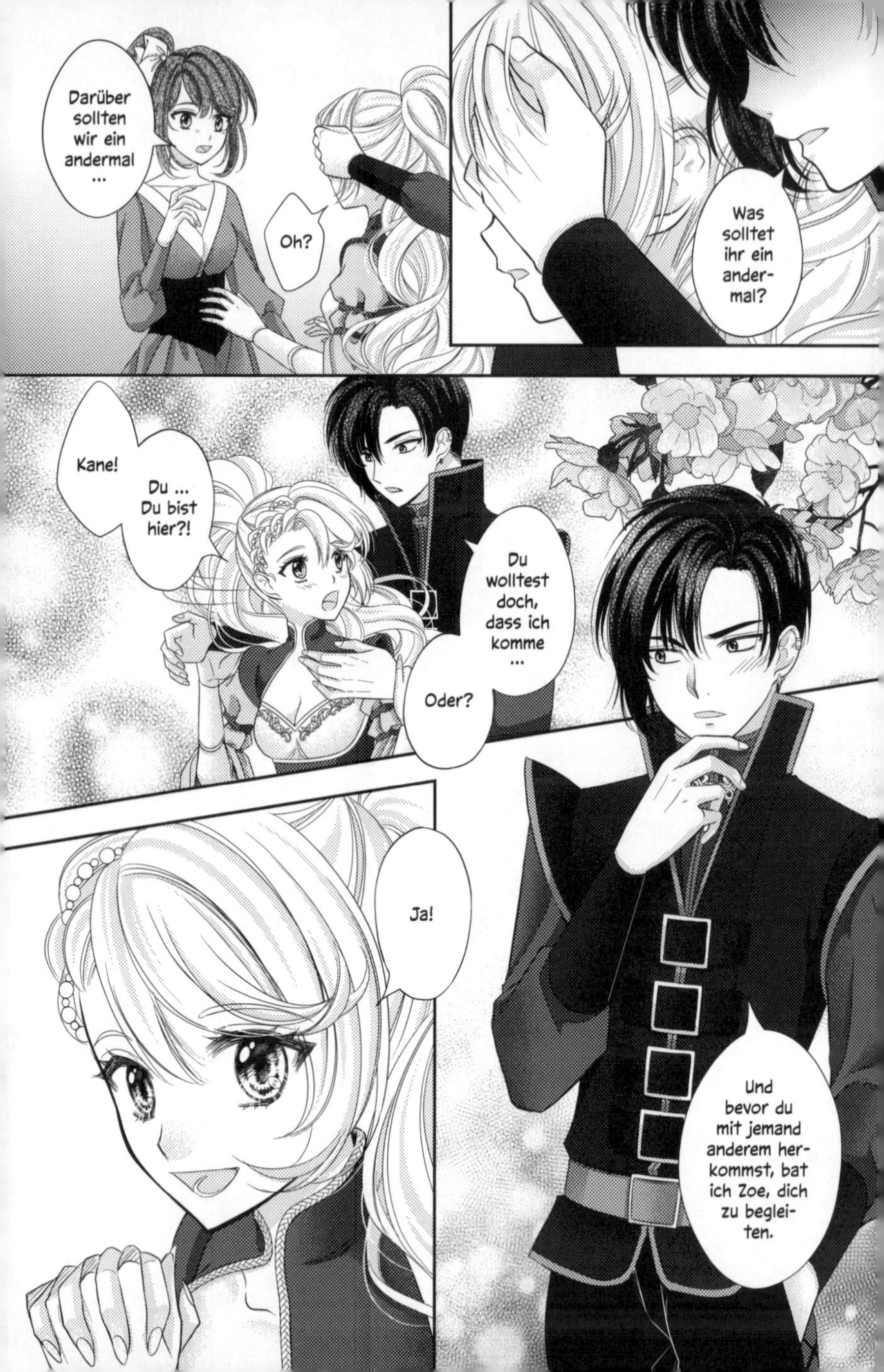
Darüber sollten wir ein andermal ...
Oh?
Was solltet ihr ein ander-mal?
Kane!
Du ... Du bist hier?!
Du wolltest doch, dass ich komme ...
Oder?
Ja!
Und bevor du mit jemand anderem her-kommst, bat ich Zoe, dich zu beglei-ten.

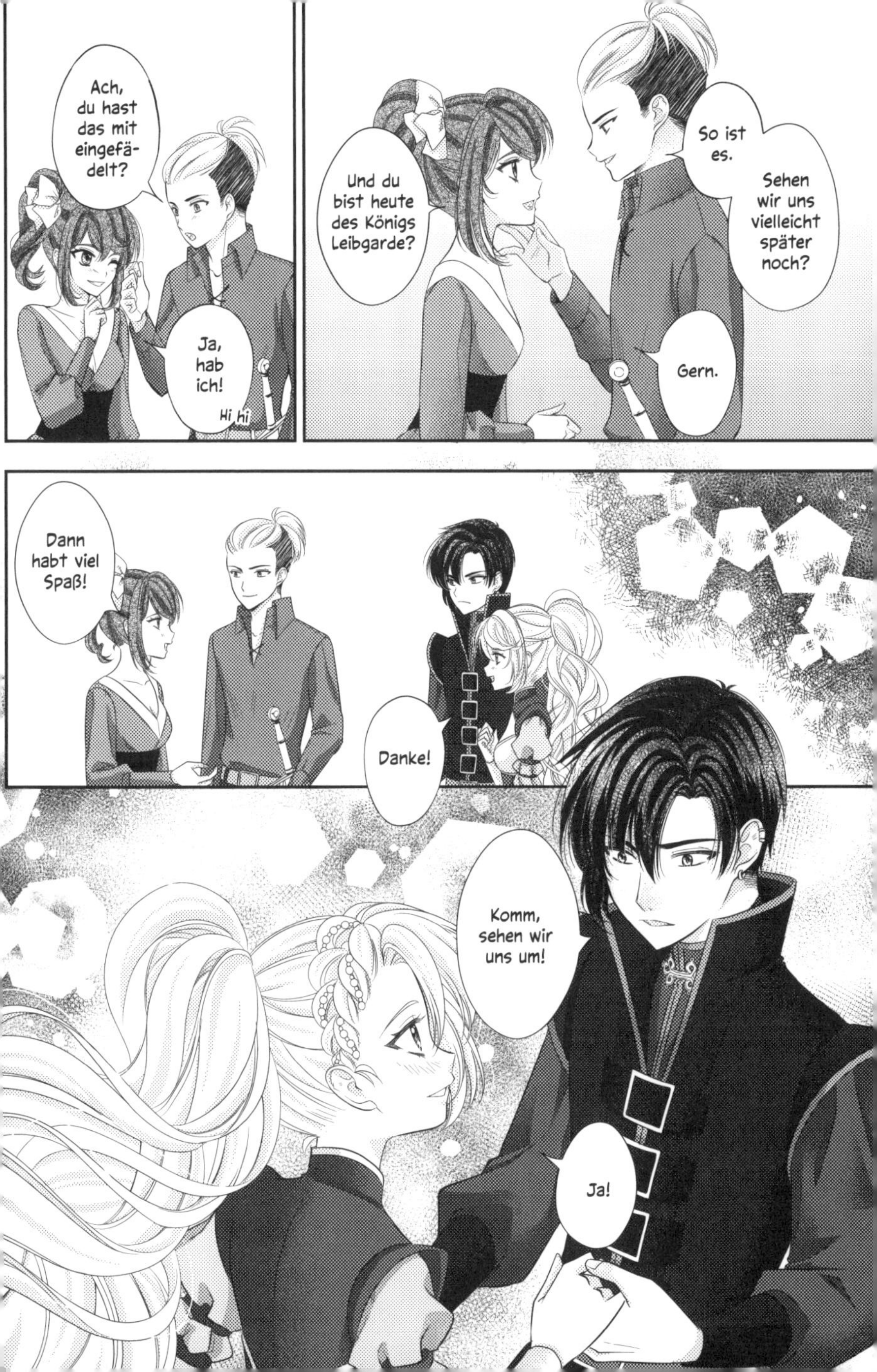

Ach, du hast das mit eingefädelt?

Ja, hab ich!

Hi hi

Und du bist heute des Königs Leibgarde?

So ist es.

Sehen wir uns vielleicht später noch?

Gern.

Dann habt viel Spaß!

Danke!

Komm, sehen wir uns um!

Ja!

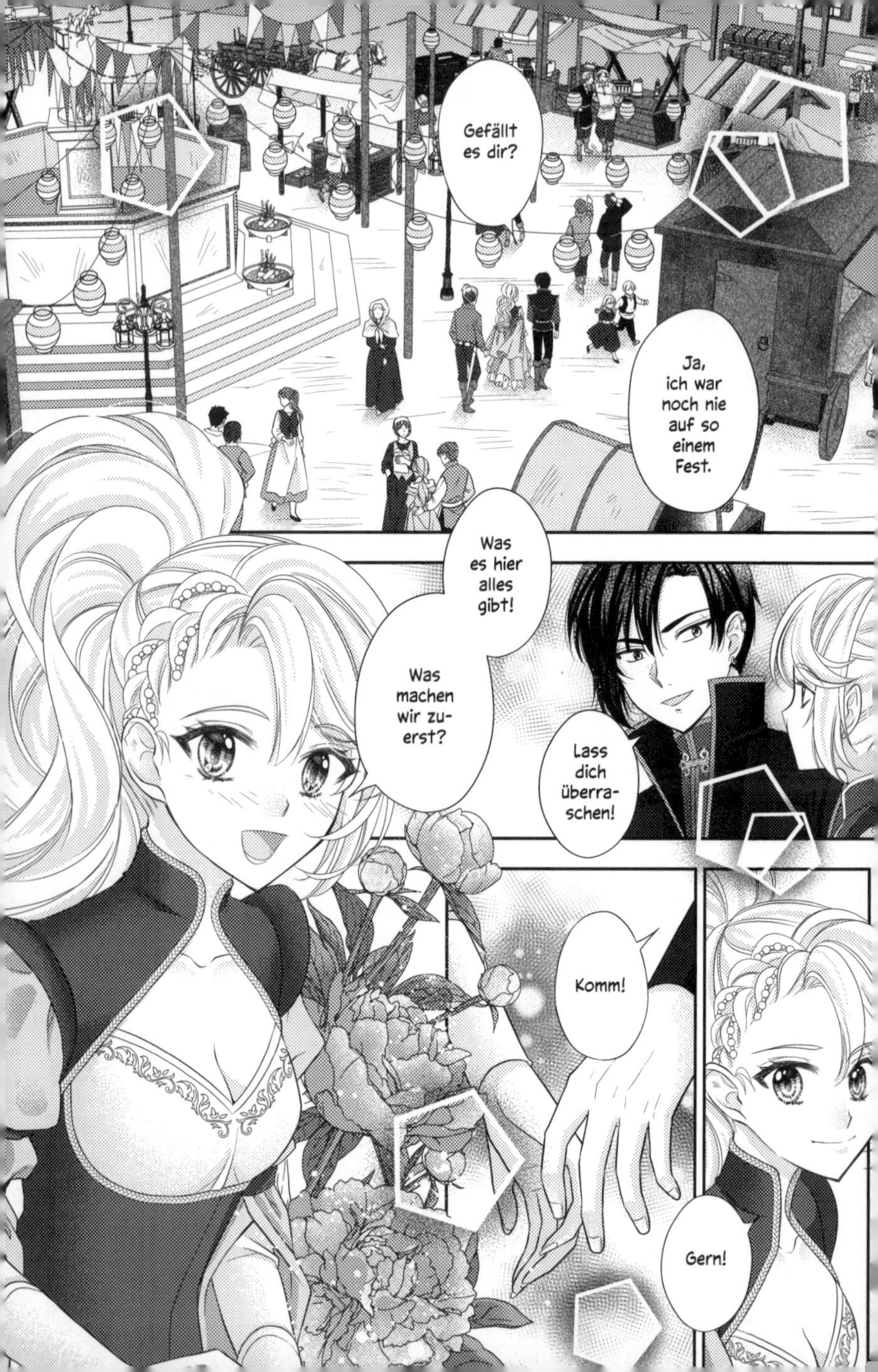
Gefällt es dir?
Ja, ich war noch nie auf so einem Fest.
Was es hier alles gibt!
Was machen wir zuerst?
Lass dich überraschen!
Komm!
Gern!

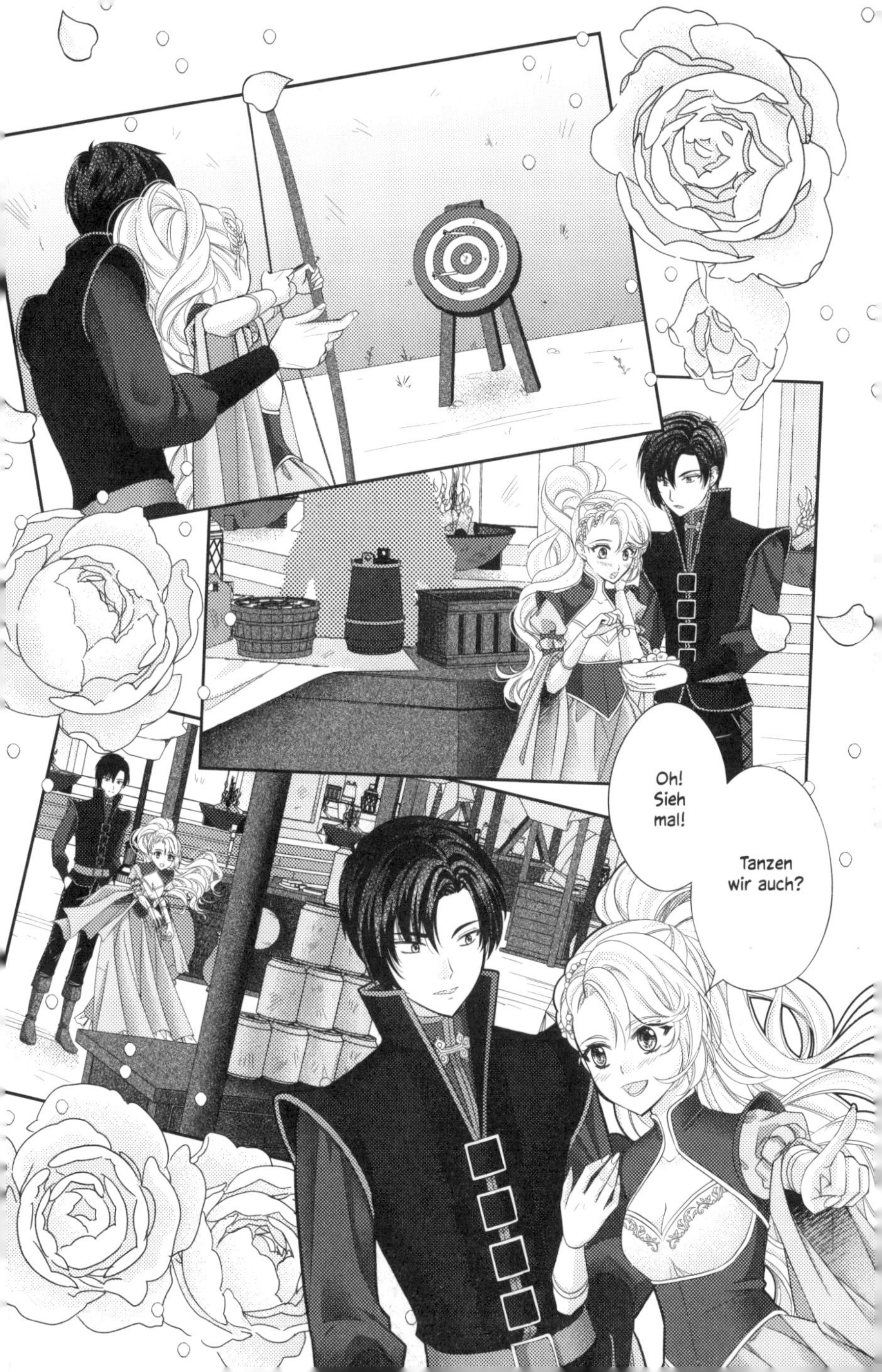
Oh! Sieh mal!
Tanzen wir auch?

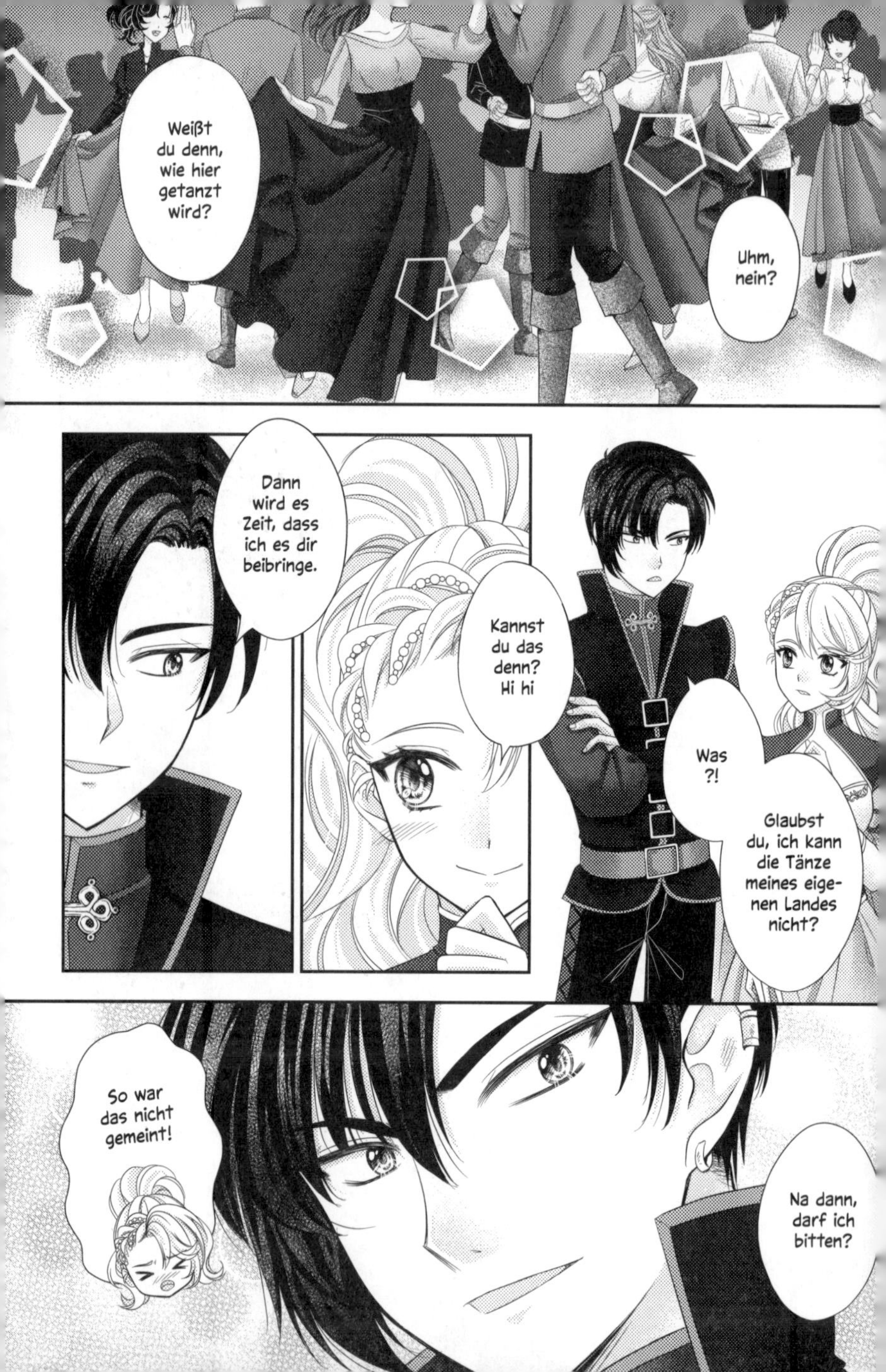
Weißt du denn, wie hier getanzt wird?
Uhm, nein?
Dann wird es Zeit, dass ich es dir beibringe.
Kannst du das denn? Hi hi
Was ?!
Glaubst du, ich kann die Tänze meines eigenen Landes nicht?
So war das nicht gemeint!
Na dann, darf ich bitten?

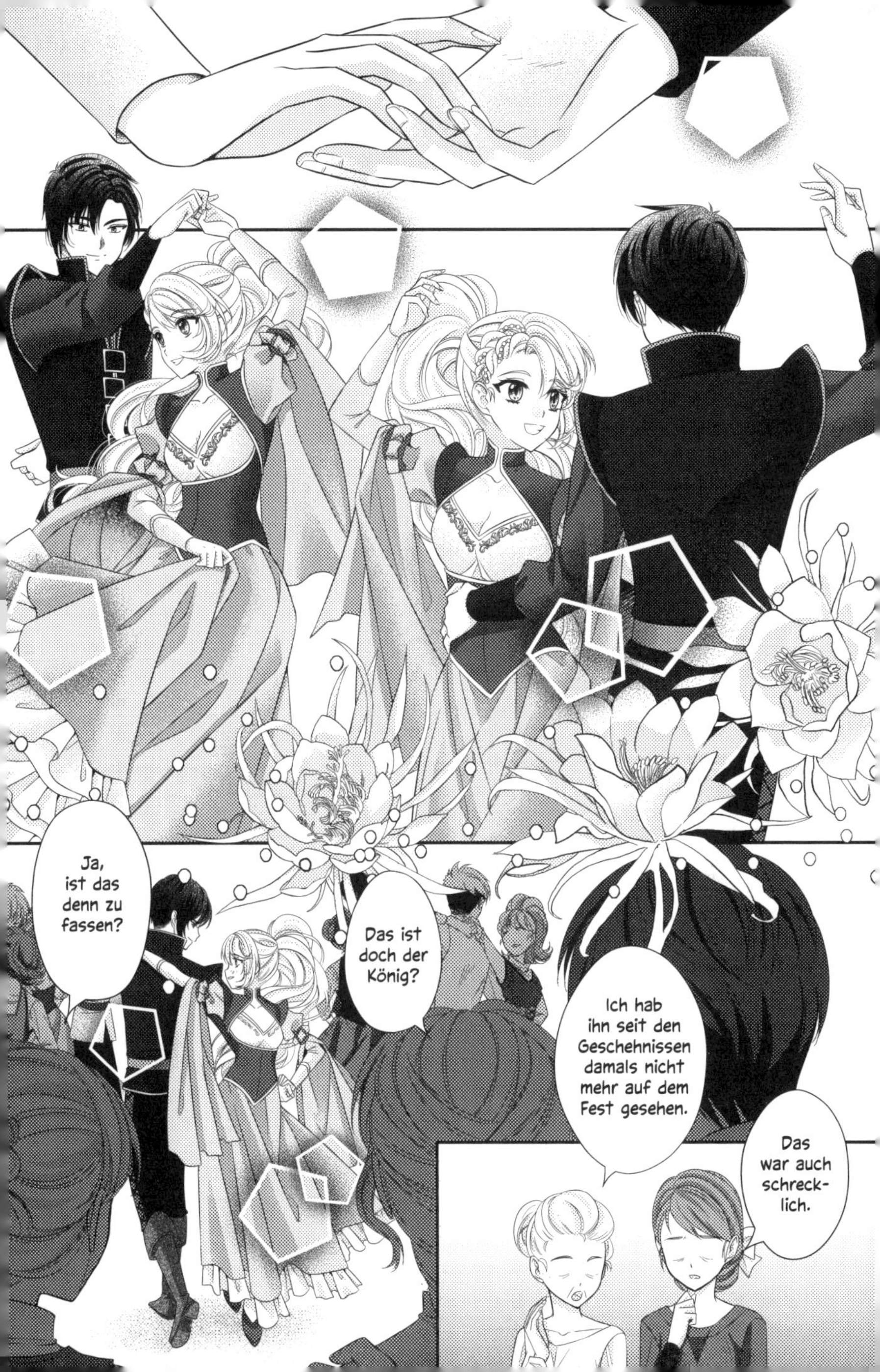
Ja, ist das denn zu fassen?
Das ist doch der König?
Ich hab ihn seit den Geschehnissen damals nicht mehr auf dem Fest gesehen.
Das war auch schreck-lich.

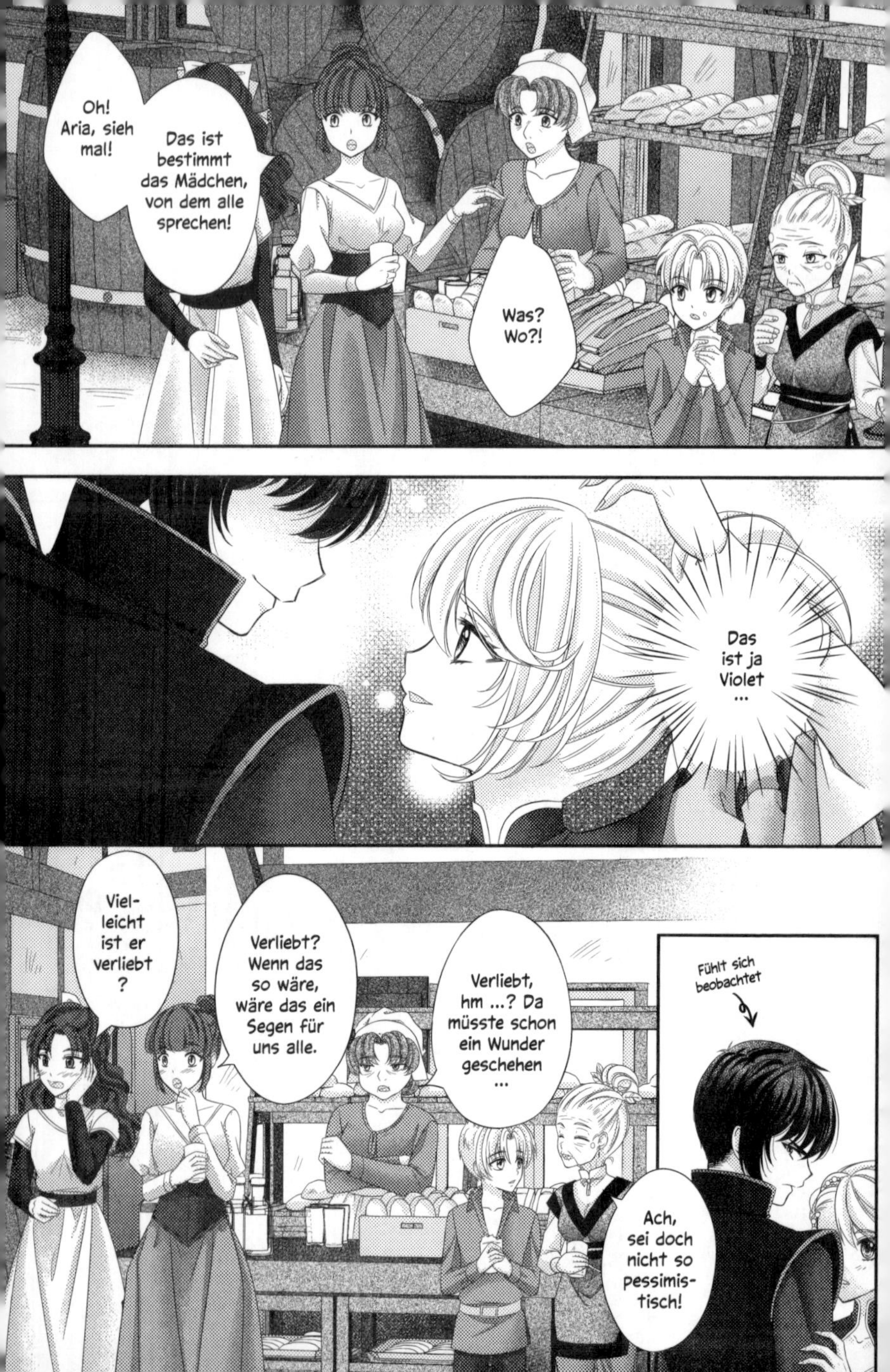
Oh! Aria, sieh mal!
Das ist bestimmt das Mädchen, von dem alle sprechen!
Was? Wo?!
Das ist ja Violet ...
Vielleicht ist er verliebt?
Verliebt? Wenn das so wäre, wäre das ein Segen für uns alle.
Verliebt, hm ...? Da müsste schon ein Wunder geschehen ...
Ach, sei doch nicht so pessimistisch!
Fühlt sich beobachtet

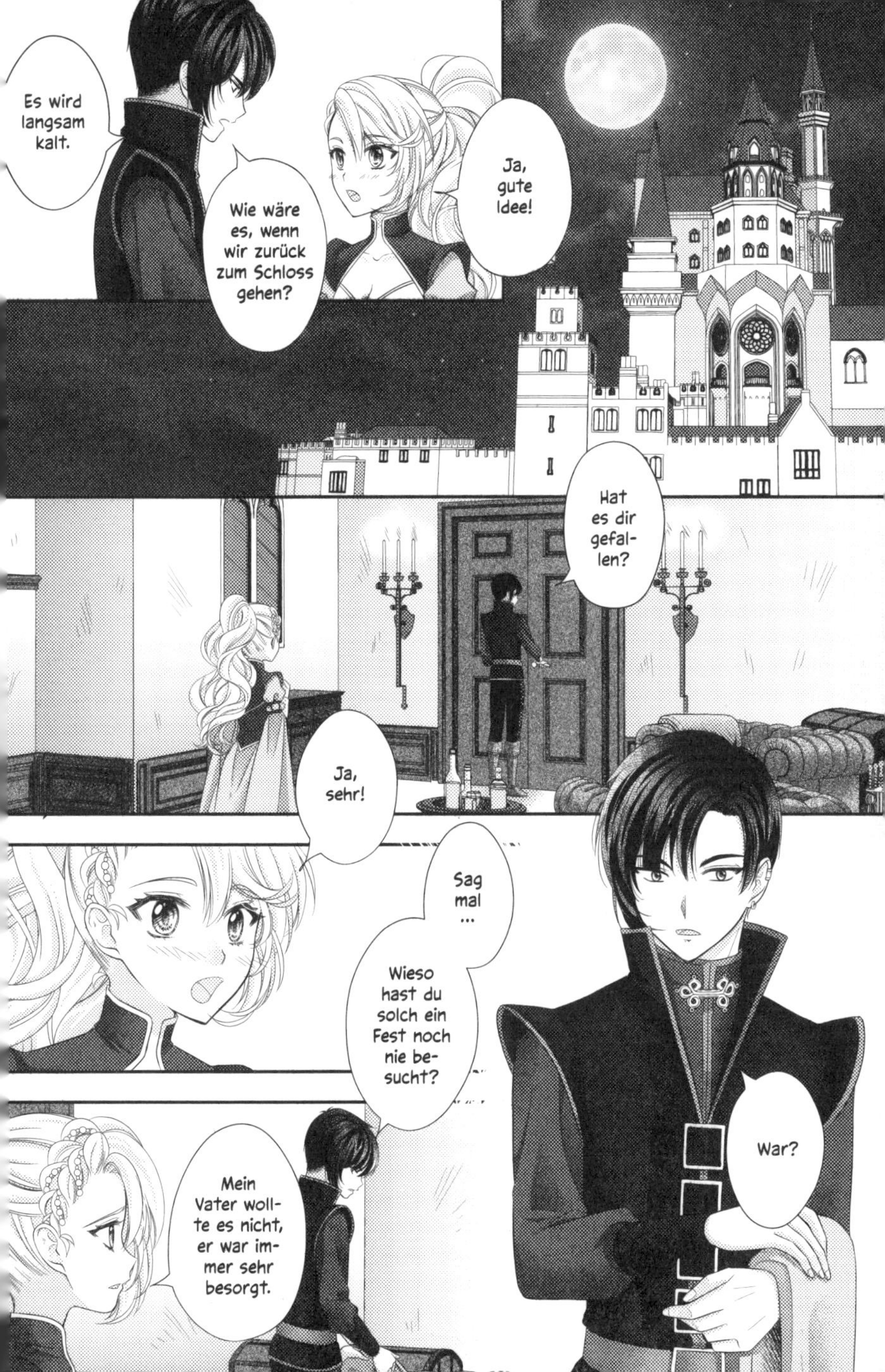
Es wird langsam kalt.
Wie wäre es, wenn wir zurück zum Schloss gehen?
Ja, gute Idee!
Hat es dir gefal-len?
Ja, sehr!
Sag mal ...
Wieso hast du solch ein Fest noch nie be-sucht?
Mein Vater woll-te es nicht, er war im-mer sehr besorgt.
War?

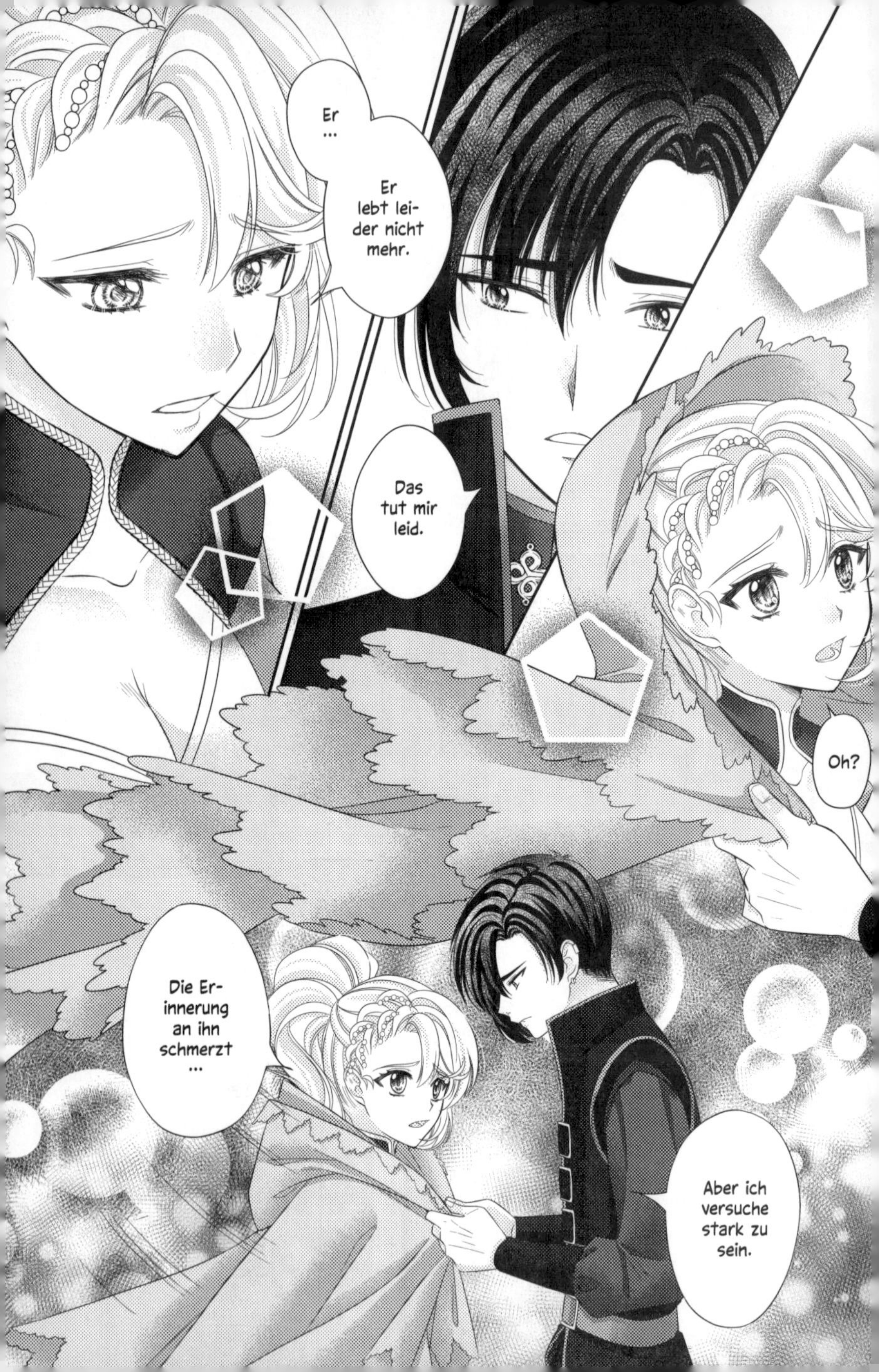
Er ...
Er lebt leider nicht mehr.
Das tut mir leid.
Oh?
Die Erinnerung an ihn schmerzt ...
Aber ich versuche stark zu sein.

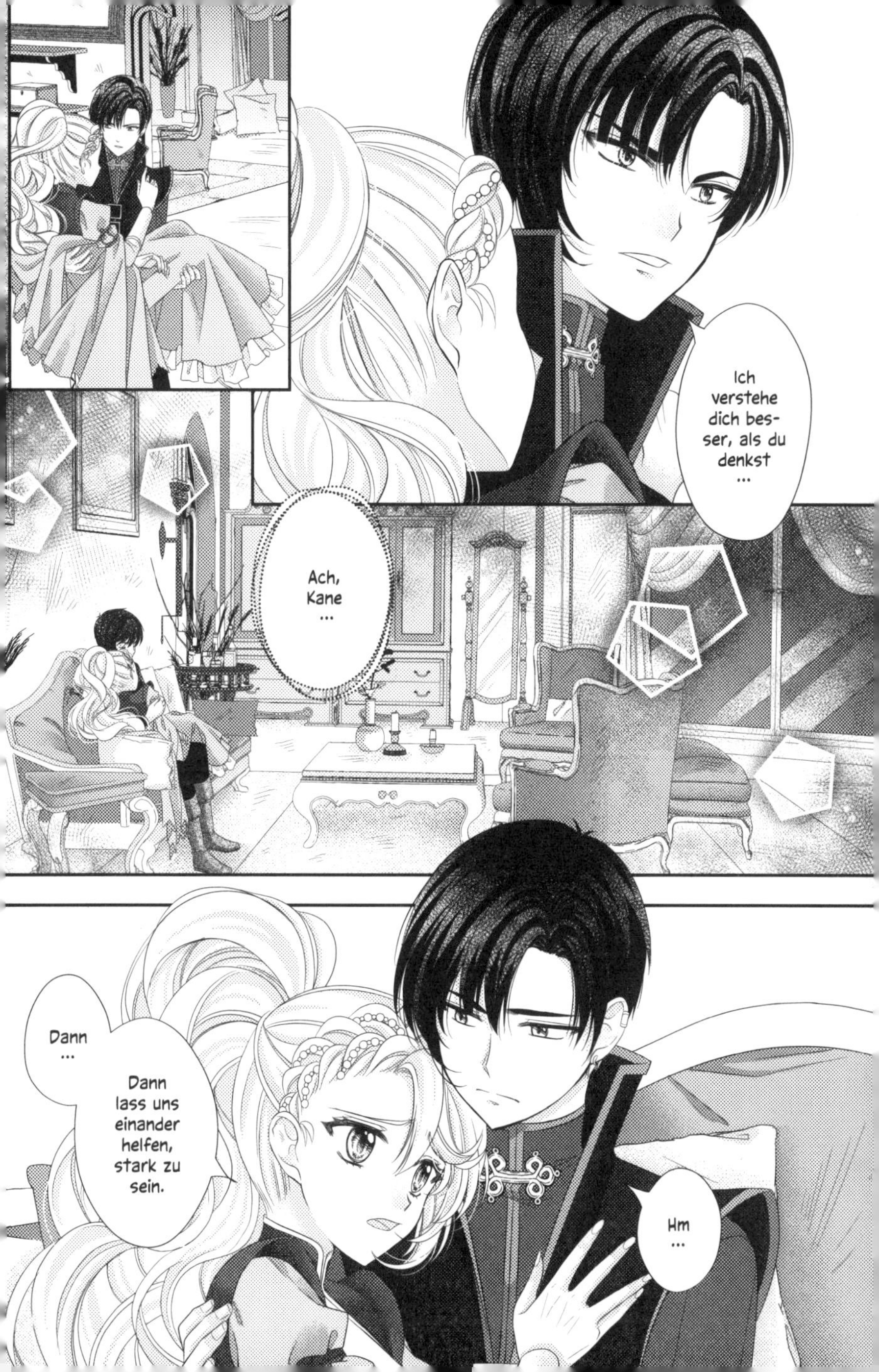
Ich verstehe dich bes-ser, als du denkst …
Ach, Kane …
Dann …
Dann lass uns einander helfen, stark zu sein.
Hm …

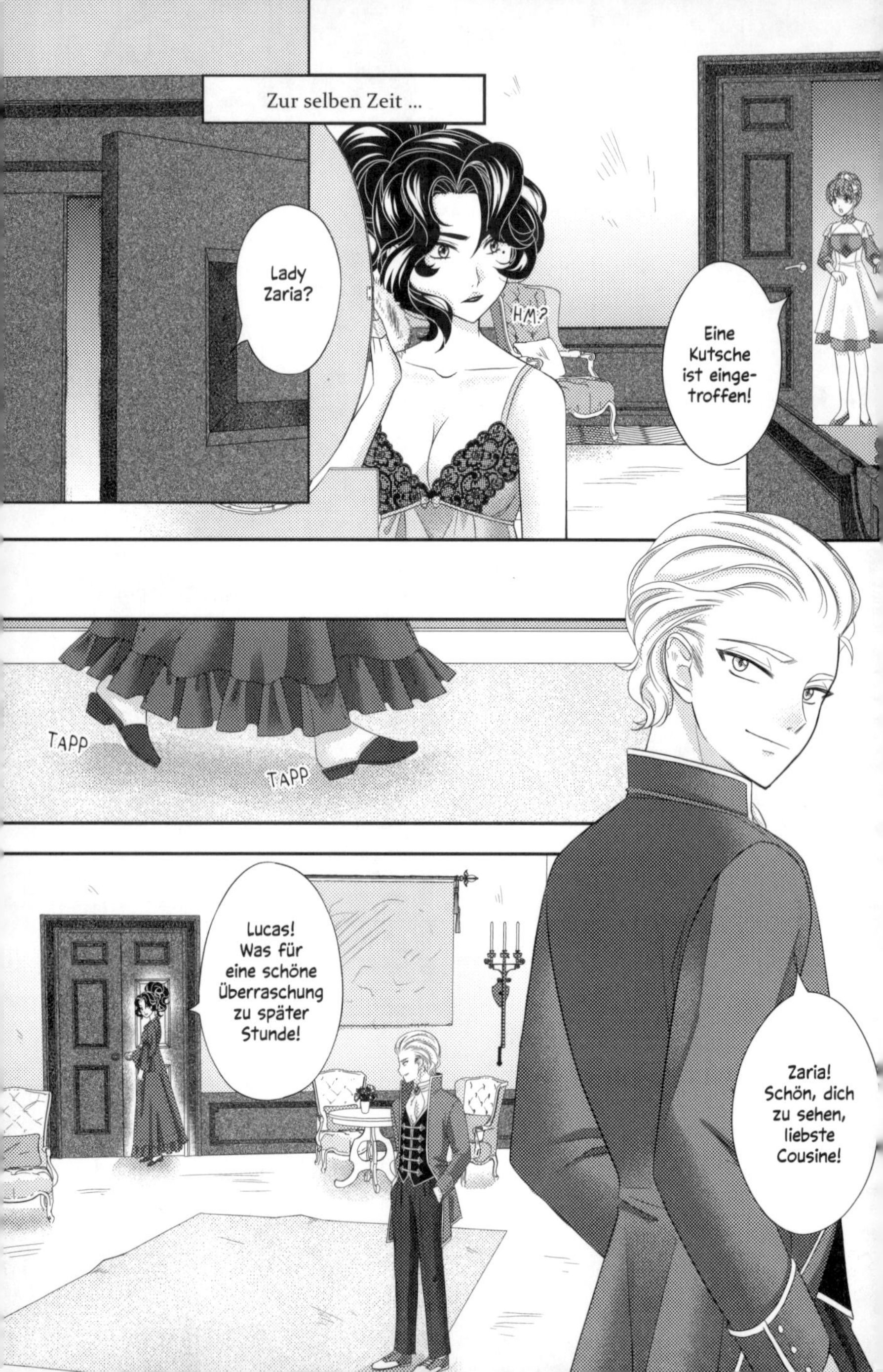
Zur selben Zeit ...
Eine Kutsche ist einge- troffen!
Lady Zaria?
HM?
TAPP
TAPP
Zaria! Schön, dich zu sehen, liebste Cousine!
Lucas! Was für eine schöne Überraschung zu später Stunde!

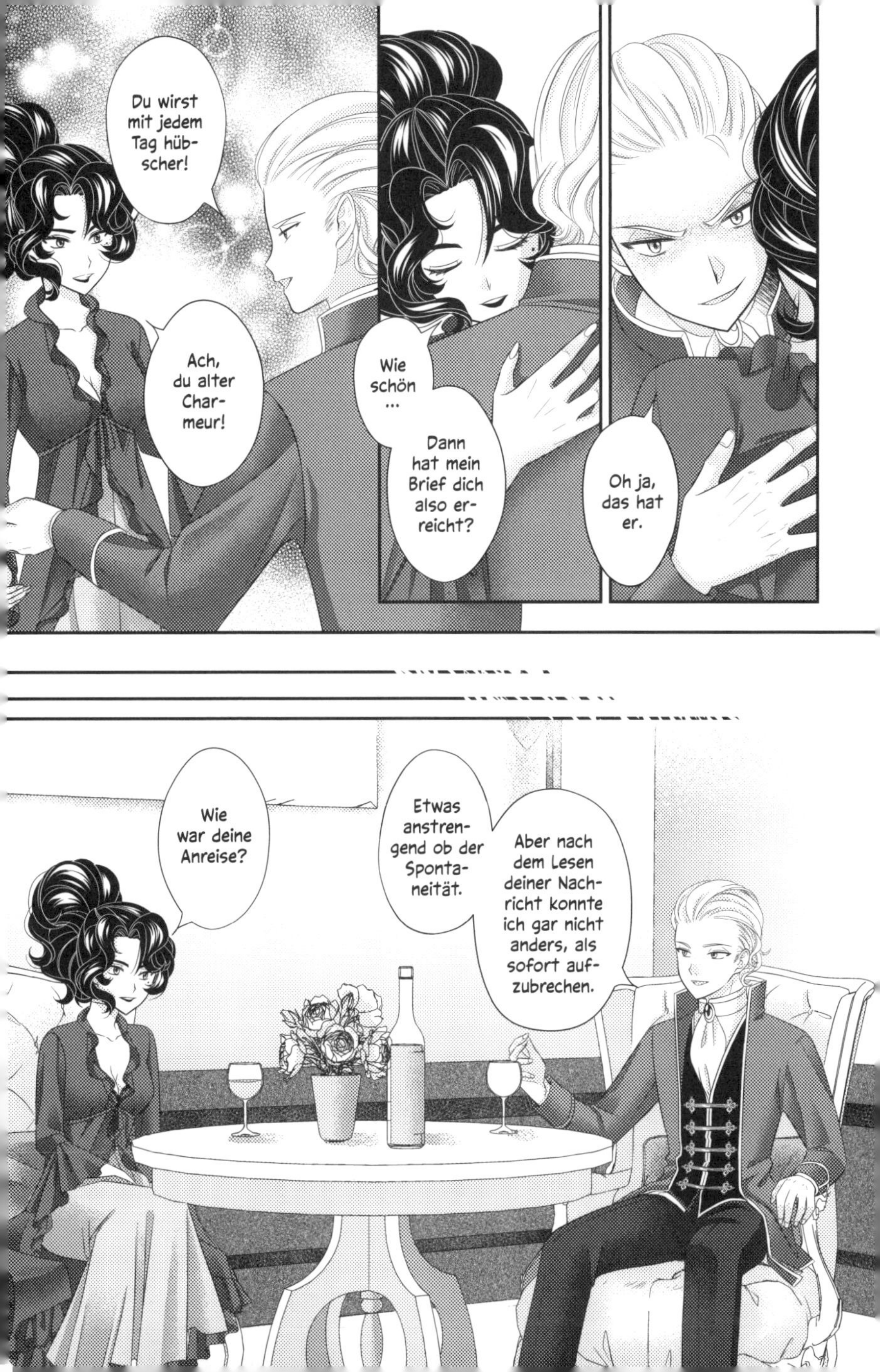

Du wirst mit jedem Tag hübscher!
Ach, du alter Charmeur!
Wie schön ...
Dann hat mein Brief dich also erreicht?
Oh ja, das hat er.
Wie war deine Anreise?
Etwas anstrengend ob der Spontaneität.
Aber nach dem Lesen deiner Nachricht konnte ich gar nicht anders, als sofort aufzubrechen.

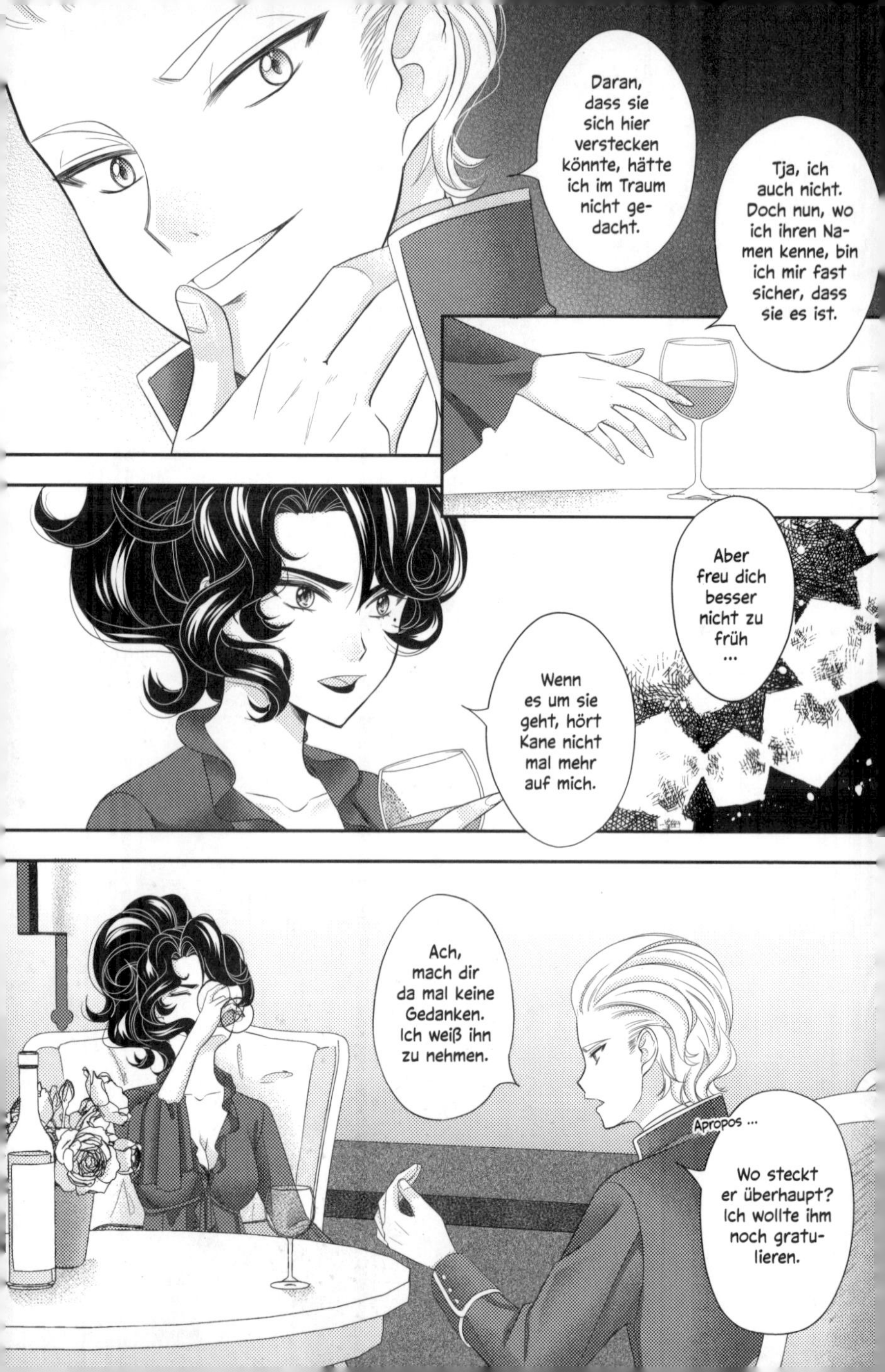
Daran, dass sie sich hier verstecken könnte, hätte ich im Traum nicht gedacht.
Tja, ich auch nicht. Doch nun, wo ich ihren Namen kenne, bin ich mir fast sicher, dass sie es ist.
Aber freu dich besser nicht zu früh ...
Wenn es um sie geht, hört Kane nicht mal mehr auf mich.
Ach, mach dir da mal keine Gedanken. Ich weiß ihn zu nehmen.
Apropos ...
Wo steckt er überhaupt? Ich wollte ihm noch gratulieren.

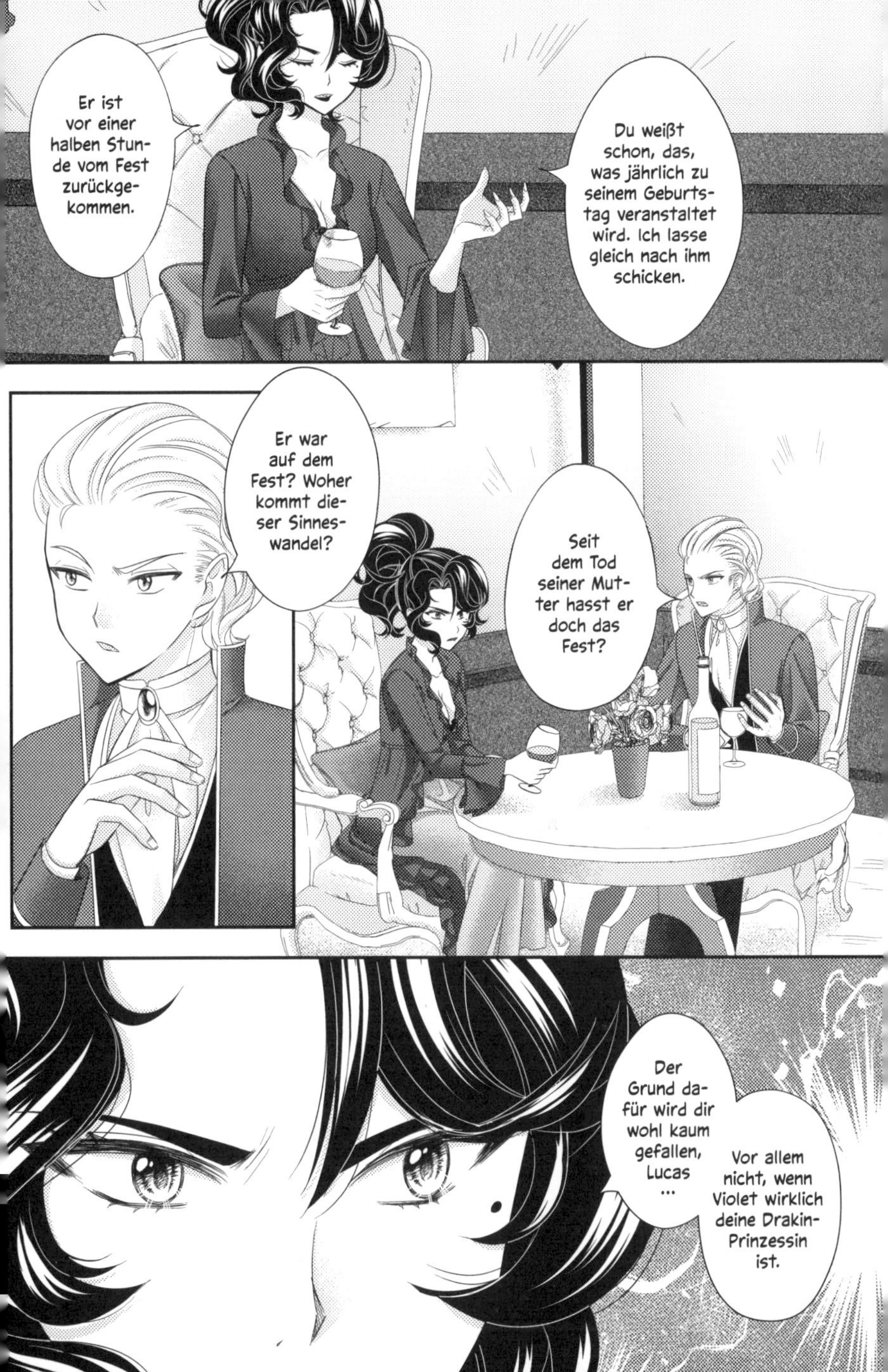
Du weißt schon, das, was jährlich zu seinem Geburtstag veranstaltet wird. Ich lasse gleich nach ihm schicken.
Er ist vor einer halben Stunde vom Fest zurückgekommen.
Seit dem Tod seiner Mutter hasst er doch das Fest?
Er war auf dem Fest? Woher kommt dieser Sinneswandel?
Vor allem nicht, wenn Violet wirklich deine Drakin-Prinzessin ist.
Der Grund dafür wird dir wohl kaum gefallen, Lucas ...

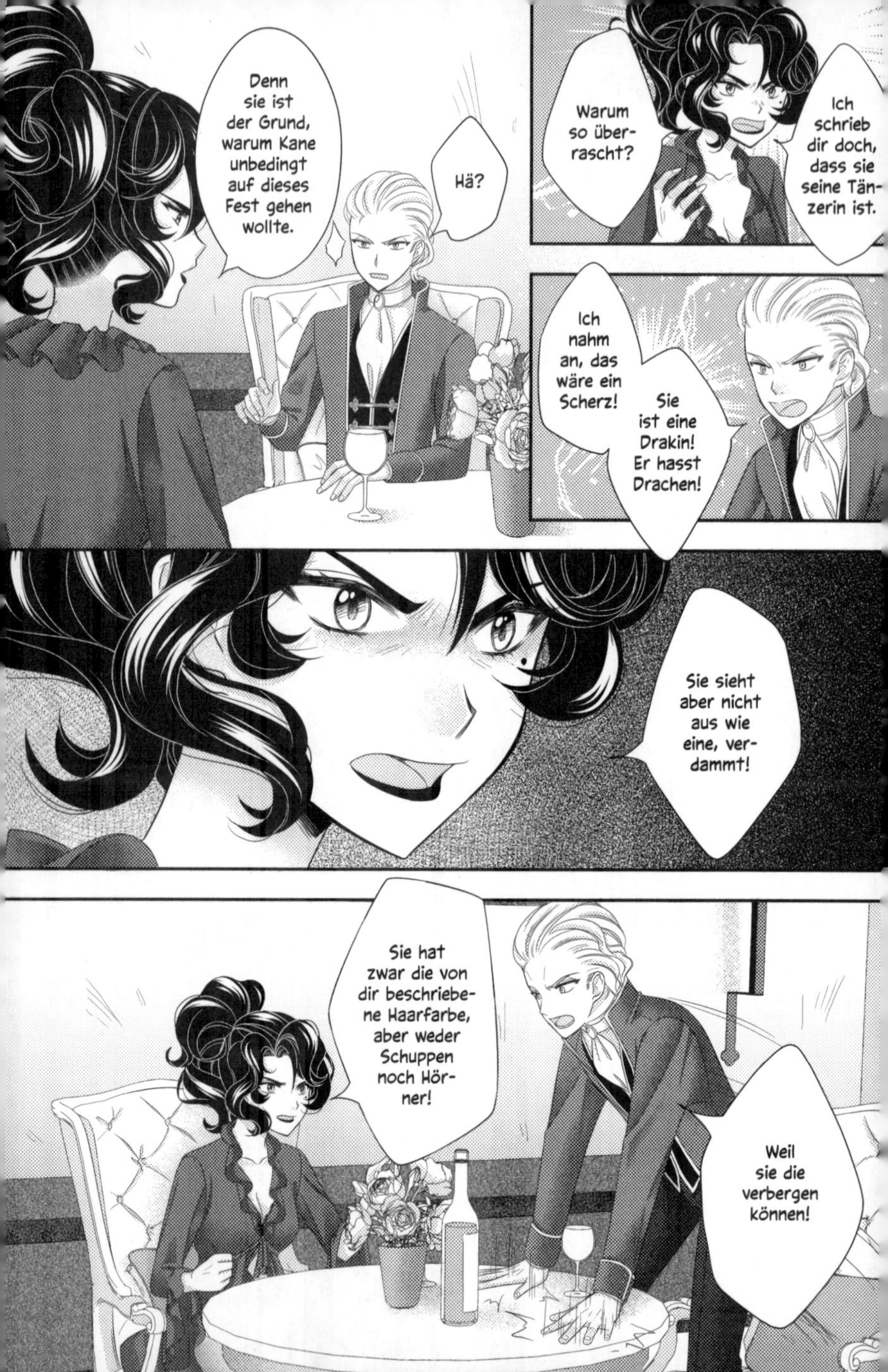
Denn sie ist der Grund, warum Kane unbedingt auf dieses Fest gehen wollte.
Hä?
Warum so überrascht?
Ich schrieb dir doch, dass sie seine Tänzerin ist.
Ich nahm an, das wäre ein Scherz!
Sie ist eine Drakin! Er hasst Drachen!
Sie sieht aber nicht aus wie eine, verdammt!
Sie hat zwar die von dir beschriebene Haarfarbe, aber weder Schuppen noch Hörner!
Weil sie die verbergen können!

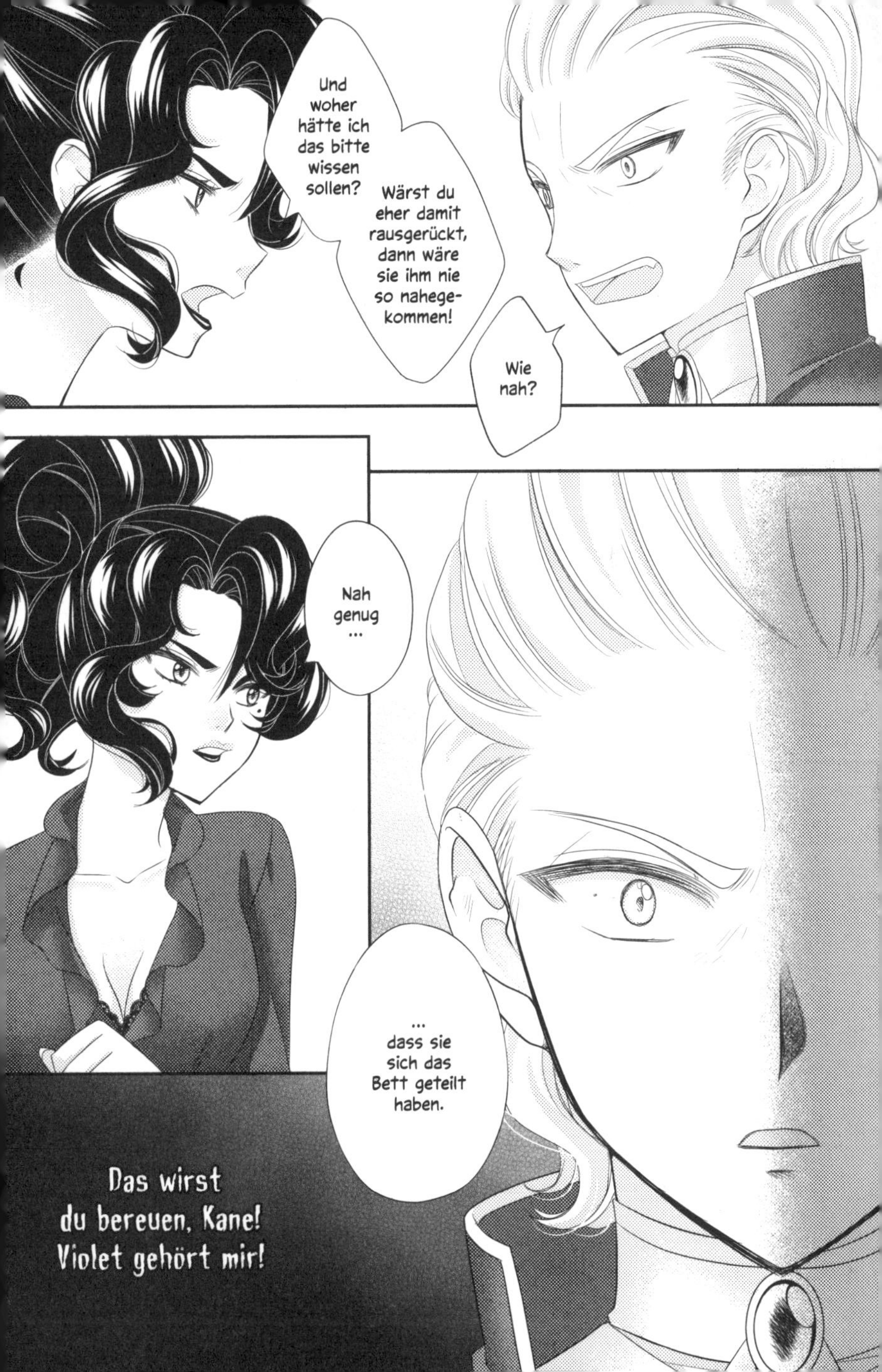
Und woher hätte ich das bitte wissen sollen?
Wärst du eher damit rausgerückt, dann wäre sie ihm nie so nahegekommen!
Wie nah?
Nah genug ...
... dass sie sich das Bett geteilt haben.
Das wirst du bereuen, Kane! Violet gehört mir!

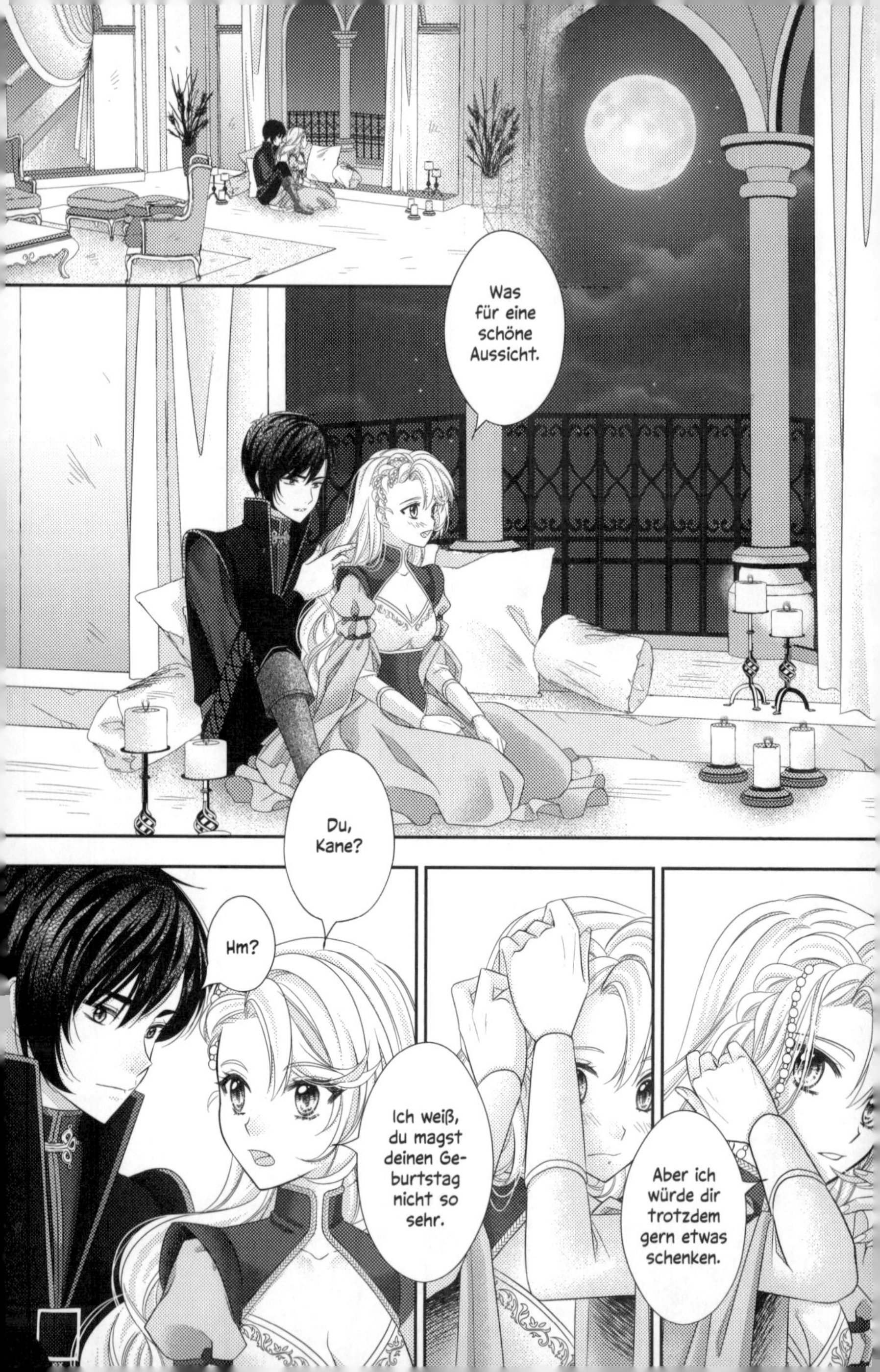
Was für eine schöne Aussicht.
Du, Kane?
Hm?
Ich weiß, du magst deinen Geburtstag nicht so sehr.
Aber ich würde dir trotzdem gern etwas schenken.

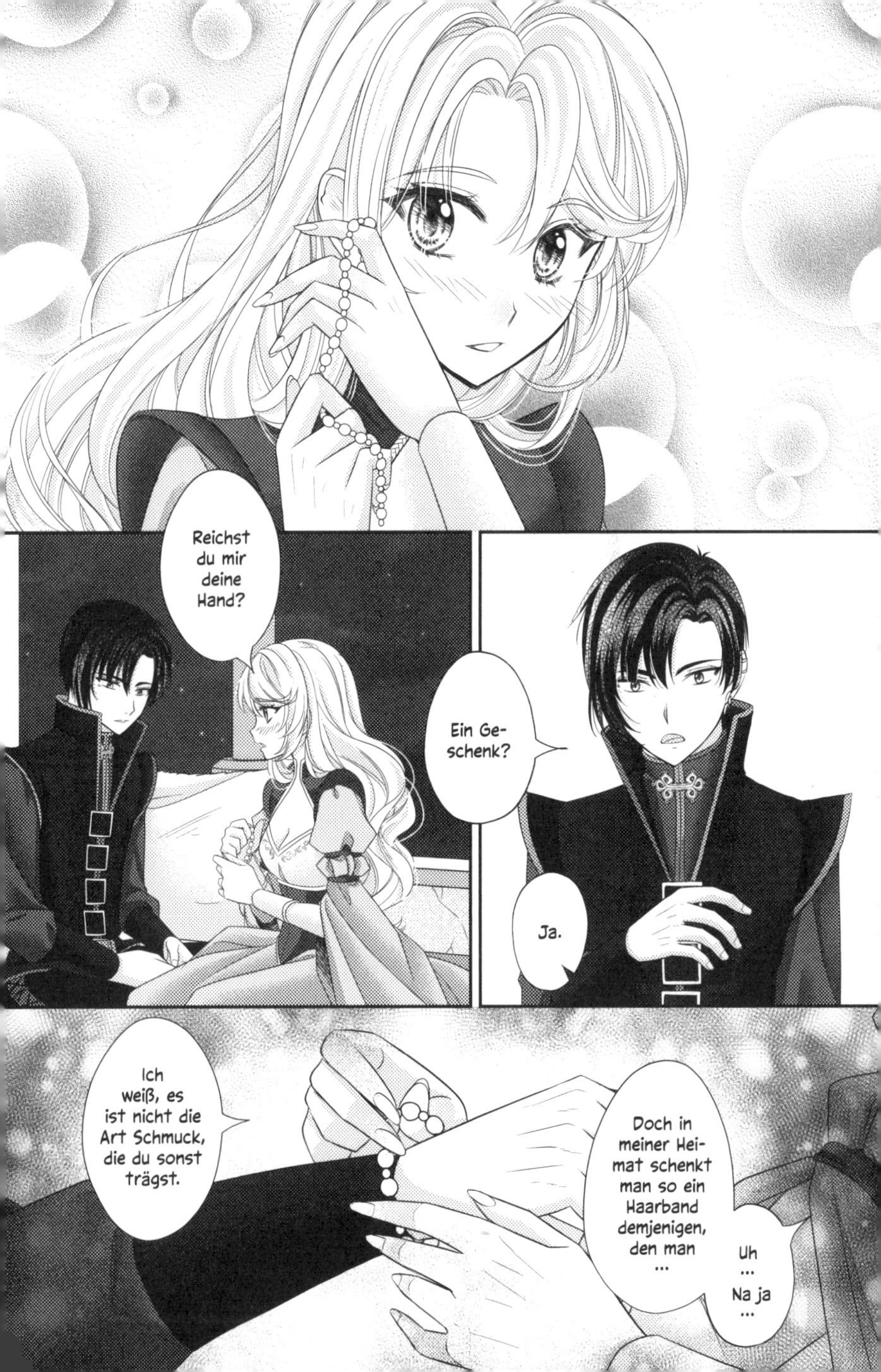
Reichst du mir deine Hand?
Ein Geschenk?
Ja.
Ich weiß, es ist nicht die Art Schmuck, die du sonst trägst.
Doch in meiner Heimat schenkt man so ein Haarband demjenigen, den man ...
Uh ... Na ja ...

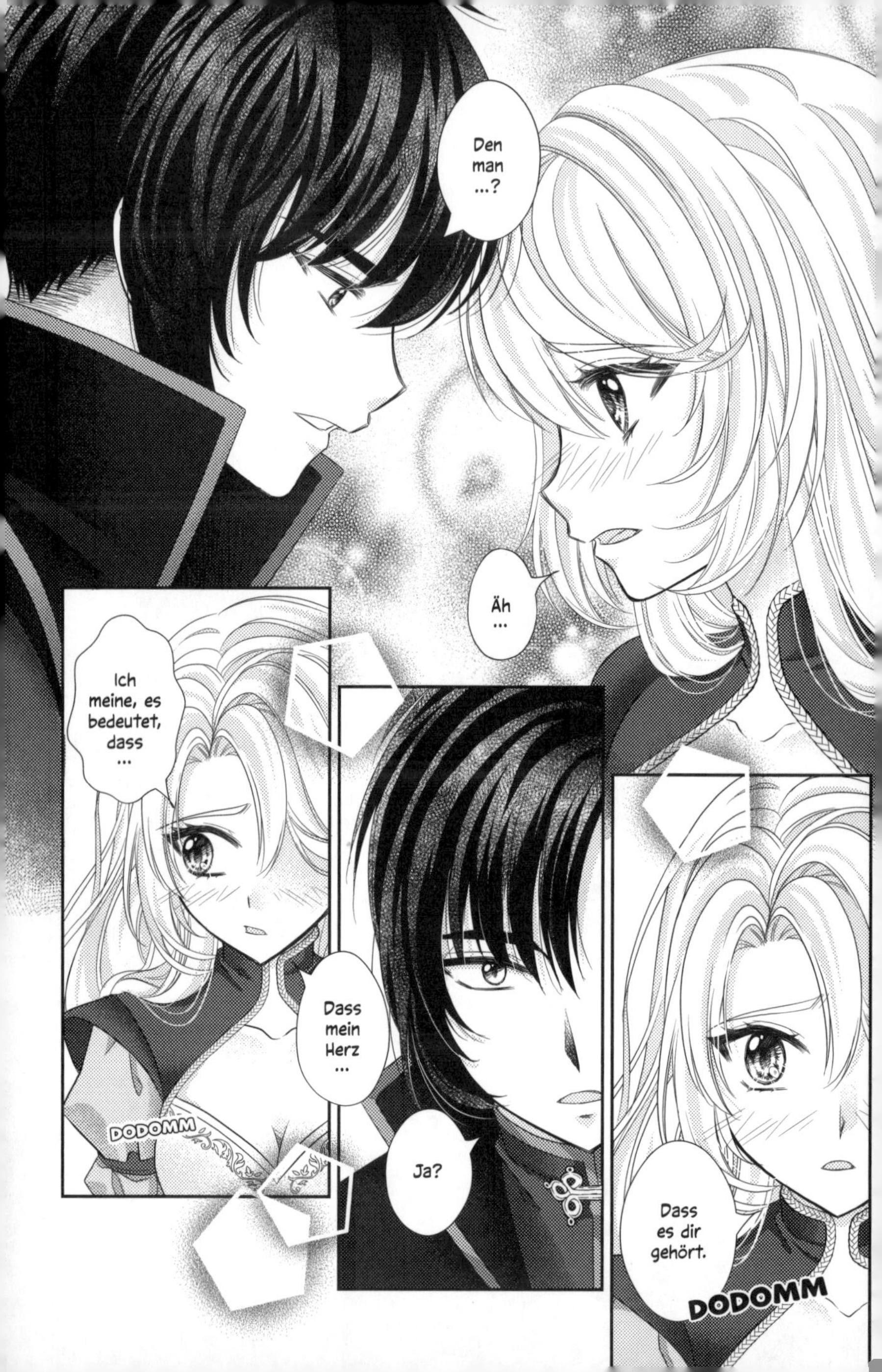
Den man ...?
Äh ...
Ich meine, es bedeutet, dass ...
DODOMM
Dass mein Herz ...
Ja?
Dass es dir gehört.
DODOMM

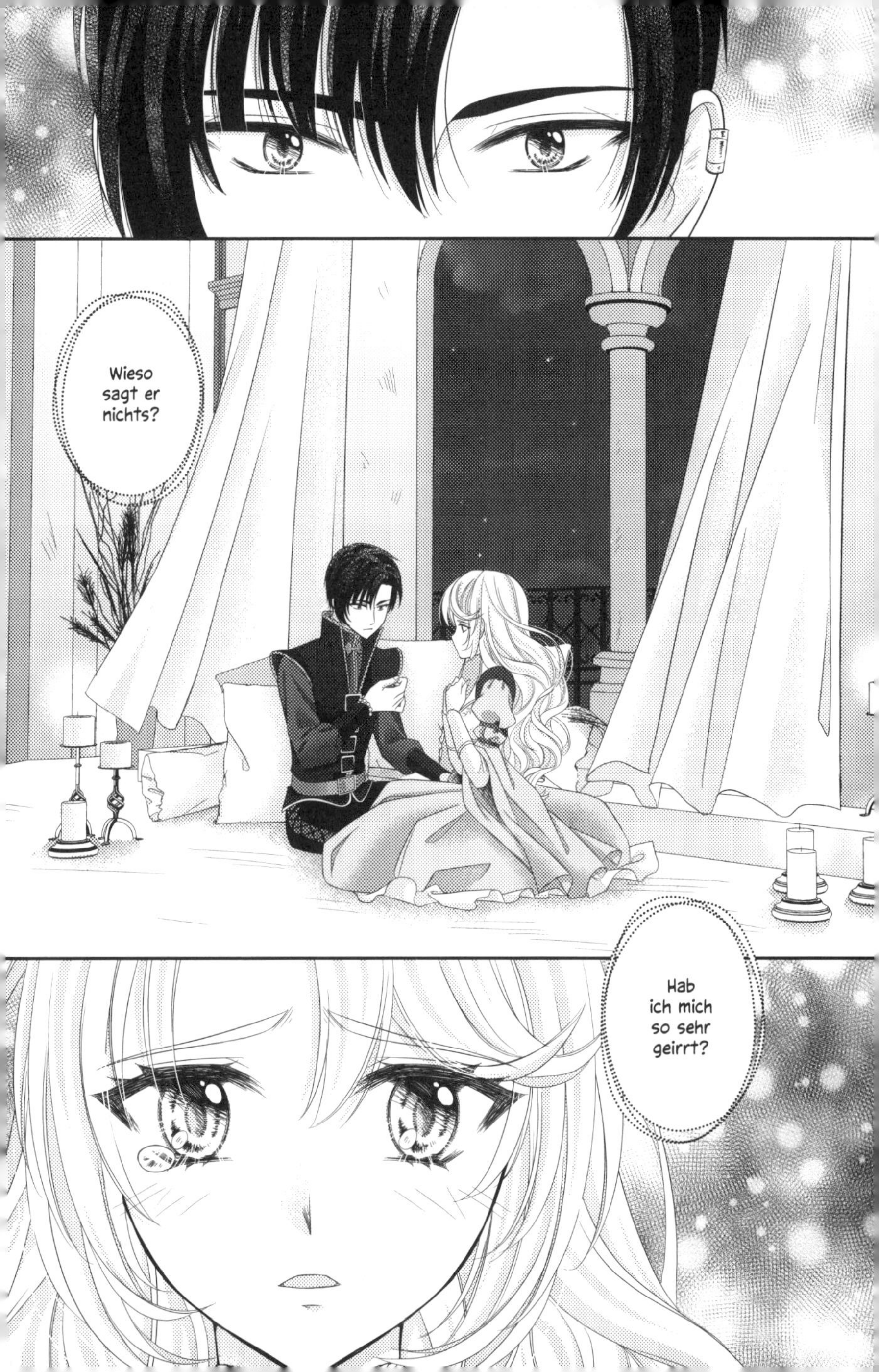
Wieso sagt er nichts?
Hab ich mich so sehr geirrt?

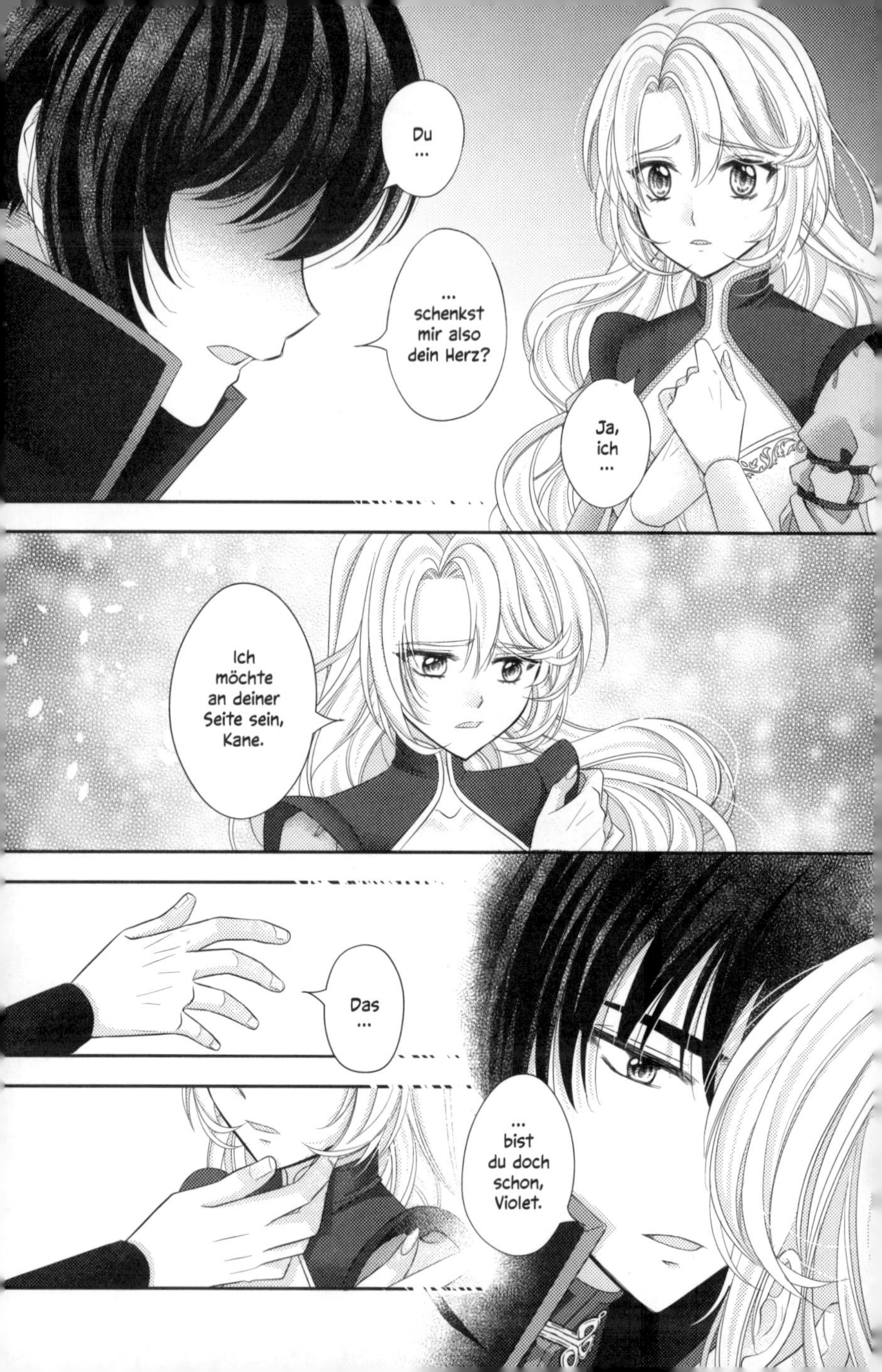
Du ...
... schenkst mir also dein Herz?
Ja, ich ...
Ich möchte an deiner Seite sein, Kane.
Das ...
... bist du doch schon, Violet.

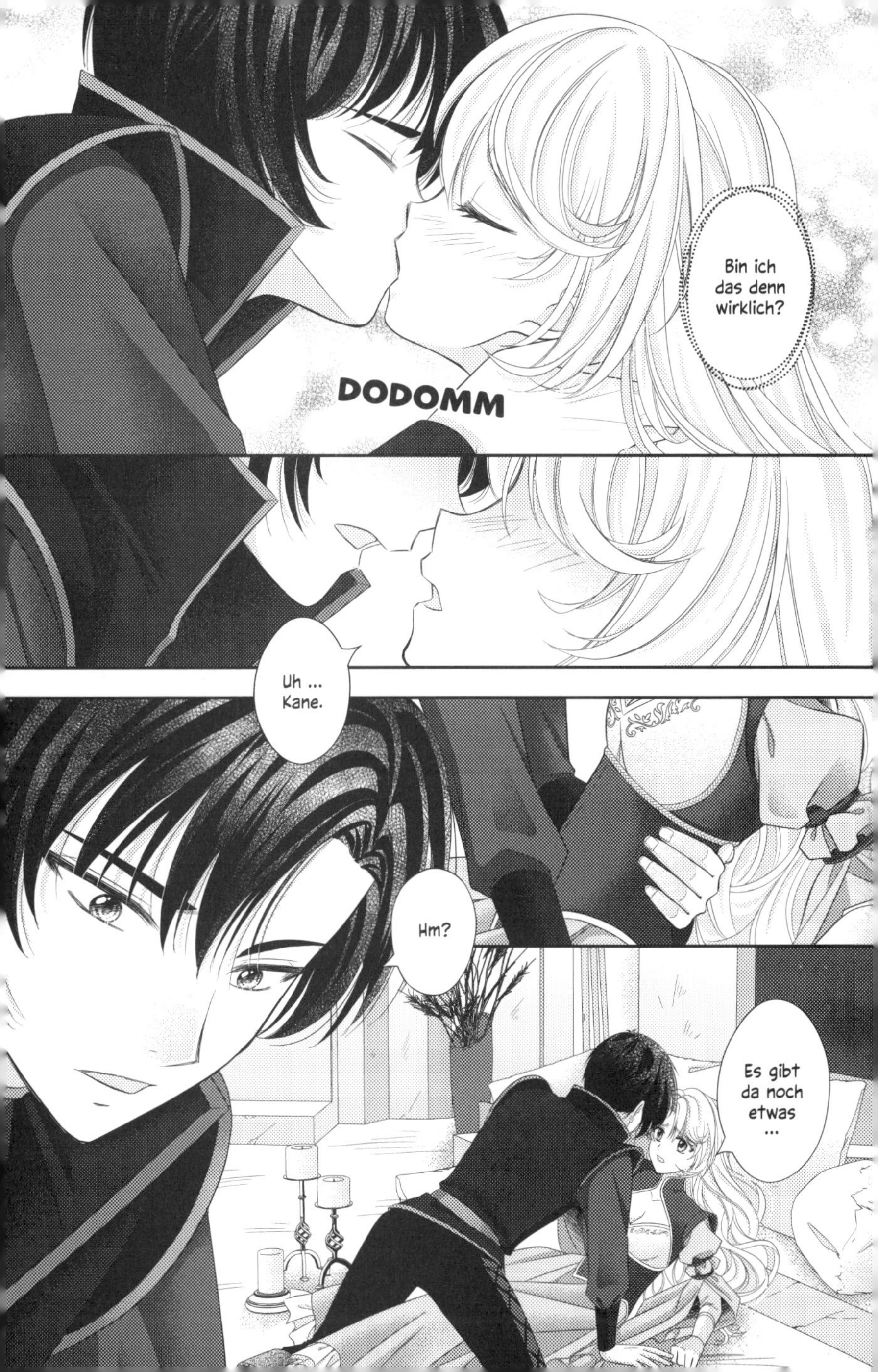
Bin ich das denn wirklich?
DODOMM
Uh ... Kane.
Hm?
Es gibt da noch etwas ...

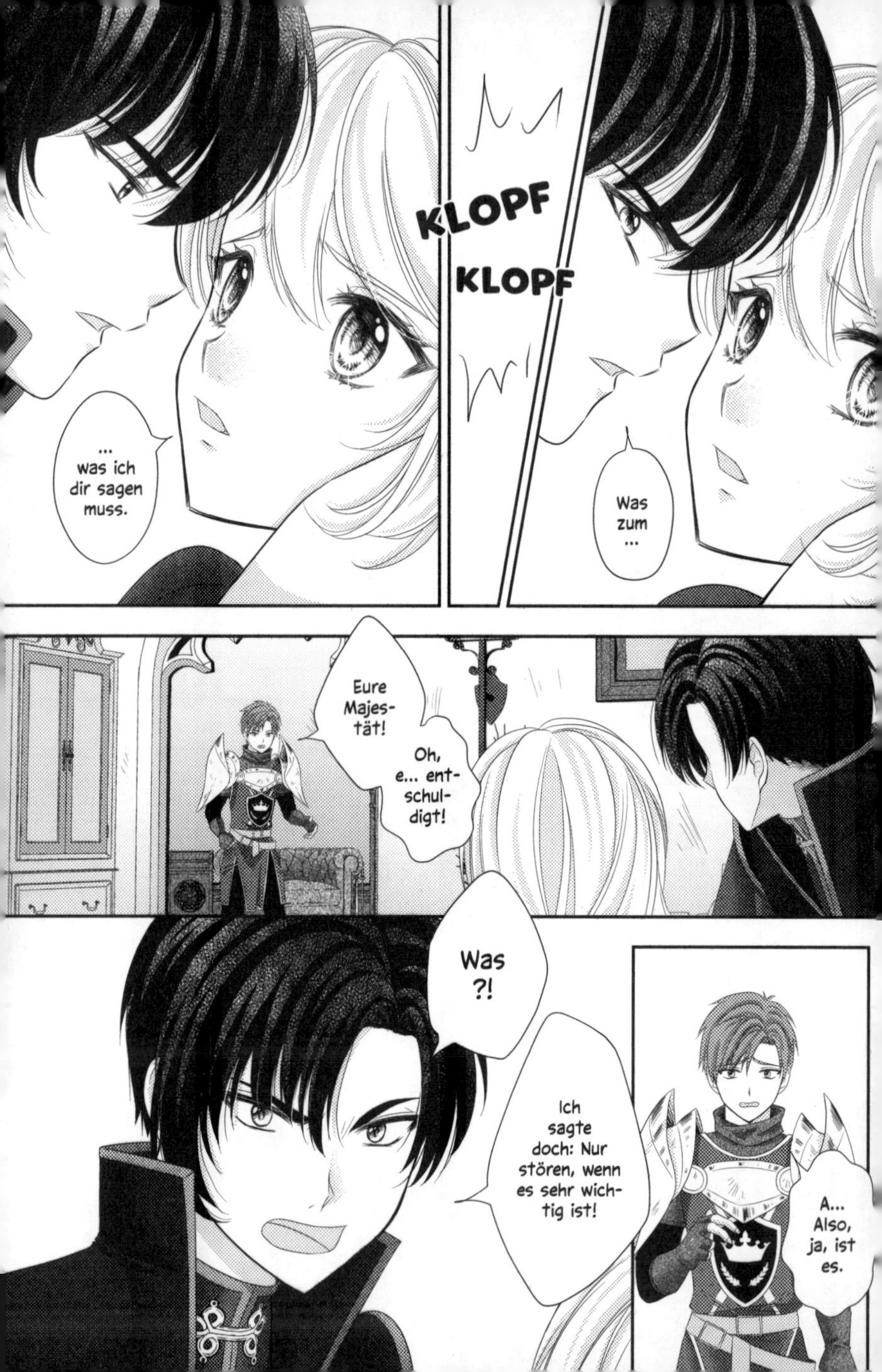
... was ich dir sagen muss.
KLOPF
KLOPF
Was zum ...
Eure Majestät!
Oh, e... entschuldigt!
Was ?!
Ich sagte doch: Nur stören, wenn es sehr wichtig ist!
A... Also, ja, ist es.

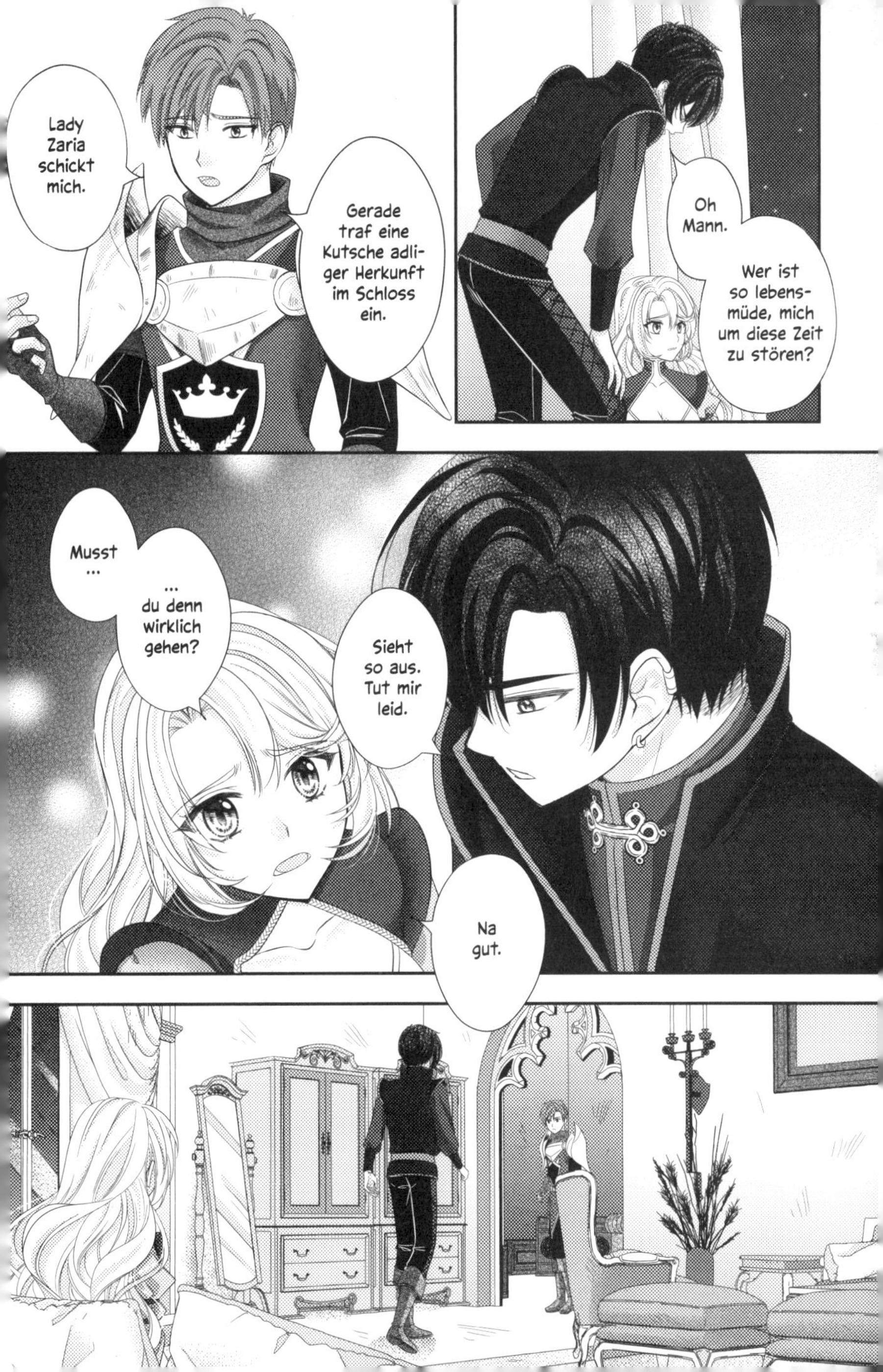

Lady Zaria schickt mich.

Gerade traf eine Kutsche adliger Herkunft im Schloss ein.

Oh Mann.

Wer ist so lebensmüde, mich um diese Zeit zu stören?

Musst ...

... du denn wirklich gehen?

Sieht so aus. Tut mir leid.

Na gut.

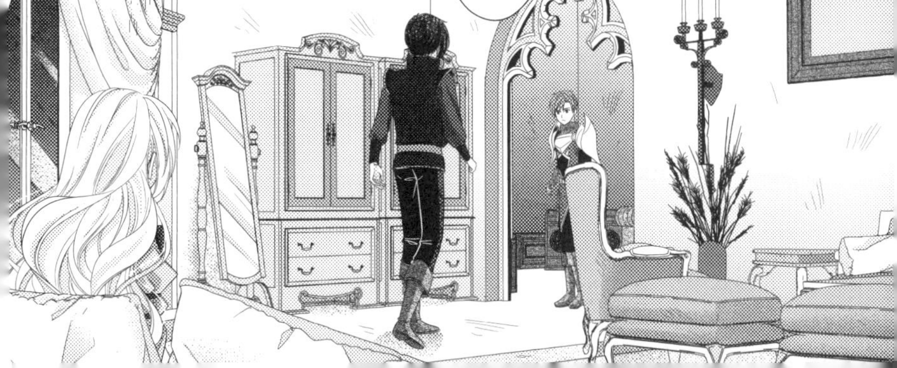

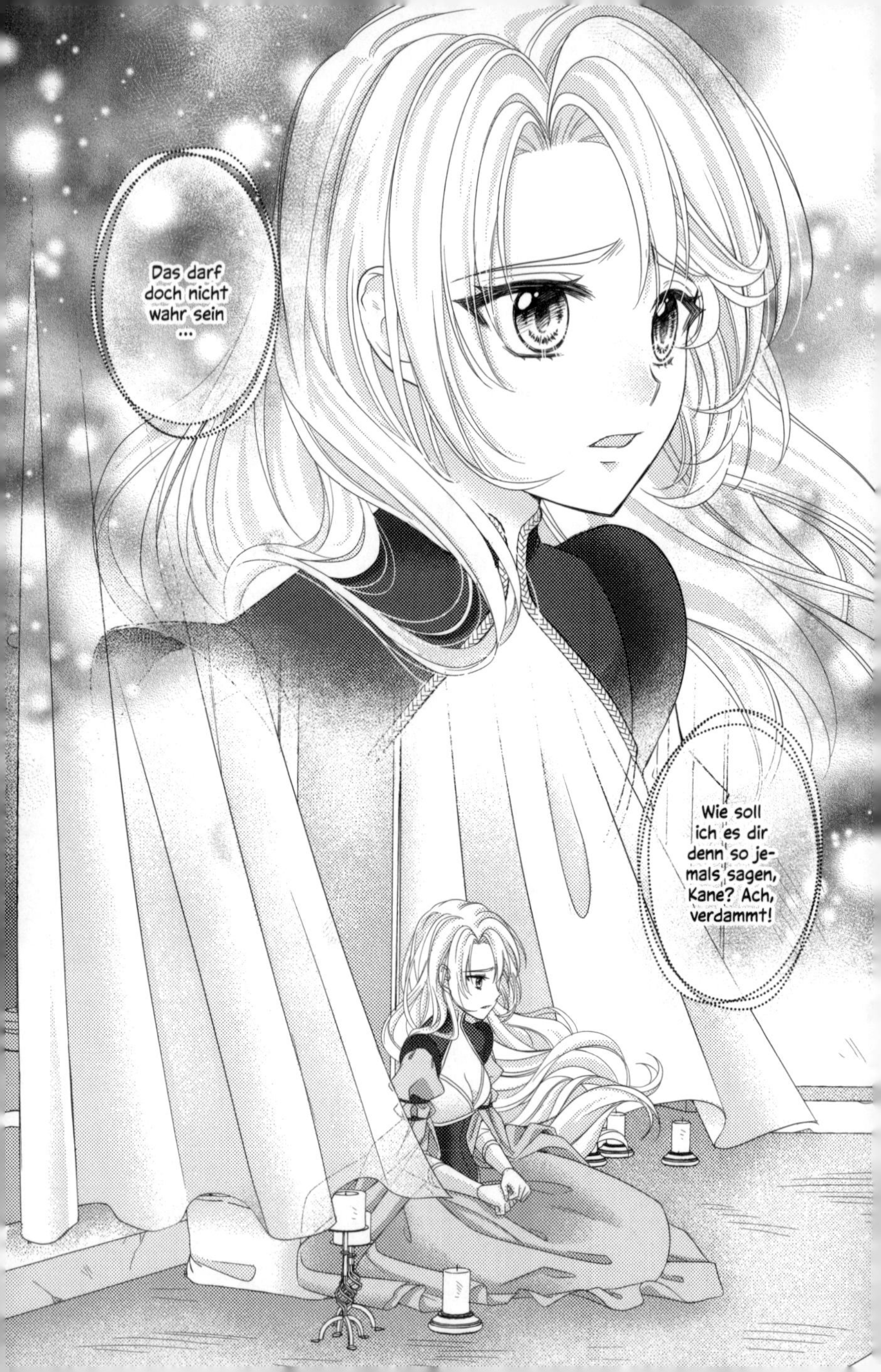
Wie soll ich es dir denn so je-mals sagen, Kane? Ach, verdammt!
Das darf doch nicht wahr sein ...

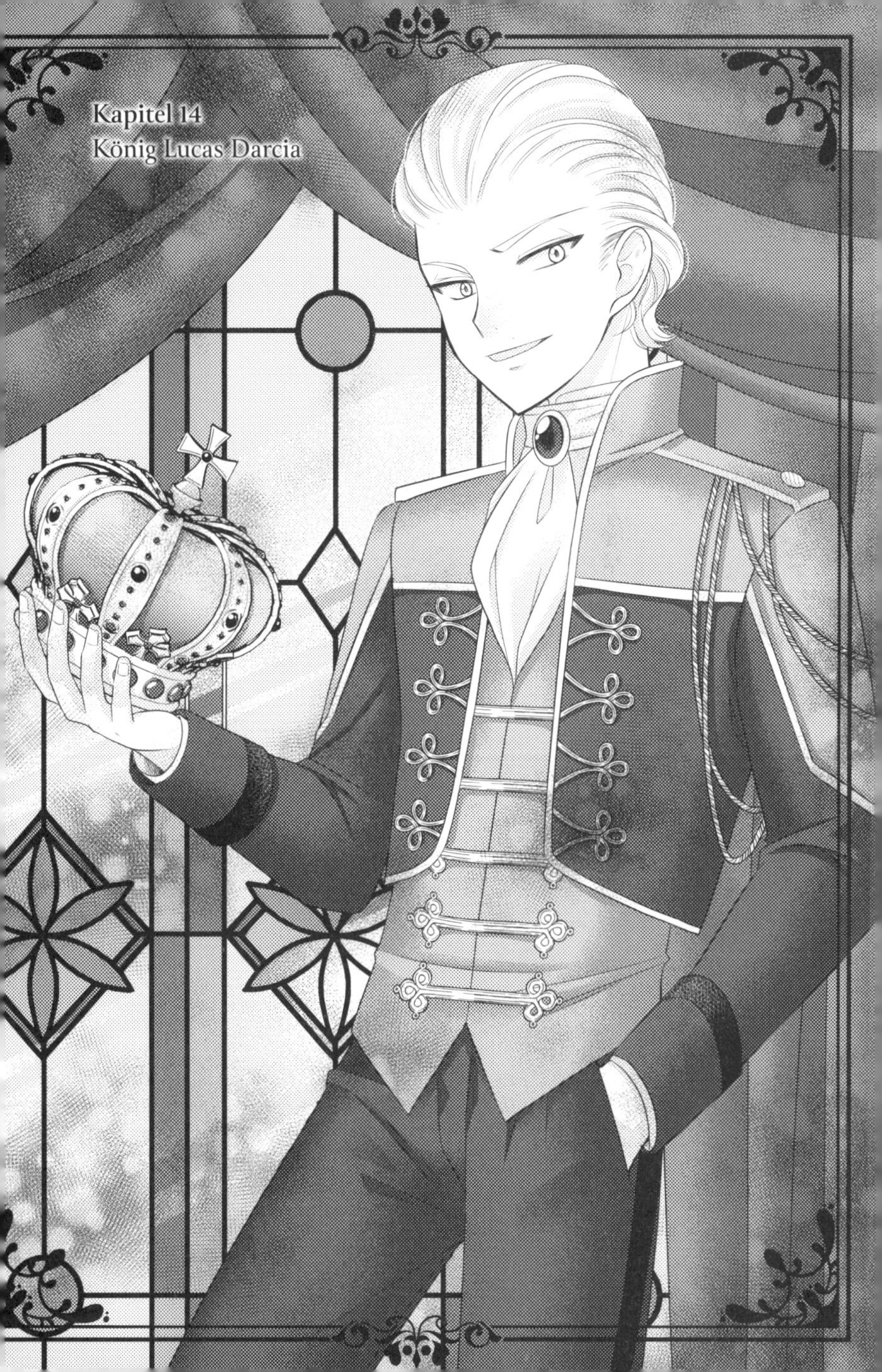
Kapitel 14
König Lucas Darcia

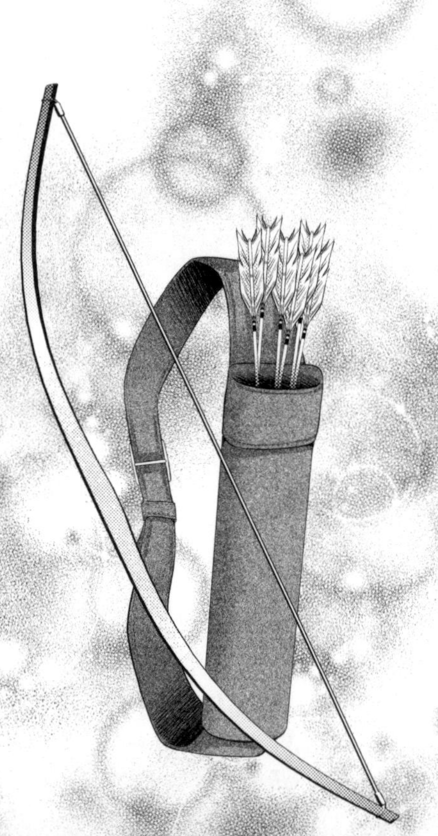

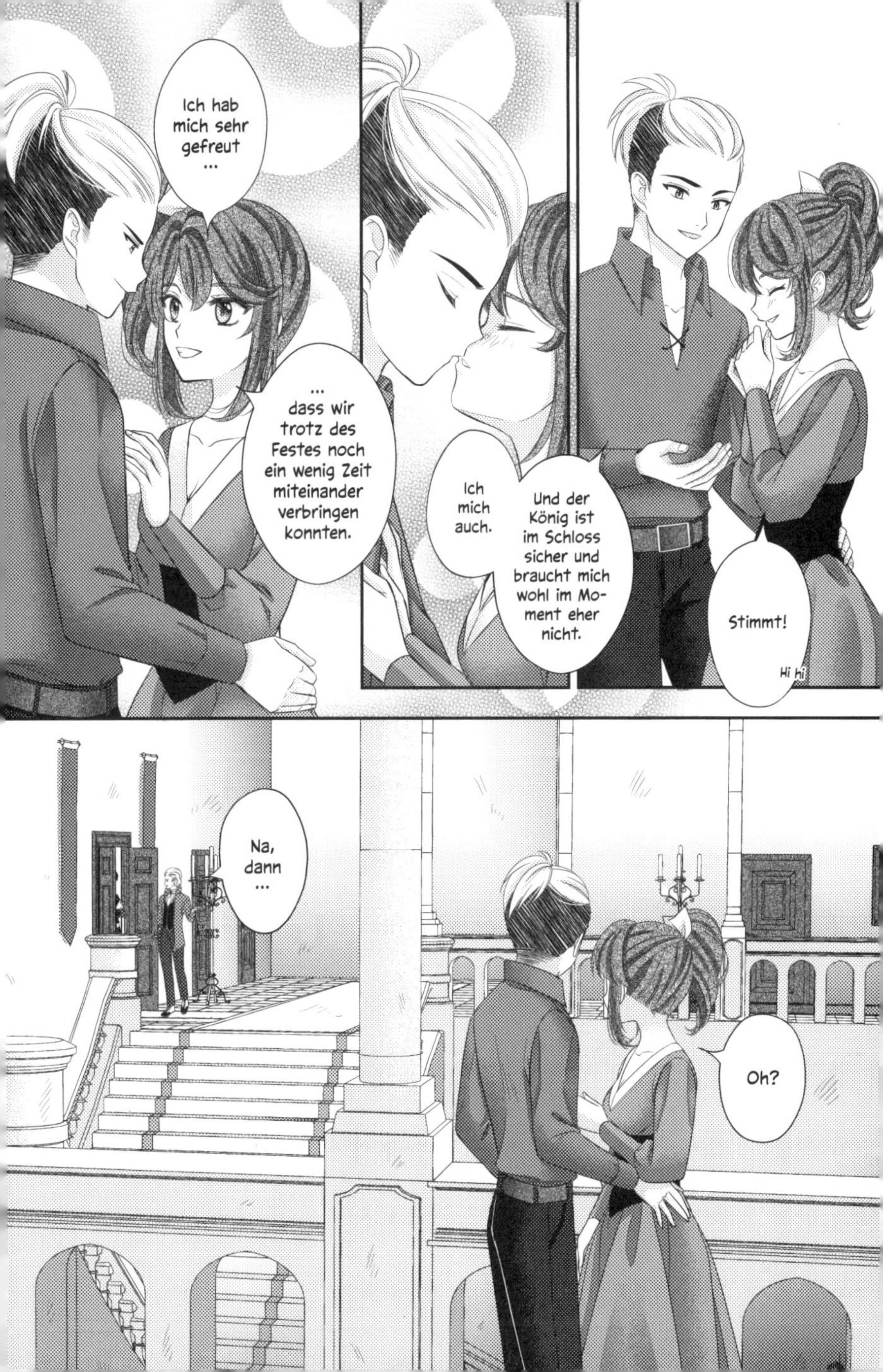
Ich hab mich sehr gefreut ...
... dass wir trotz des Festes noch ein wenig Zeit miteinander verbringen konnten.
Ich mich auch.
Und der König ist im Schloss sicher und braucht mich wohl im Moment eher nicht.
Stimmt!
Hi hi
Na, dann ...
Oh?

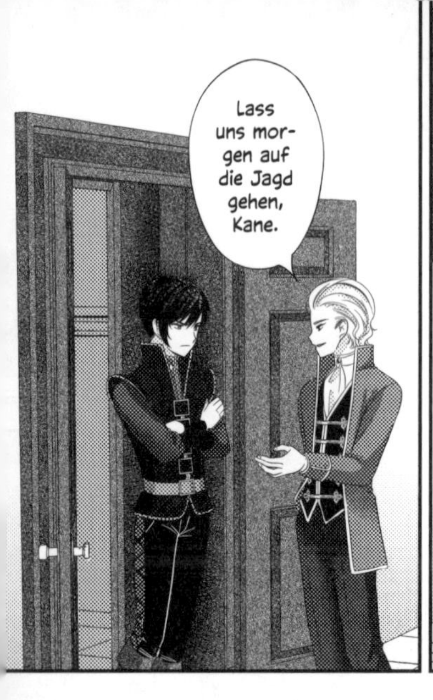

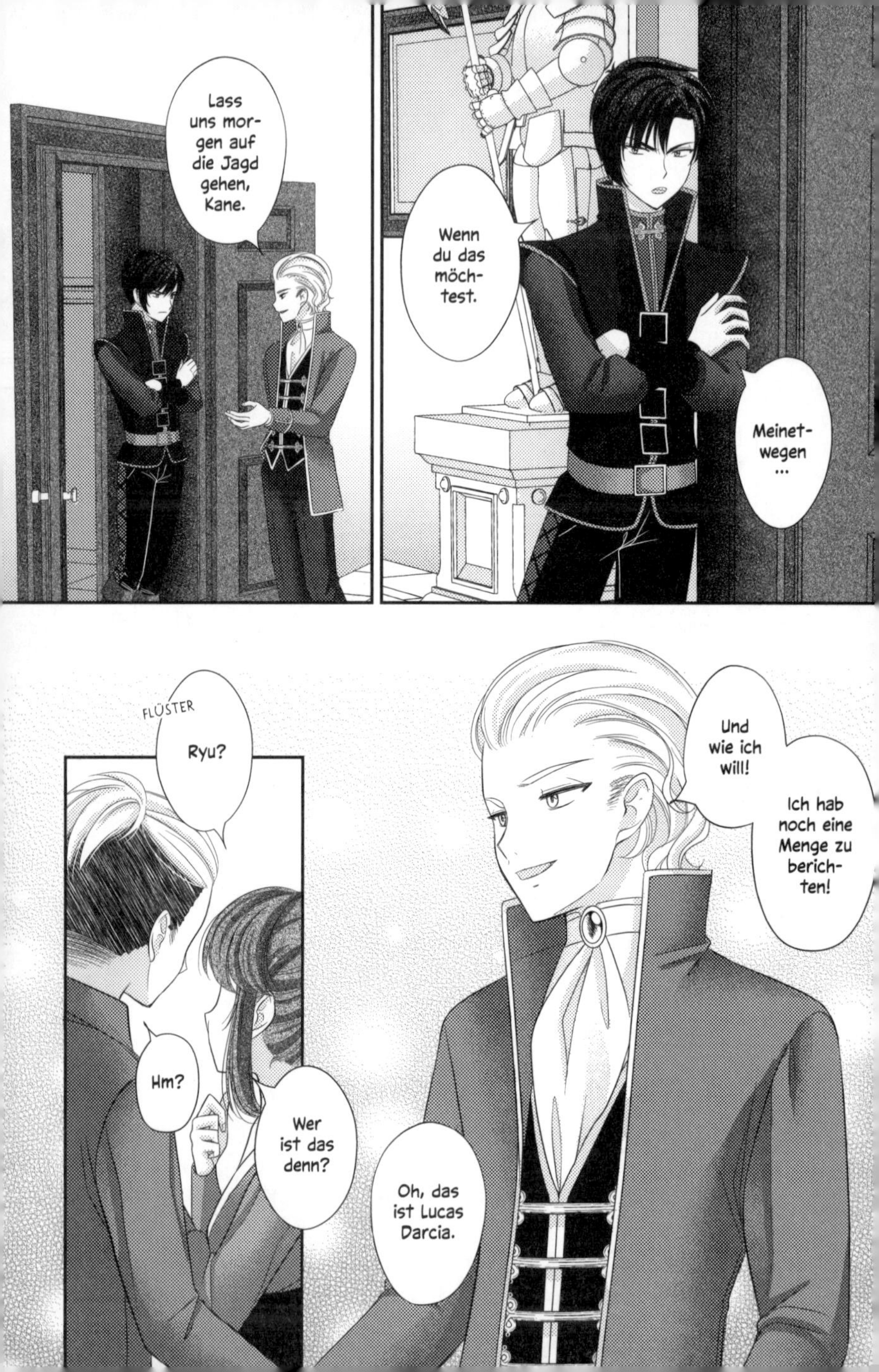

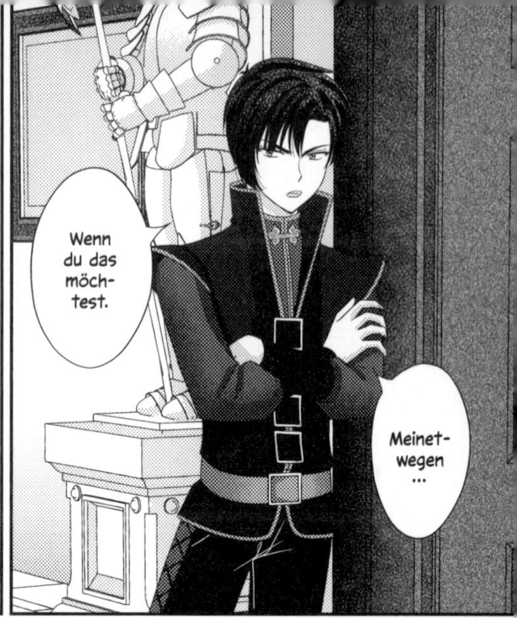

Und wie ich will!

Ich hab noch eine Menge zu berichten!

FLÜSTER

Ryu?

Hm?

Wer ist das denn?

Oh, das ist Lucas Darcia.

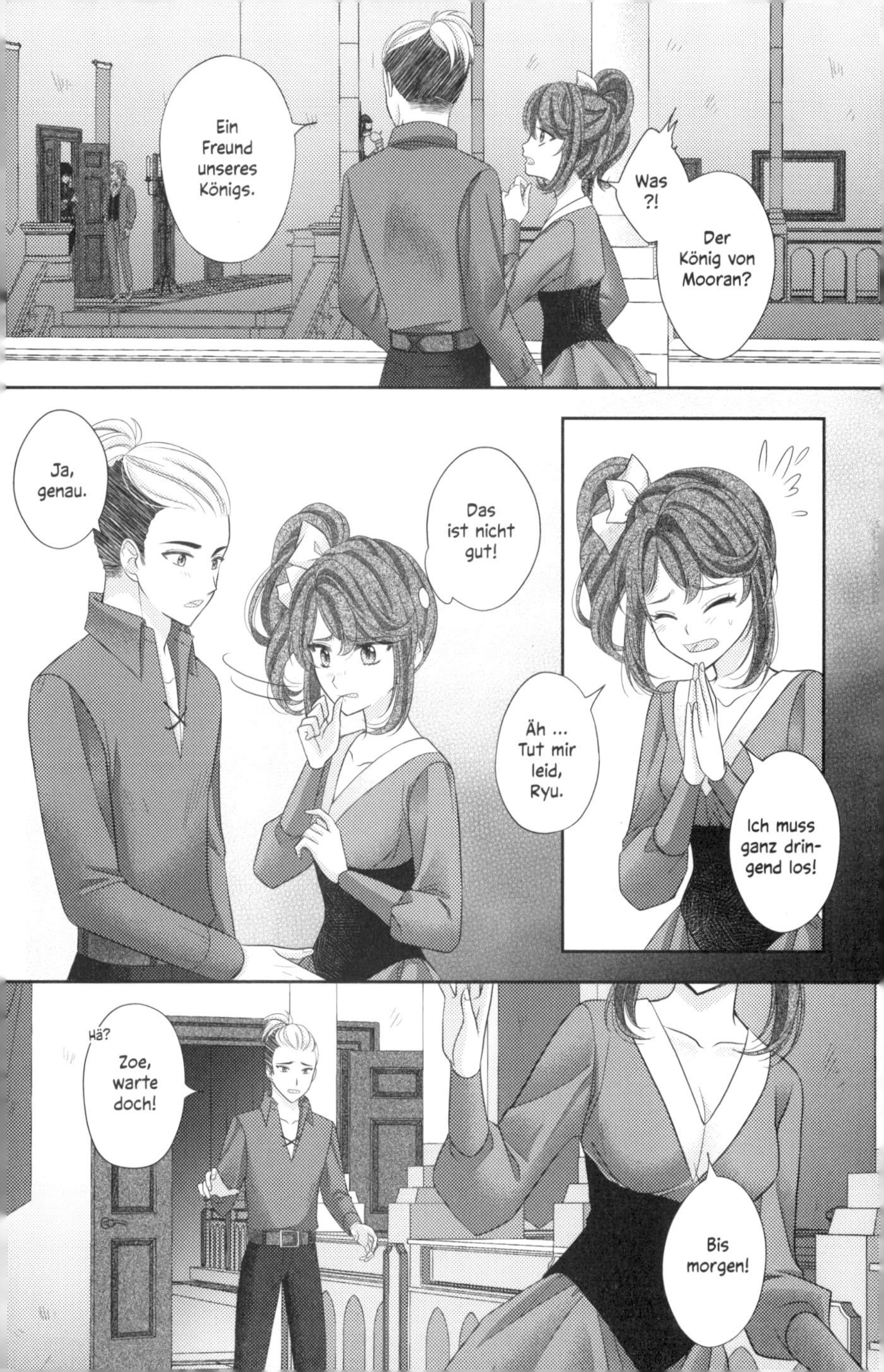
Ein Freund unseres Königs.
Was ?!
Der König von Mooran?
Ja, genau.
Das ist nicht gut!
Äh ... Tut mir leid, Ryu.
Ich muss ganz dringend los!
Hä?
Zoe, warte doch!
Bis morgen!

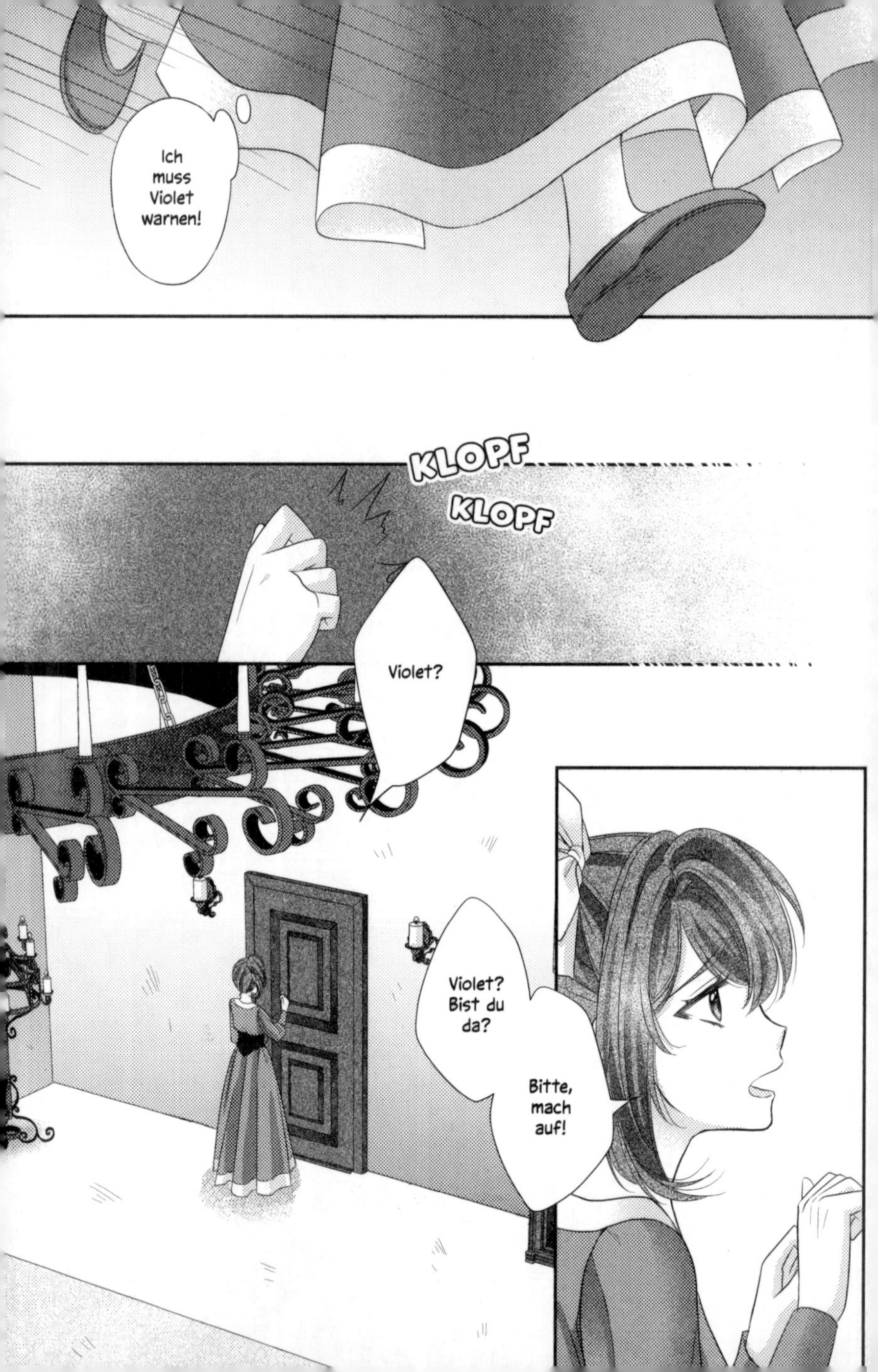

Ich muss Violet warnen!

KLOPF

KLOPF

Violet?

Violet? Bist du da?

Bitte, mach auf!

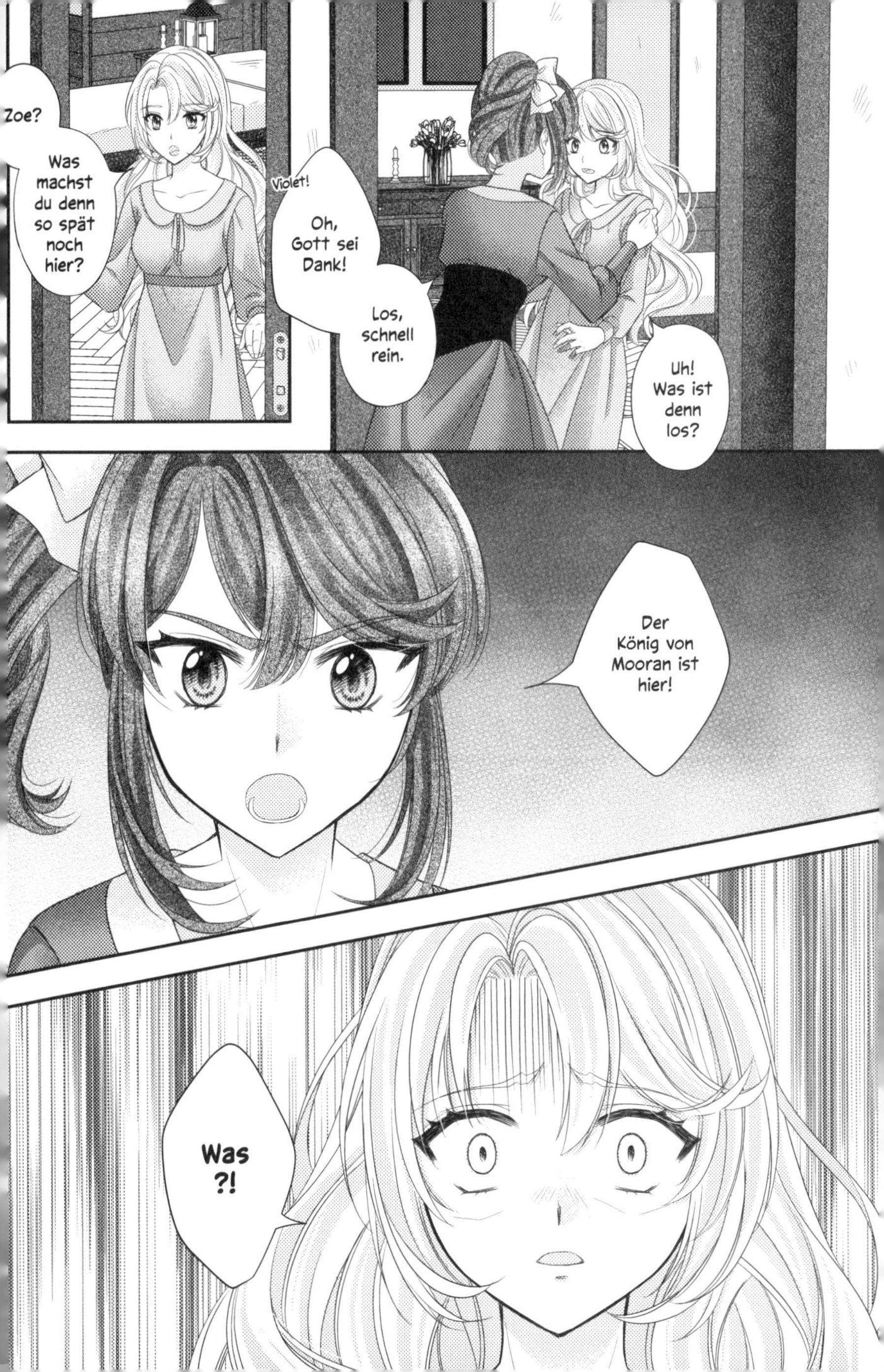
Zoe?
Was machst du denn so spät noch hier?
Violet!
Oh, Gott sei Dank!
Los, schnell rein.
Uh! Was ist denn los?
Der König von Mooran ist hier!
Was ?!

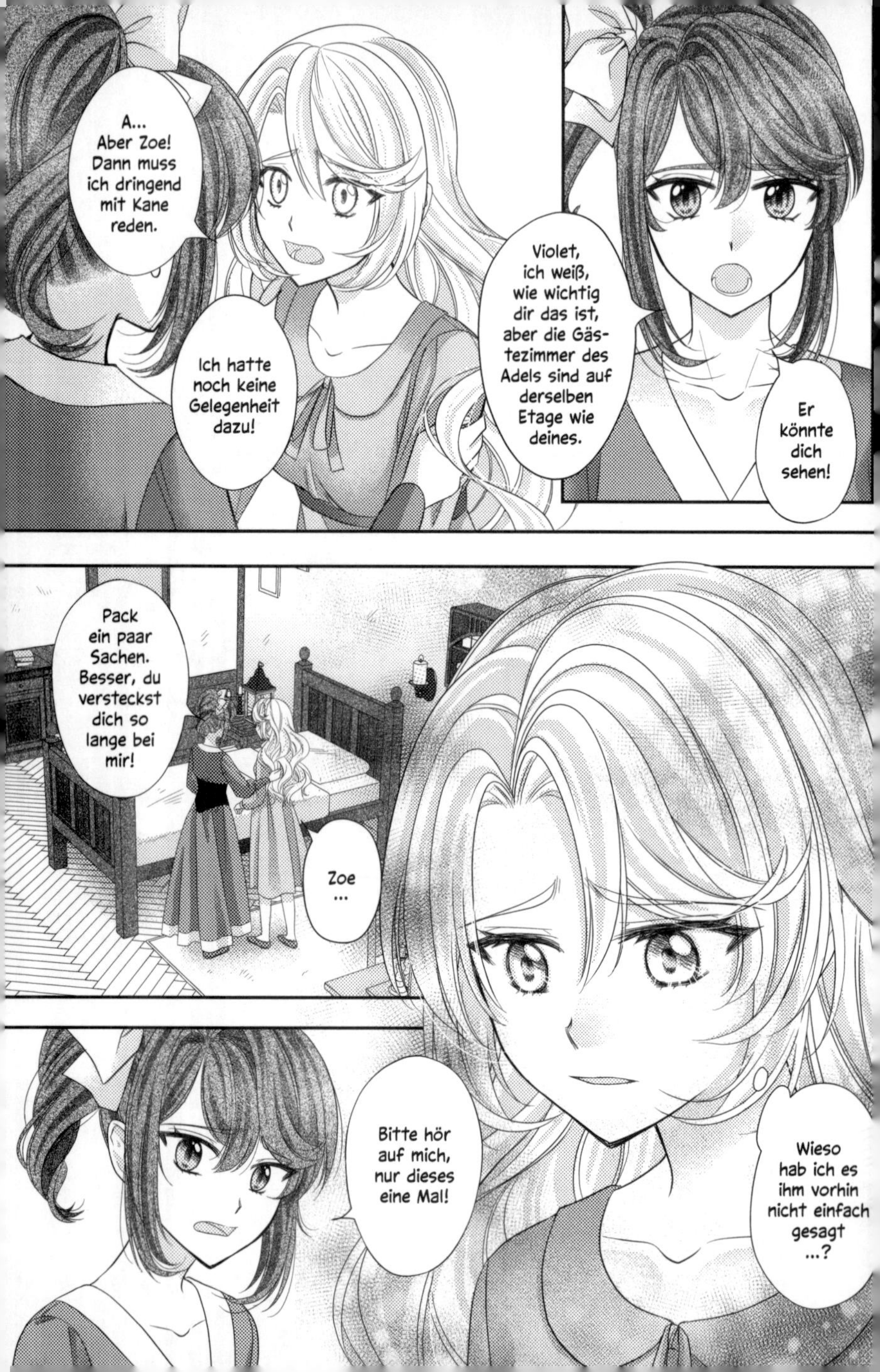

A... Aber Zoe! Dann muss ich dringend mit Kane reden.

Ich hatte noch keine Gelegenheit dazu!

Violet, ich weiß, wie wichtig dir das ist, aber die Gästezimmer des Adels sind auf derselben Etage wie deines.

Er könnte dich sehen!

Pack ein paar Sachen. Besser, du versteckst dich so lange bei mir!

Zoe ...

Bitte hör auf mich, nur dieses eine Mal!

Wieso hab ich es ihm vorhin nicht einfach gesagt ...?

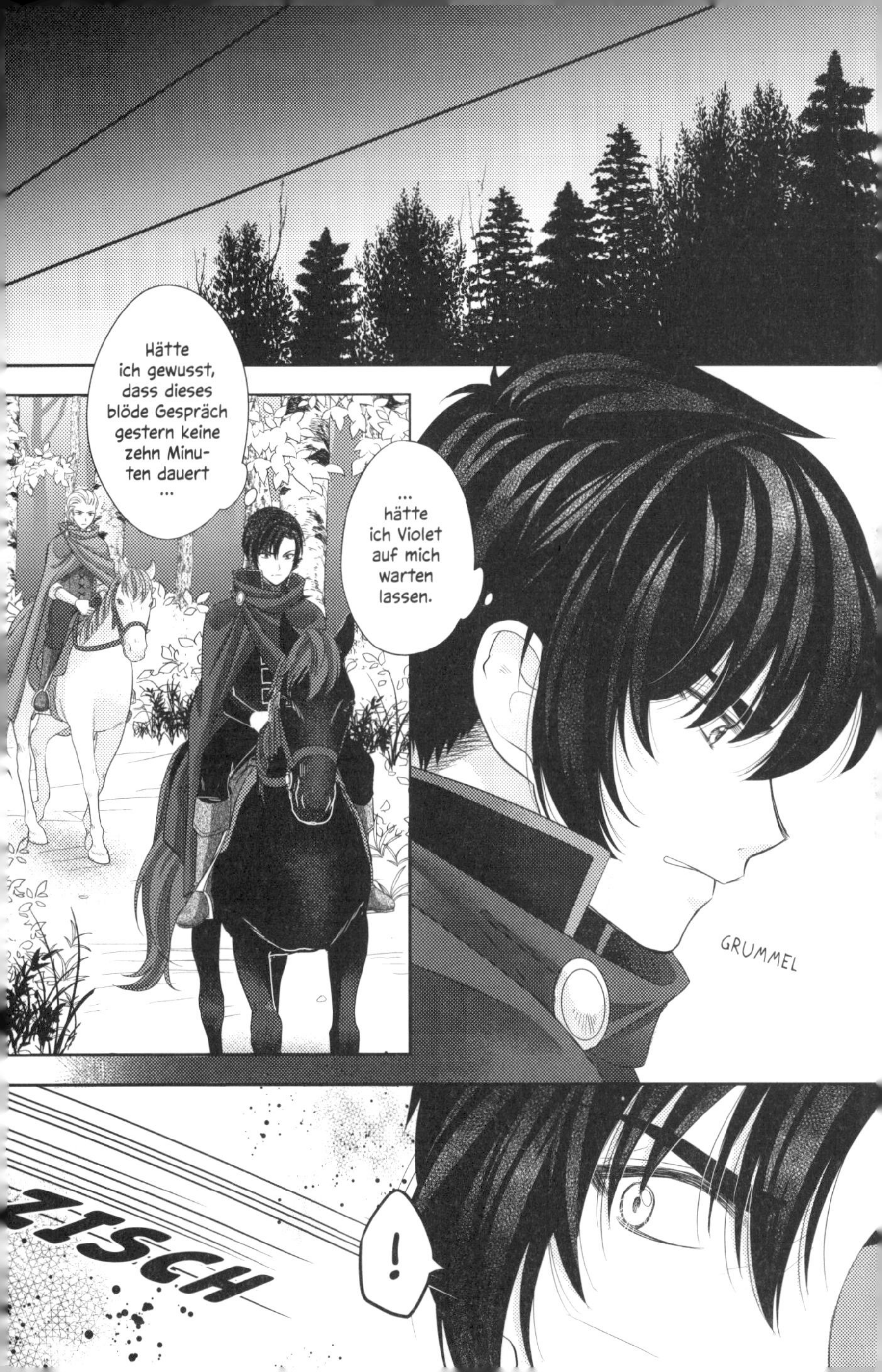
Hätte ich gewusst, dass dieses blöde Gespräch gestern keine zehn Minuten dauert ...
... hätte ich Violet auf mich warten lassen.
GRUMMEL
!
ZISCH

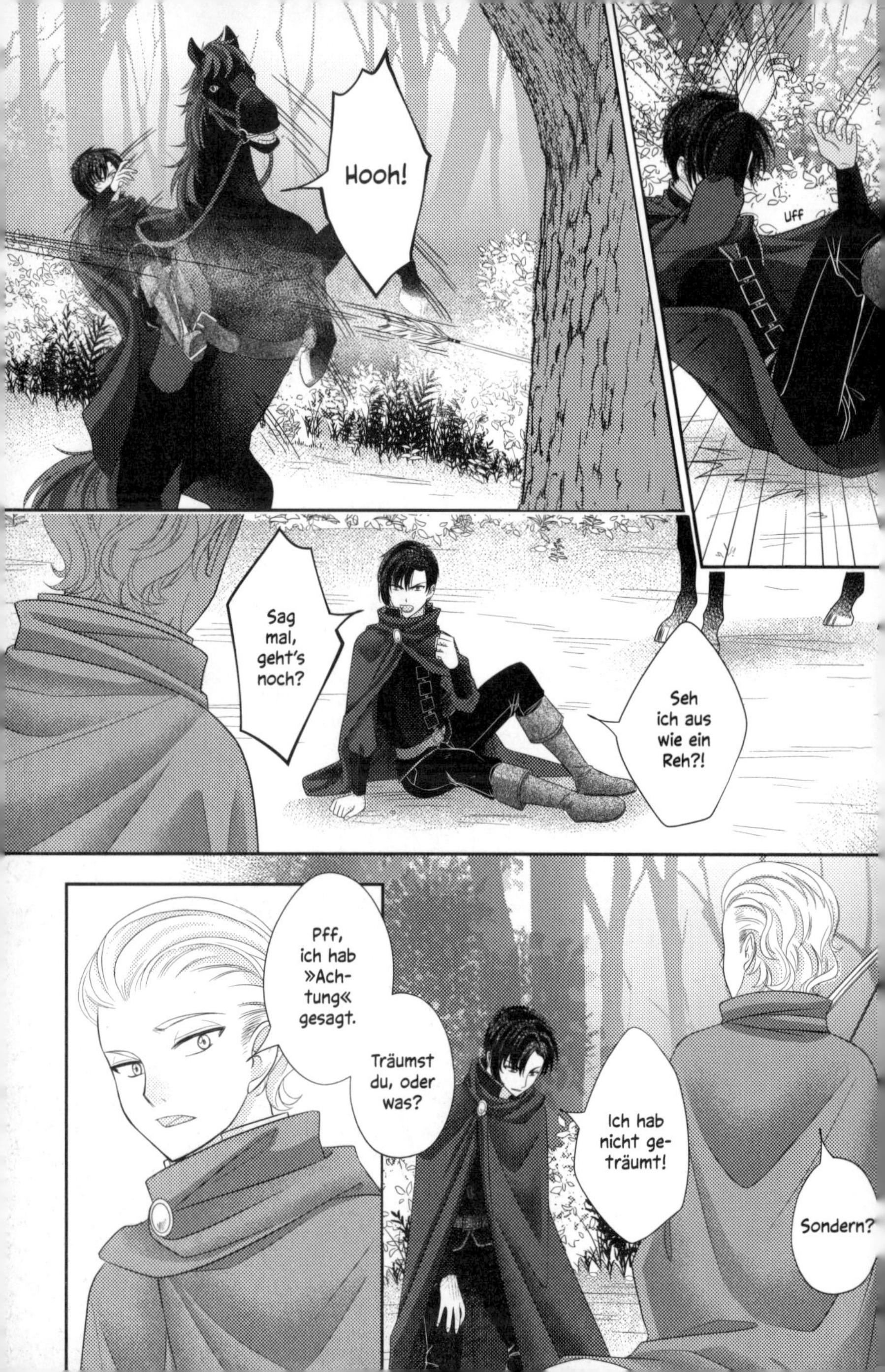

Hooh!
Uff
Sag mal, geht's noch?
Seh ich aus wie ein Reh?!
Pff, ich hab »Ach-tung« gesagt.
Träumst du, oder was?
Ich hab nicht ge-träumt!
Sondern?

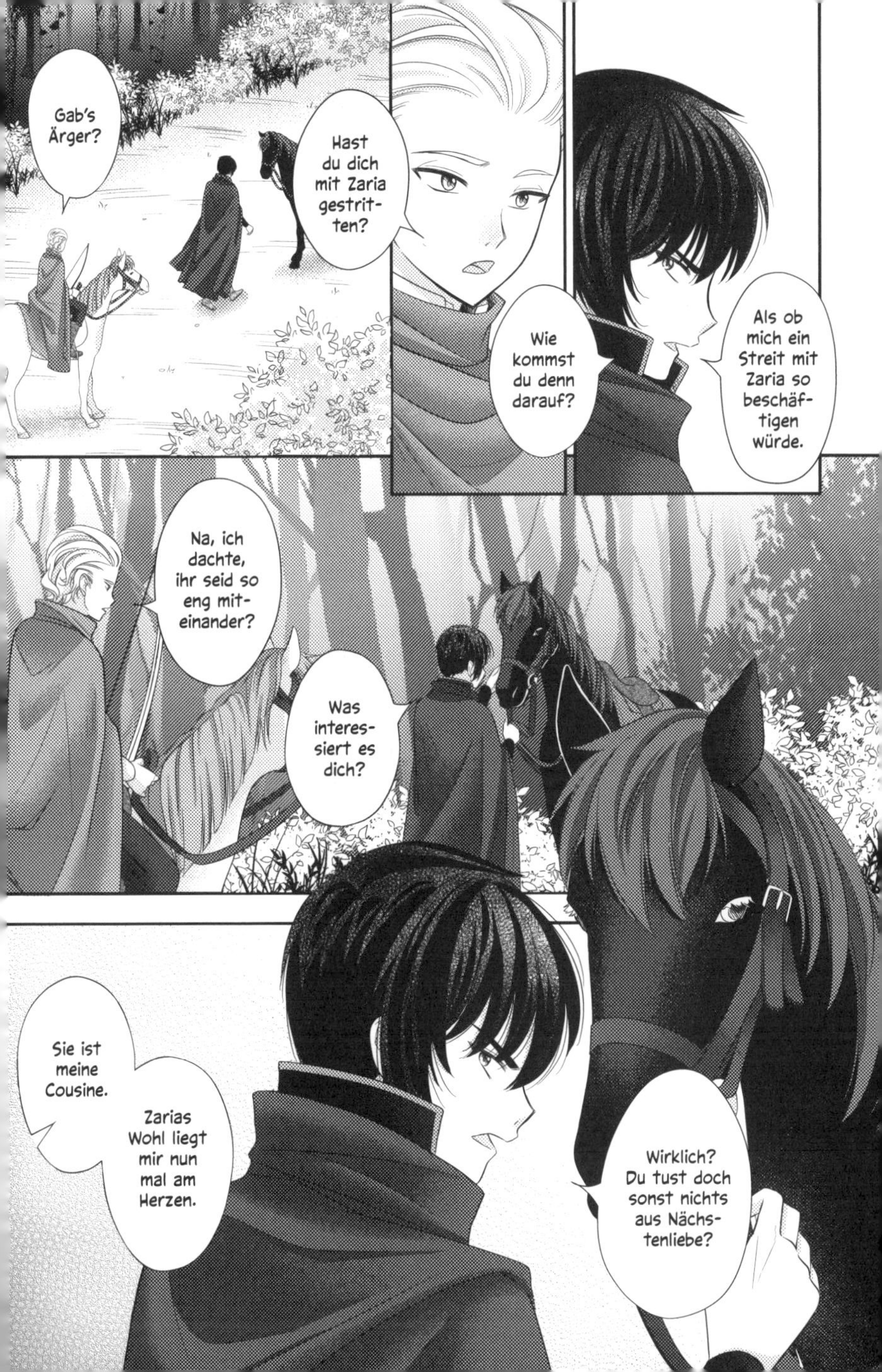
Gab's Ärger?
Hast du dich mit Zaria gestrit-ten?
Wie kommst du denn darauf?
Als ob mich ein Streit mit Zaria so beschäf-tigen würde.
Na, ich dachte, ihr seid so eng mit-einander?
Was interes-siert es dich?
Sie ist meine Cousine.
Zarias Wohl liegt mir nun mal am Herzen.
Wirklich? Du tust doch sonst nichts aus Nächs-tenliebe?

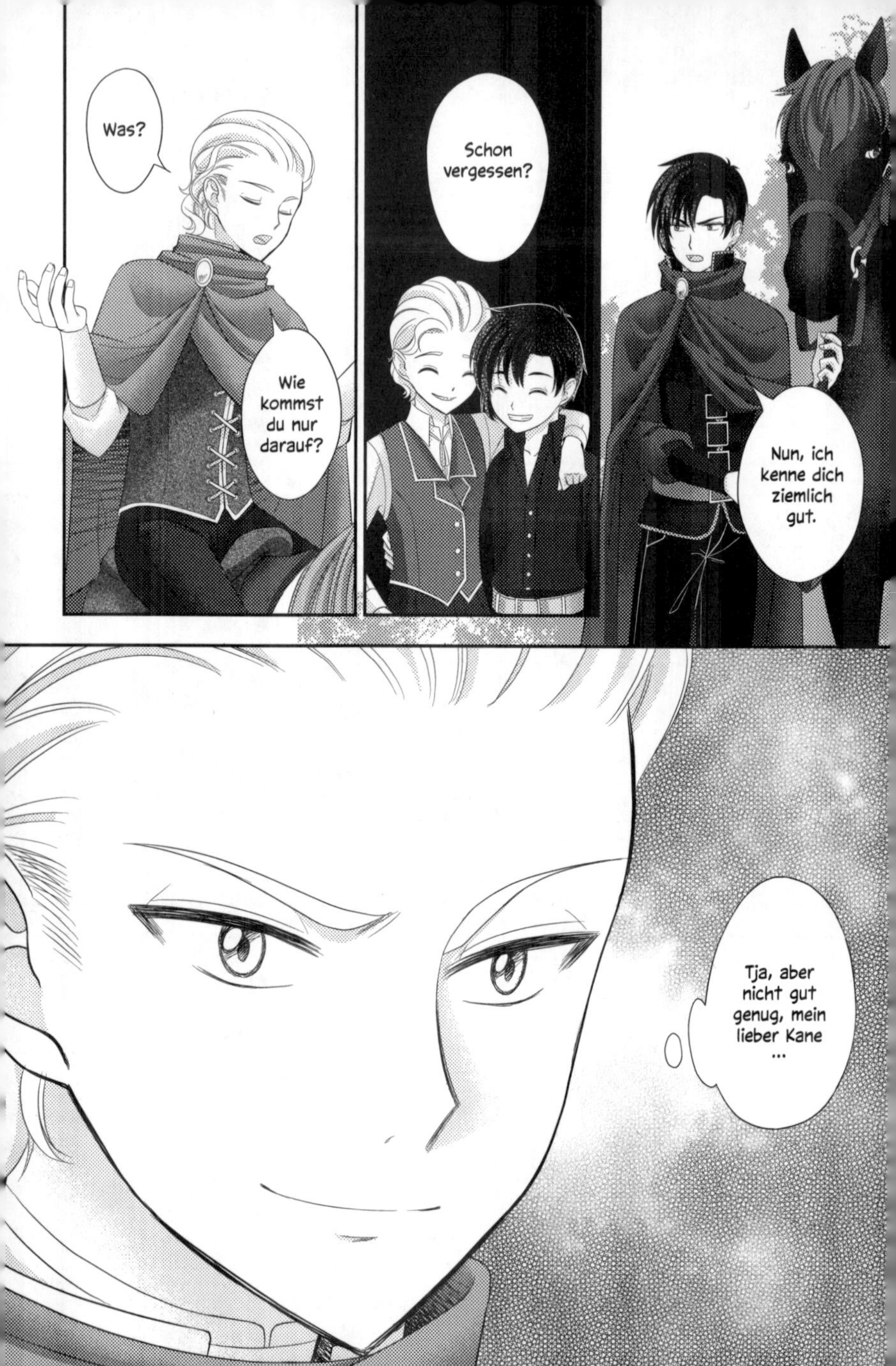
Was?
Schon vergessen?
Wie kommst du nur darauf?
Nun, ich kenne dich ziemlich gut.
Tja, aber nicht gut genug, mein lieber Kane ...

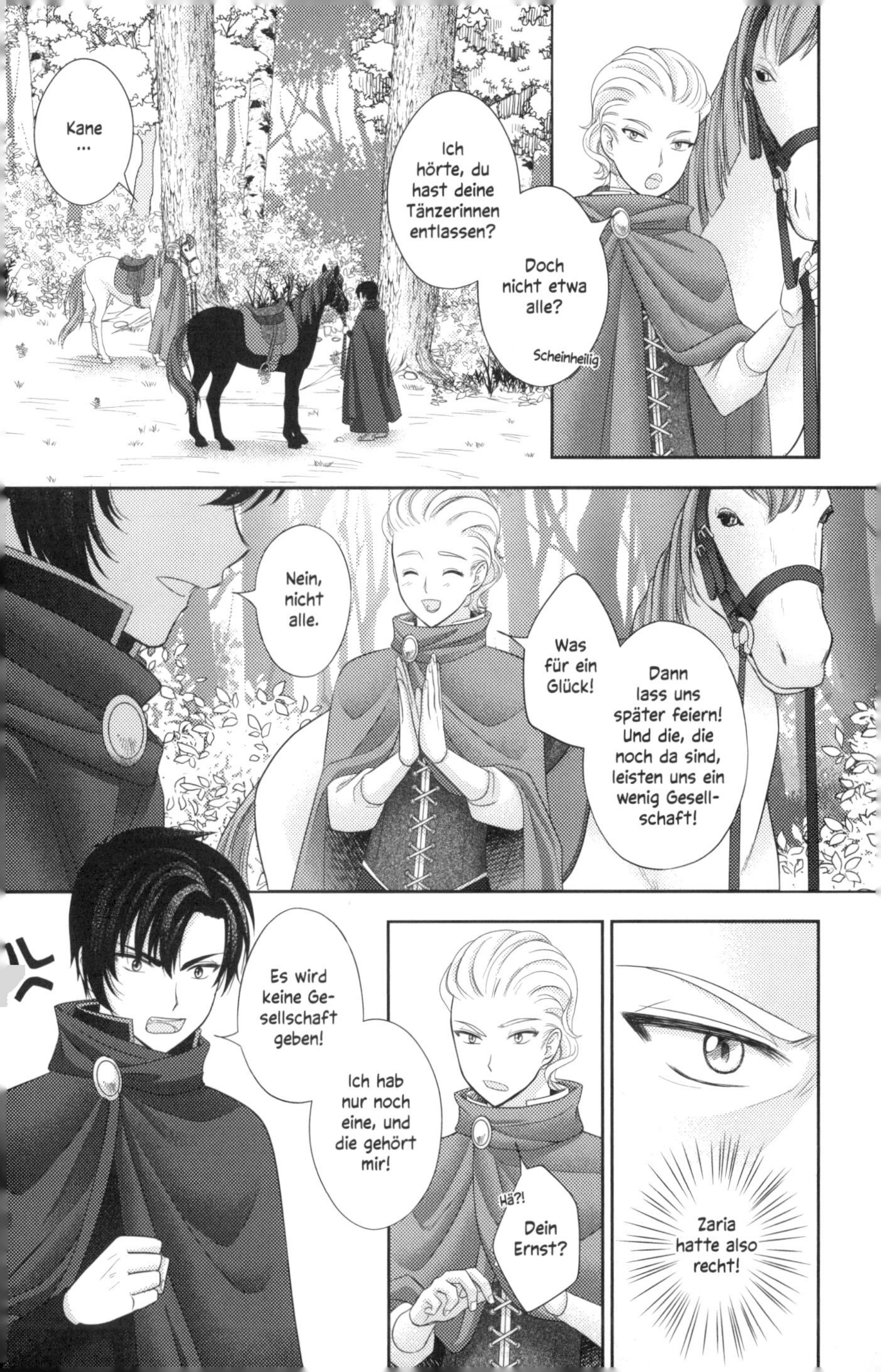

Kane ...

Ich hörte, du hast deine Tänzerinnen entlassen?

Doch nicht etwa alle?

Scheinheilig

Nein, nicht alle.

Was für ein Glück!

Dann lass uns später feiern! Und die, die noch da sind, leisten uns ein wenig Gesell-schaft!

Es wird keine Ge-sellschaft geben!

Ich hab nur noch eine, und die gehört mir!

Hä?!

Dein Ernst?

Zaria hatte also recht!

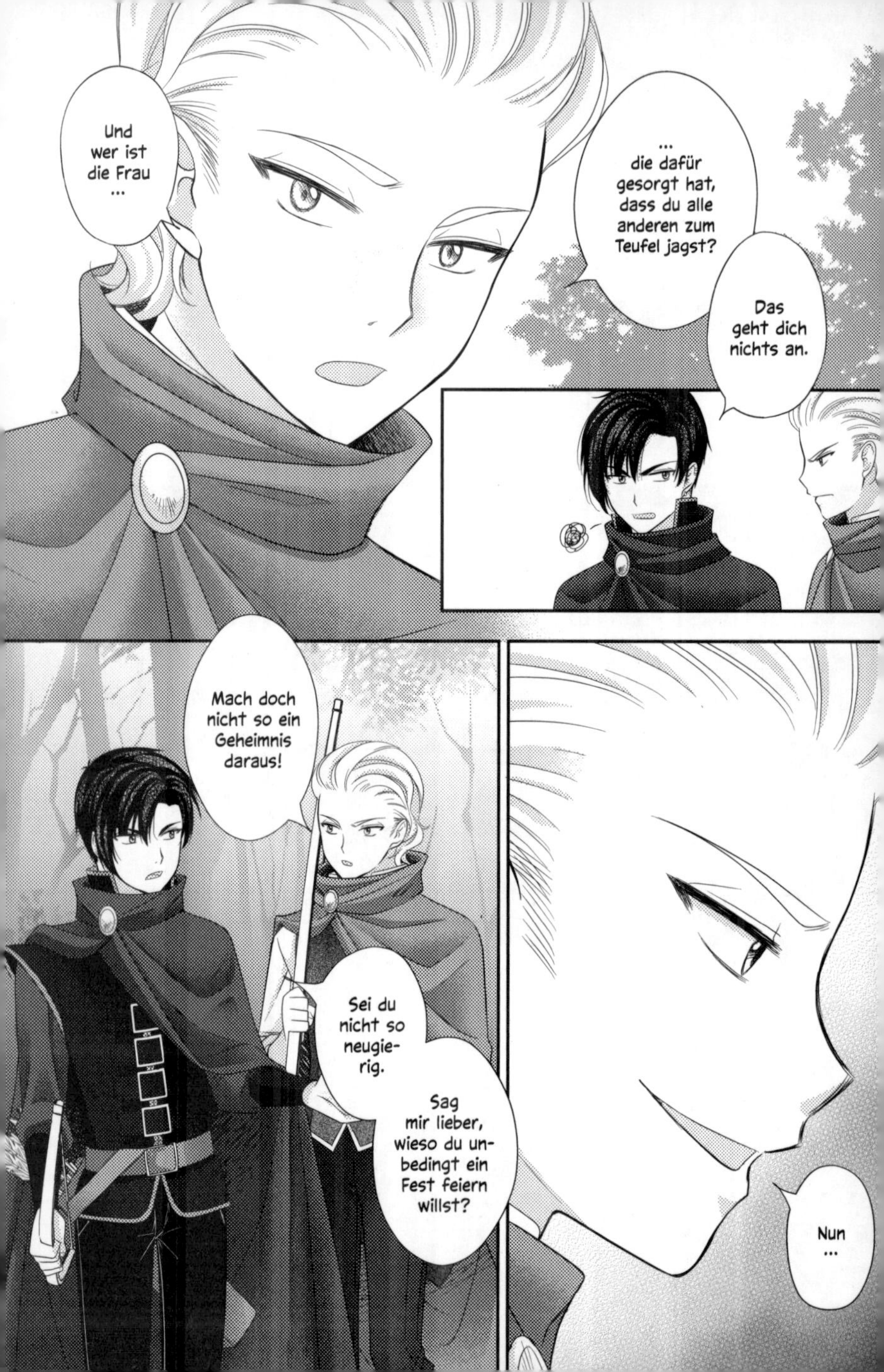
Und wer ist die Frau ...
... die dafür gesorgt hat, dass du alle anderen zum Teufel jagst?
Das geht dich nichts an.
Mach doch nicht so ein Geheimnis daraus!
Sei du nicht so neugie-rig.
Sag mir lieber, wieso du un-bedingt ein Fest feiern willst?
Nun ...

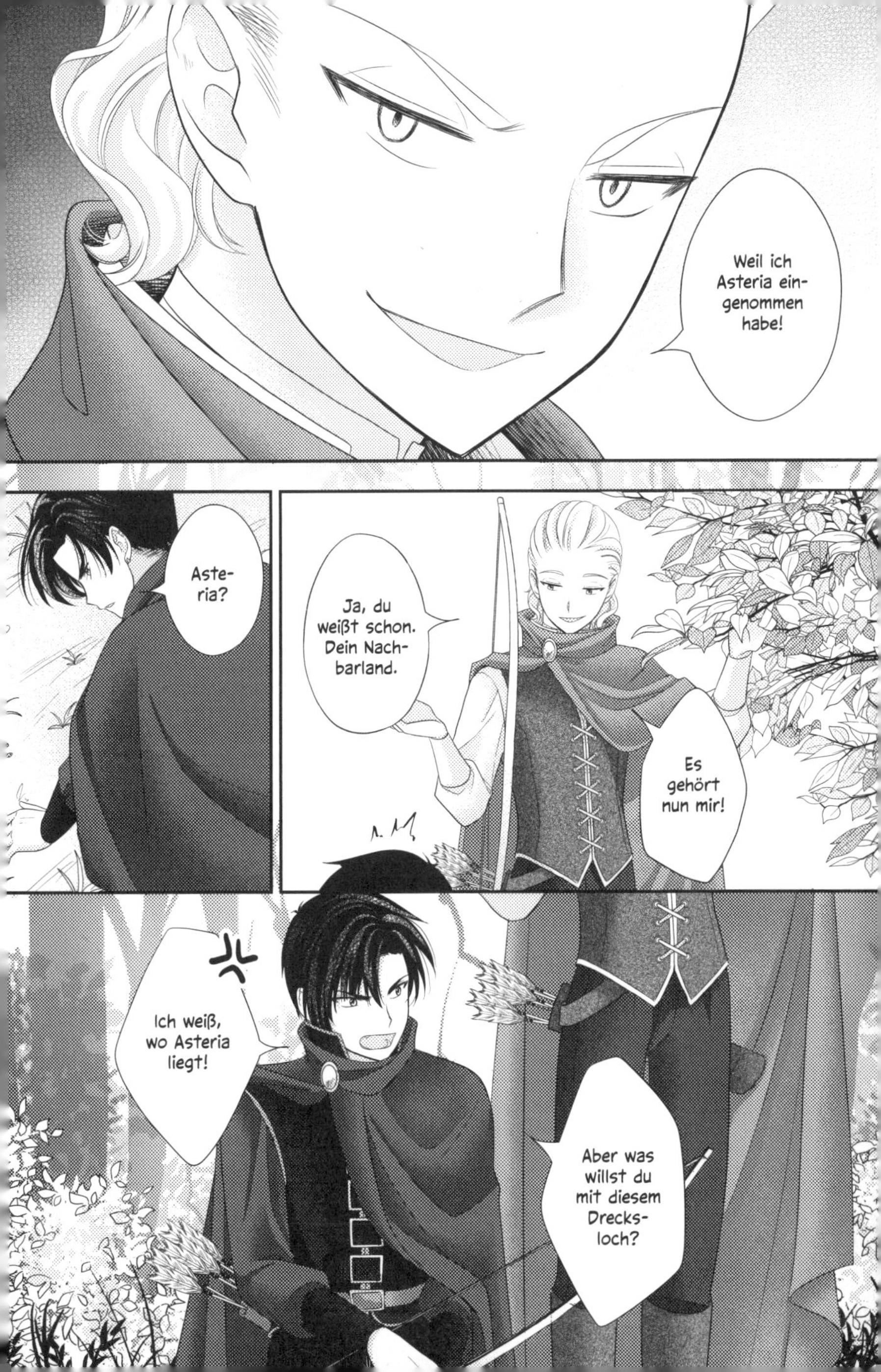
Weil ich Asteria eingenommen habe!
Asteria?
Ja, du weißt schon. Dein Nachbarland.
Es gehört nun mir!
Ich weiß, wo Asteria liegt!
Aber was willst du mit diesem Drecksloch?

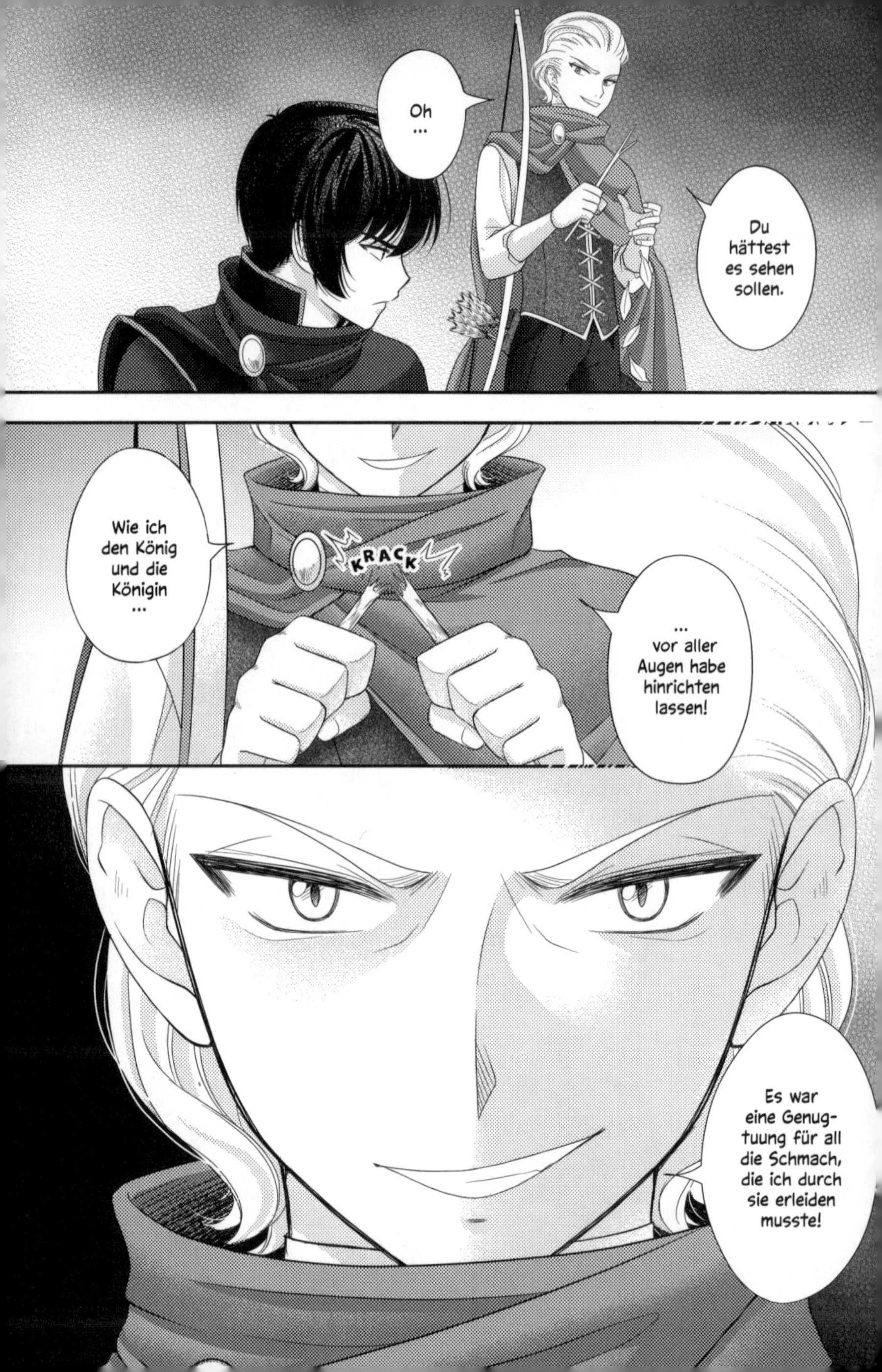

Oh ...

Du hättest es sehen sollen.

Wie ich den König und die Königin ...

KRACK

... vor aller Augen habe hinrichten lassen!

Es war eine Genugtuung für all die Schmach, die ich durch sie erleiden musste!

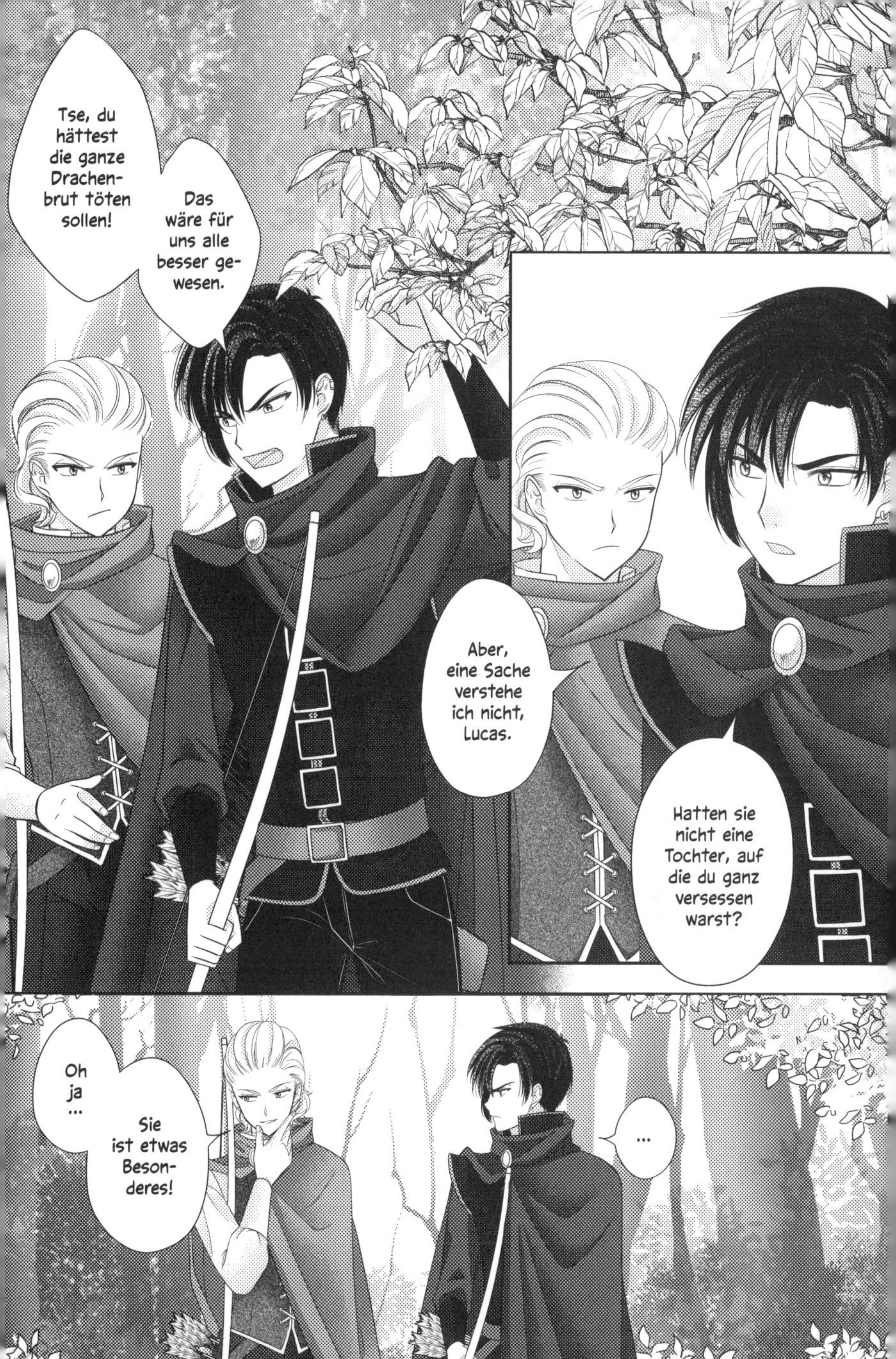
Tse, du hättest die ganze Drachenbrut töten sollen!
Das wäre für uns alle besser gewesen.
Aber, eine Sache verstehe ich nicht, Lucas.
Hatten sie nicht eine Tochter, auf die du ganz versessen warst?
Oh ja ...
Sie ist etwas Besonderes!
...

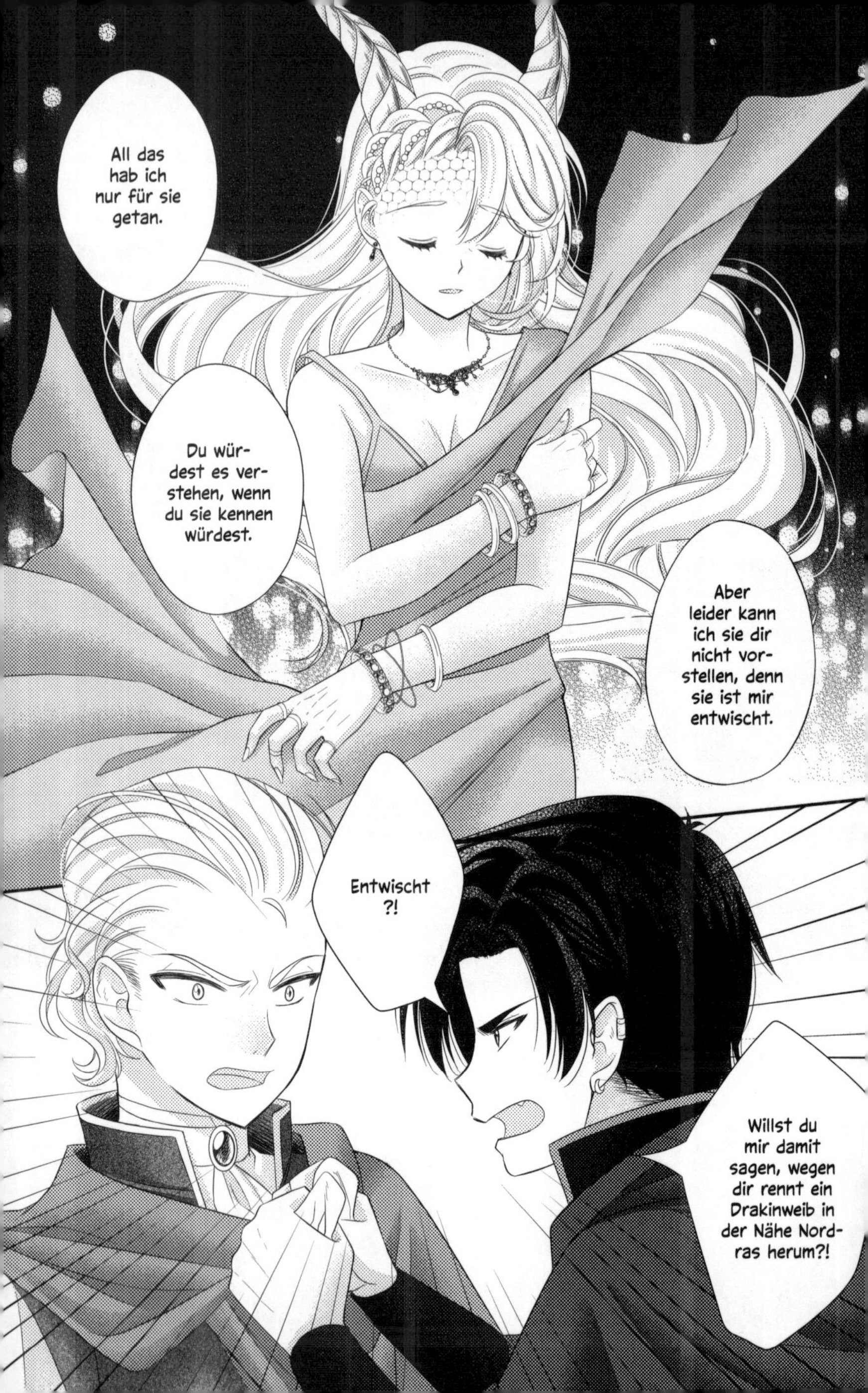
All das hab ich nur für sie getan.
Du wür-dest es ver-stehen, wenn du sie kennen würdest.
Aber leider kann ich sie dir nicht vor-stellen, denn sie ist mir entwischt.
Entwischt ?!
Willst du mir damit sagen, wegen dir rennt ein Drakinweib in der Nähe Nord-ras herum?!

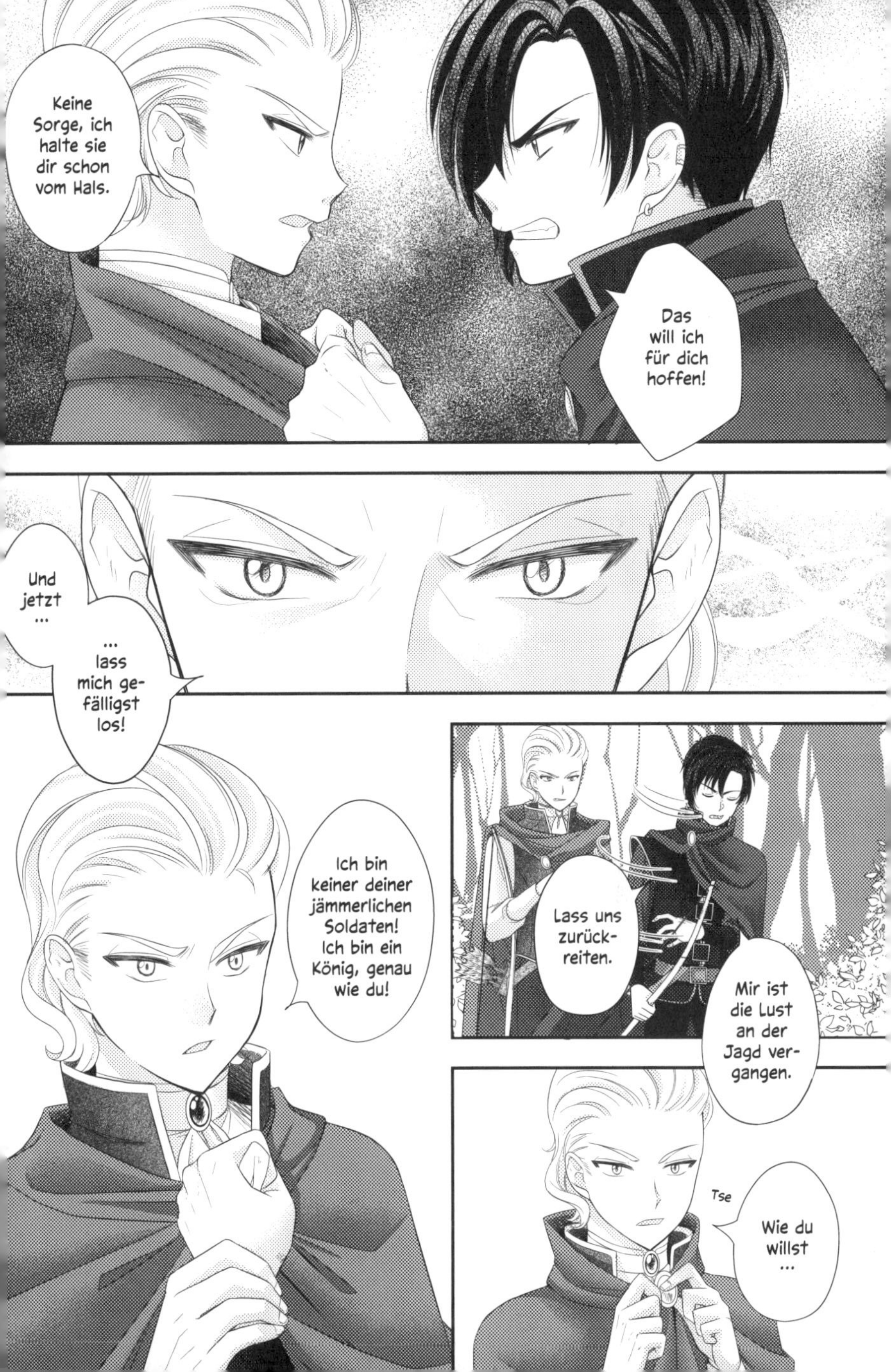

Keine Sorge, ich halte sie dir schon vom Hals.
Das will ich für dich hoffen!
Und jetzt ...
... lass mich gefälligst los!
Ich bin keiner deiner jämmerlichen Soldaten! Ich bin ein König, genau wie du!
Lass uns zurückreiten.
Mir ist die Lust an der Jagd vergangen.
Tse
Wie du willst ...

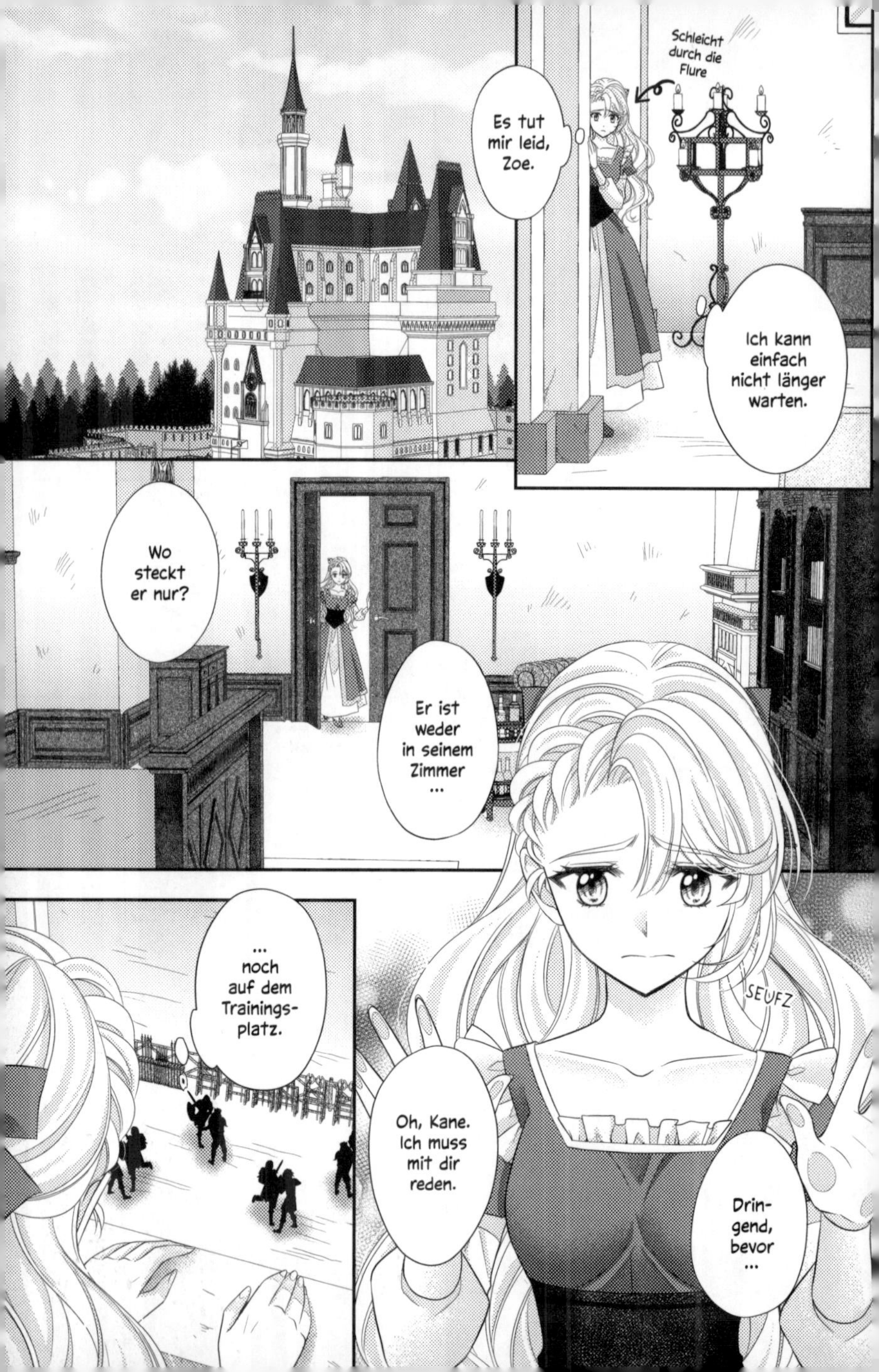
Schleicht durch die Flure
Es tut mir leid, Zoe.
Ich kann einfach nicht länger warten.
Wo steckt er nur?
Er ist weder in seinem Zimmer ...
... noch auf dem Trainingsplatz.
SEUFZ
Oh, Kane. Ich muss mit dir reden.
Drin-gend, bevor ...

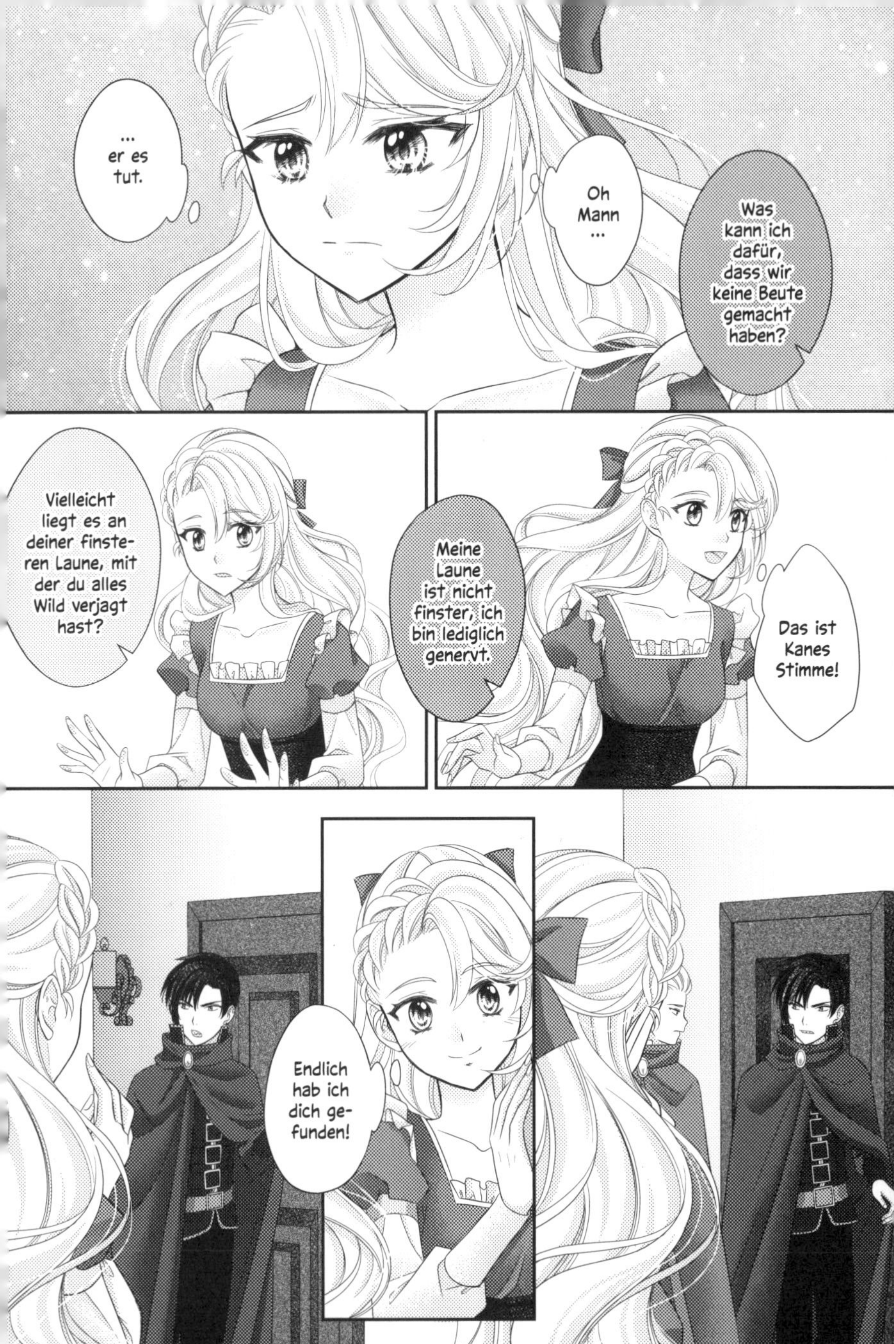

... er es tut.
Oh Mann ...
Was kann ich dafür, dass wir keine Beute gemacht haben?
Vielleicht liegt es an deiner finste-ren Laune, mit der du alles Wild verjagt hast?
Meine Laune ist nicht finster, ich bin lediglich genervt.
Das ist Kanes Stimme!
Endlich hab ich dich ge-funden!

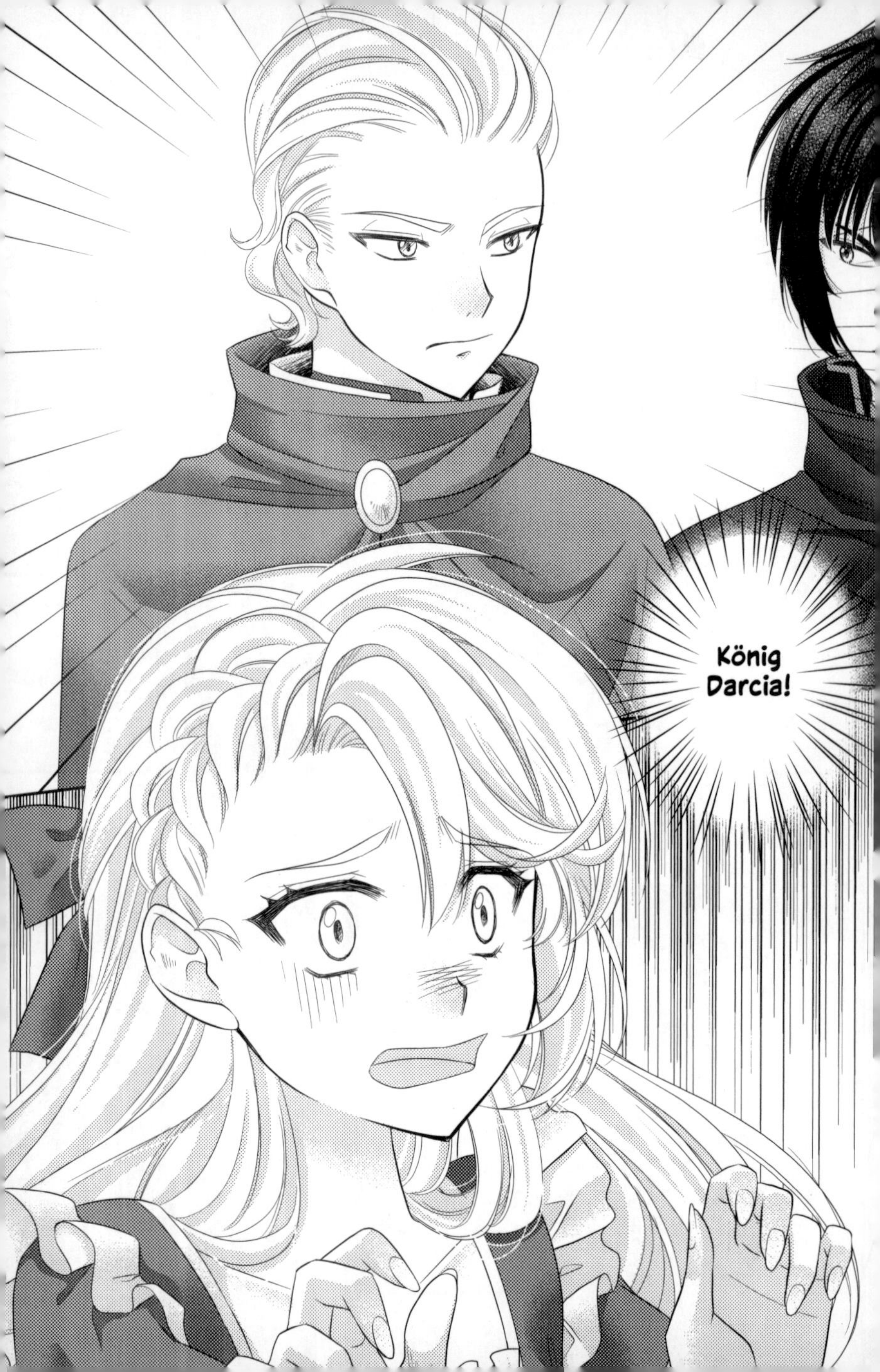
König
Darcia!

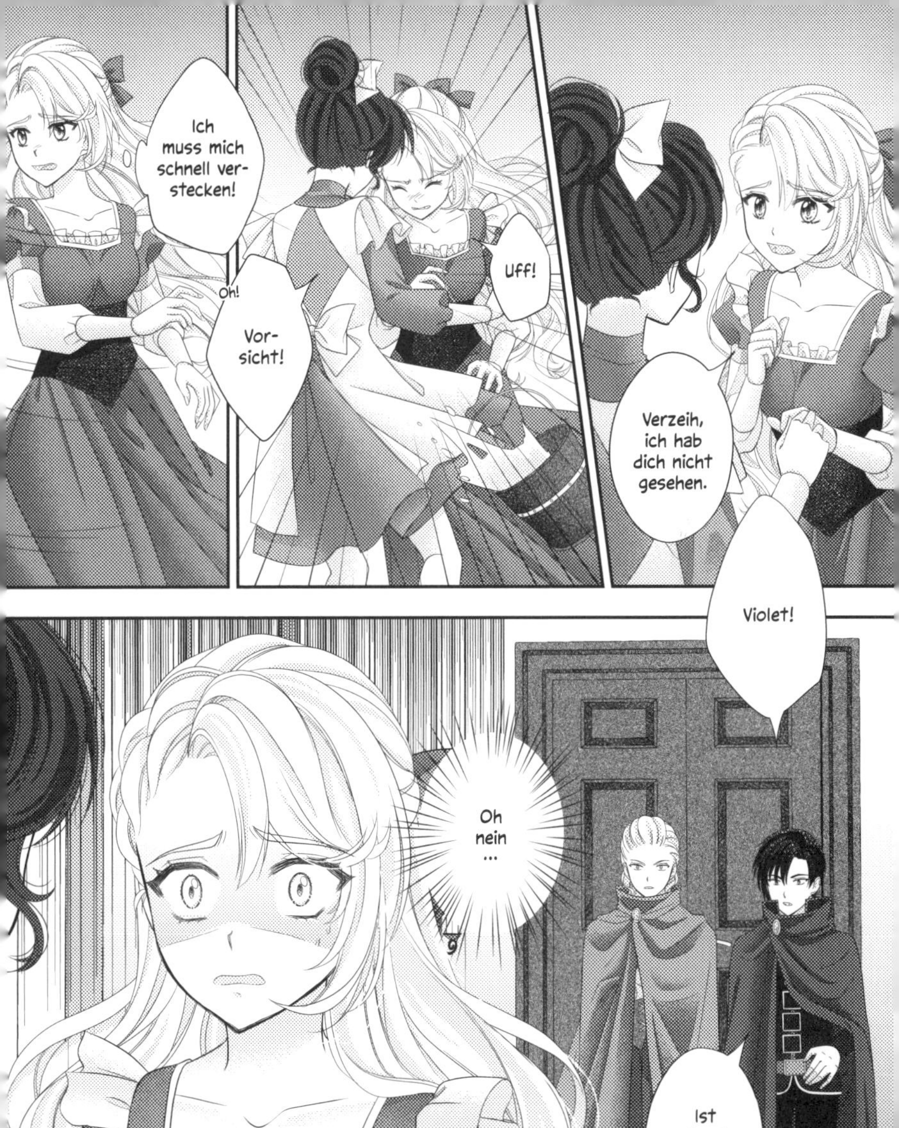
Ich muss mich schnell ver-stecken!
Oh!
Vor-sicht!
Uff!
Verzeih, ich hab dich nicht gesehen.
Violet!
Oh nein …
Ist alles in Ordnung?

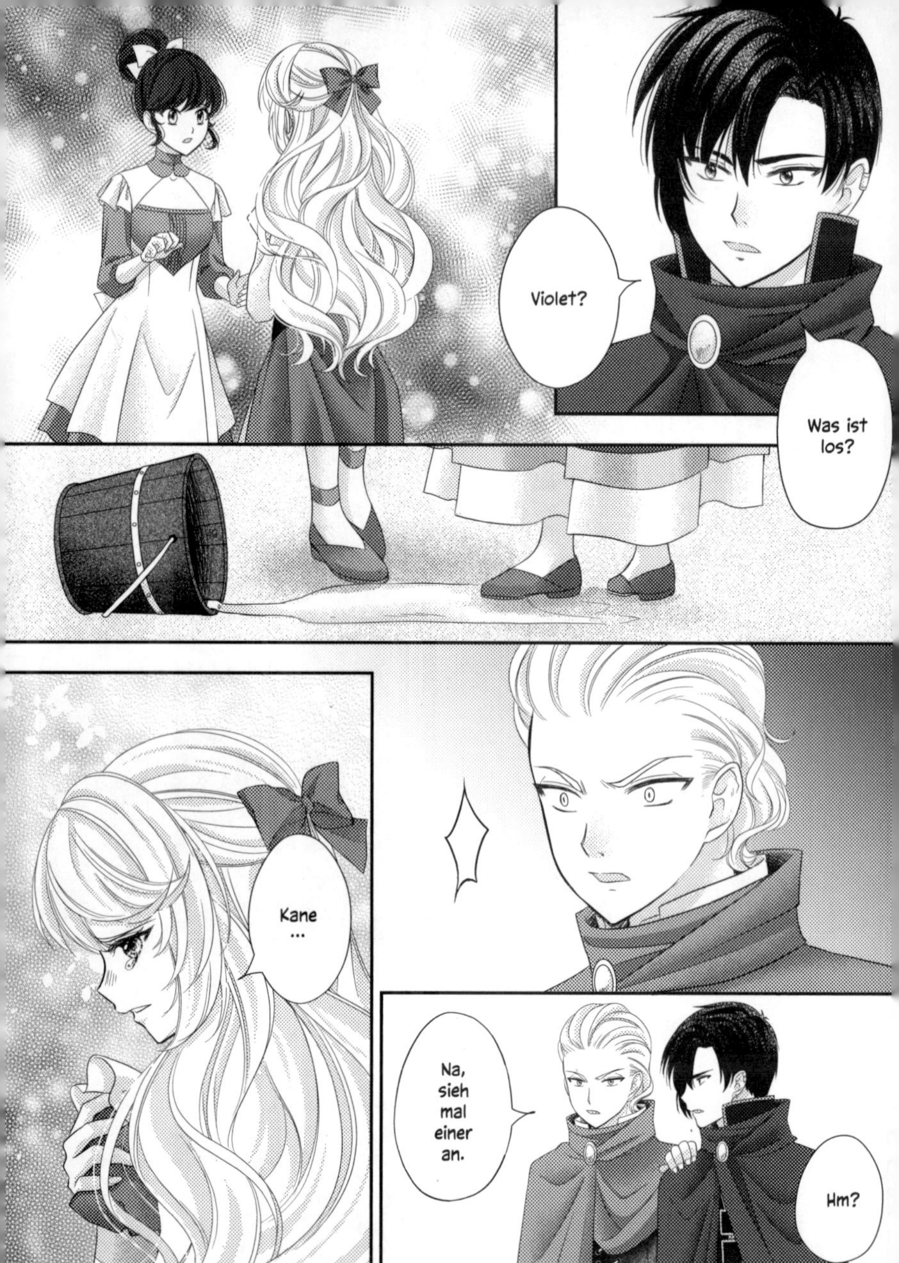
Violet?
Was ist los?
Kane ...
Na, sieh mal einer an.
Hm?

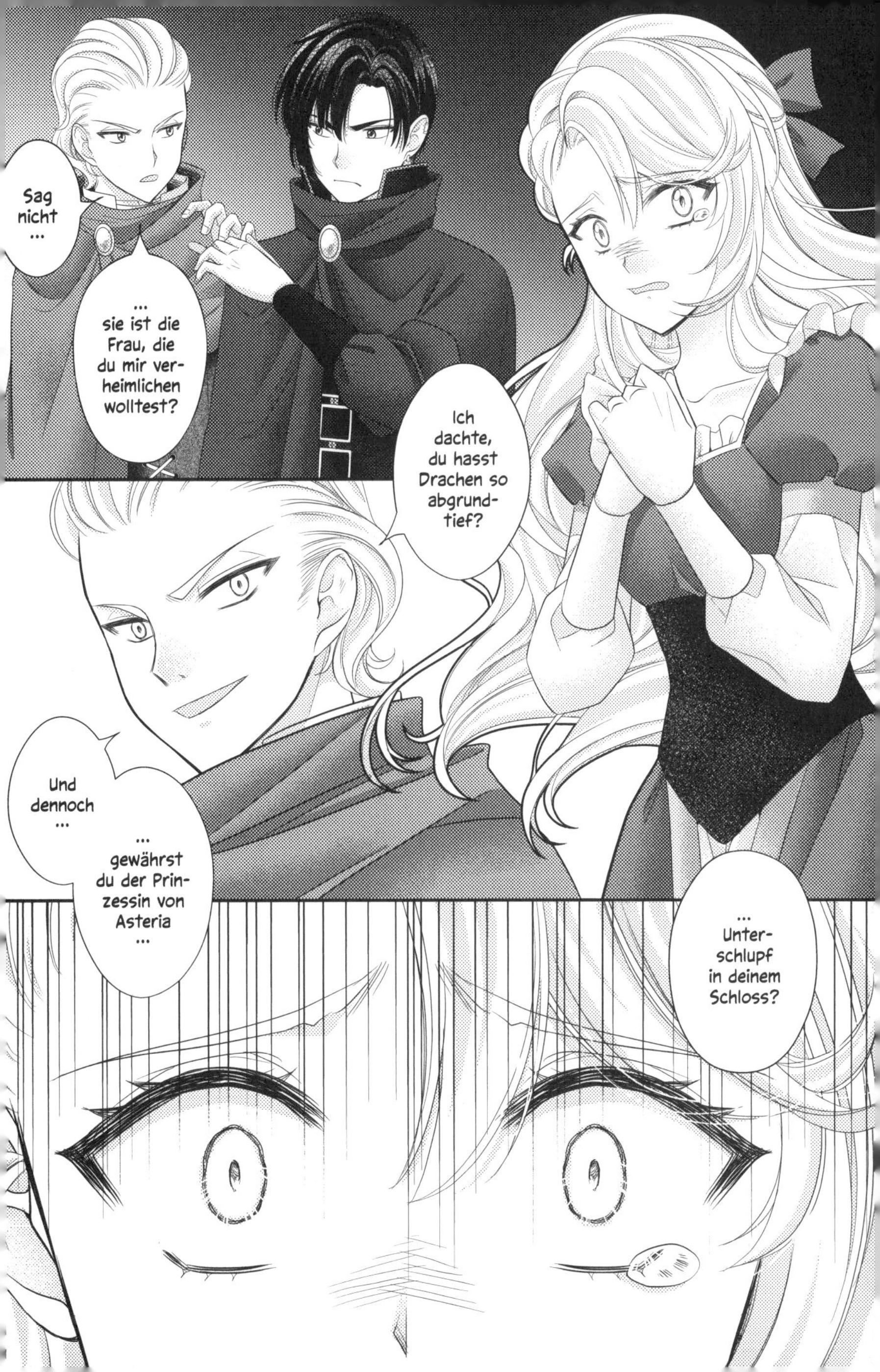
Sag nicht ...
... sie ist die Frau, die du mir verheimlichen wolltest?
Ich dachte, du hasst Drachen so abgrundtief?
Und dennoch ...
... gewährst du der Prinzessin von Asteria ...
... Unterschlupf in deinem Schloss?

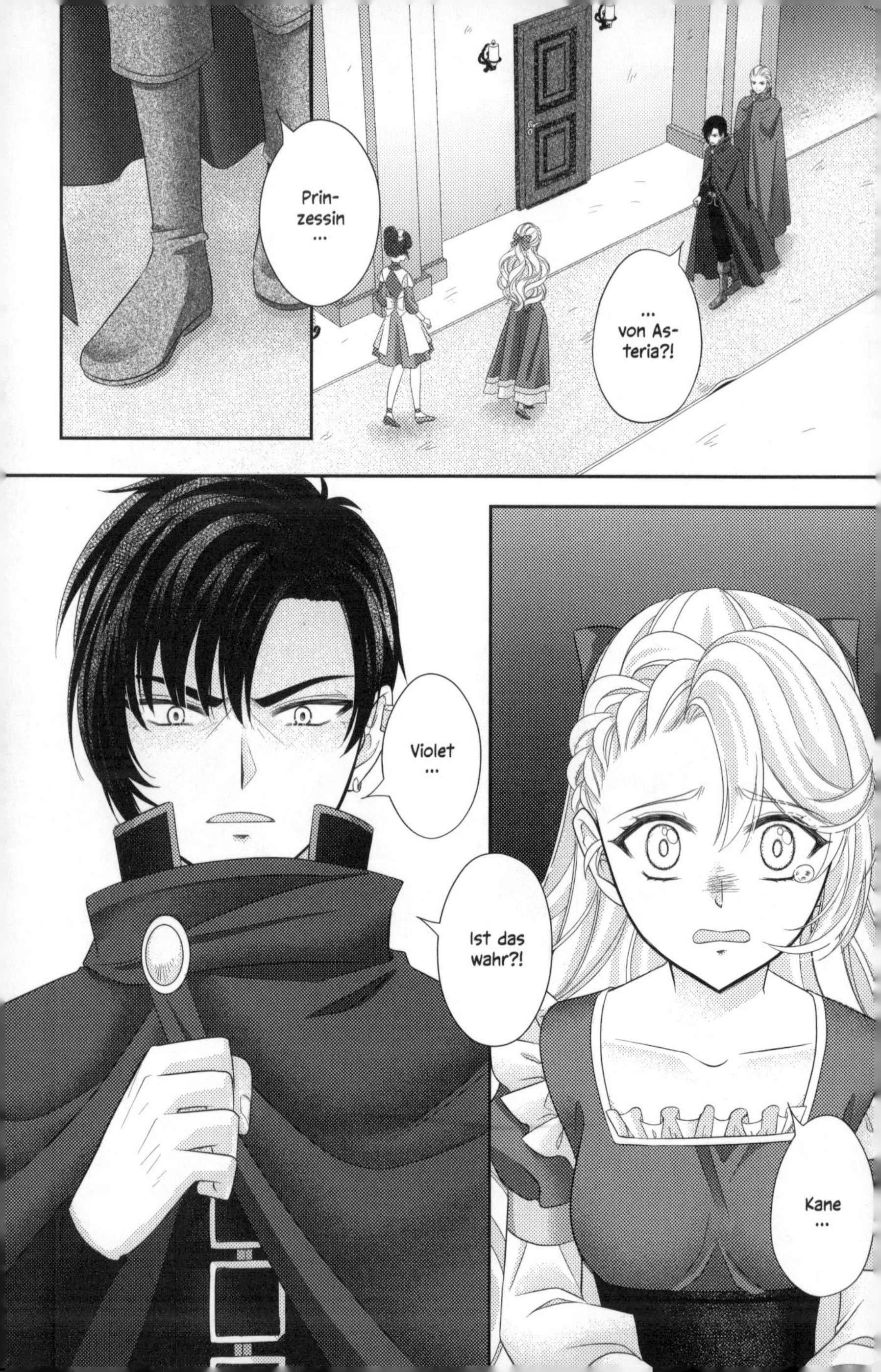
Prin-
zessin
...
...
von As-
teria?!
Violet
...
Ist das
wahr?!
Kane
...

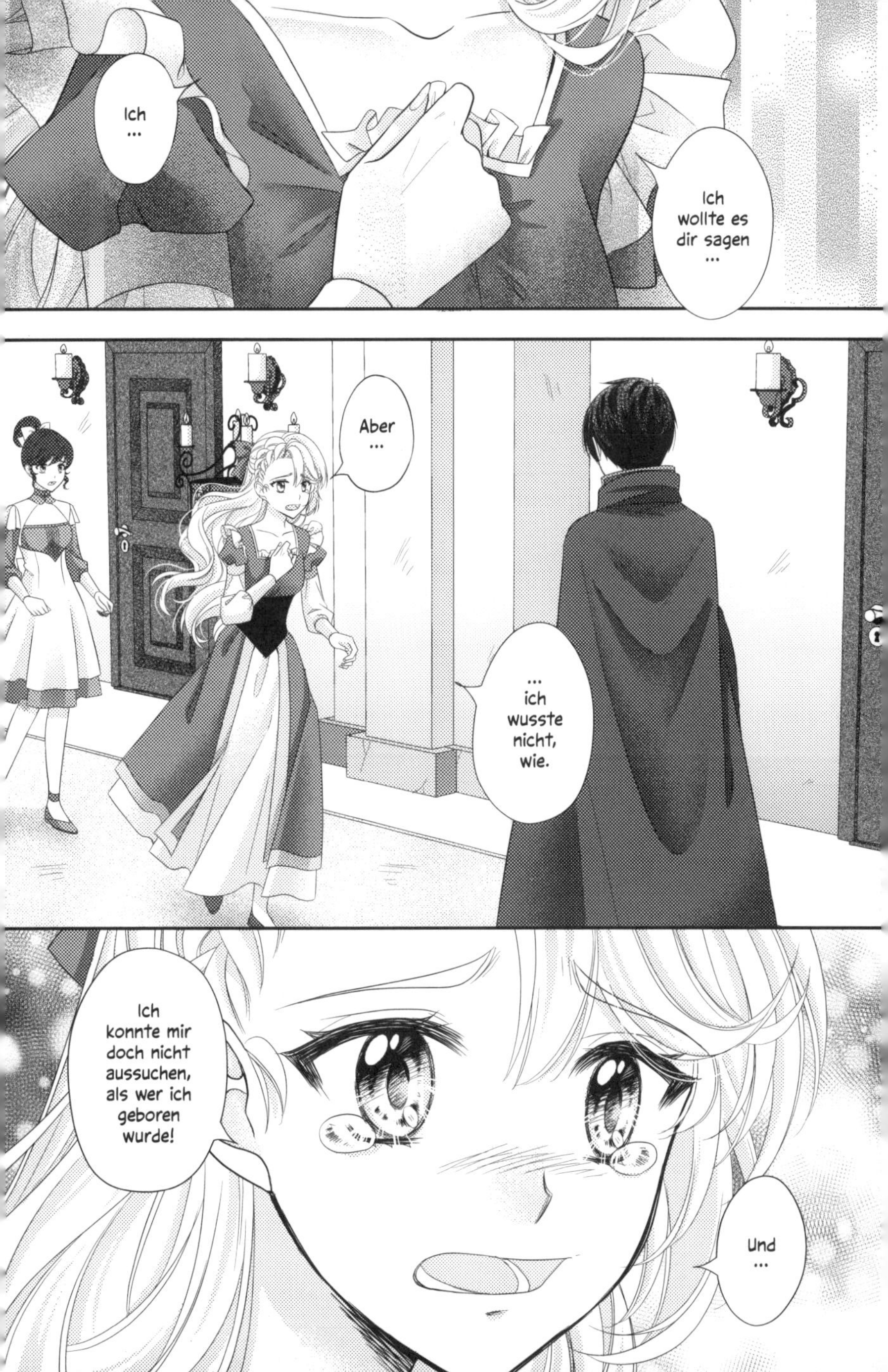
Ich ...
Ich wollte es dir sagen ...
Aber ...
... ich wusste nicht, wie.
Und ...
Ich konnte mir doch nicht aussuchen, als wer ich geboren wurde!

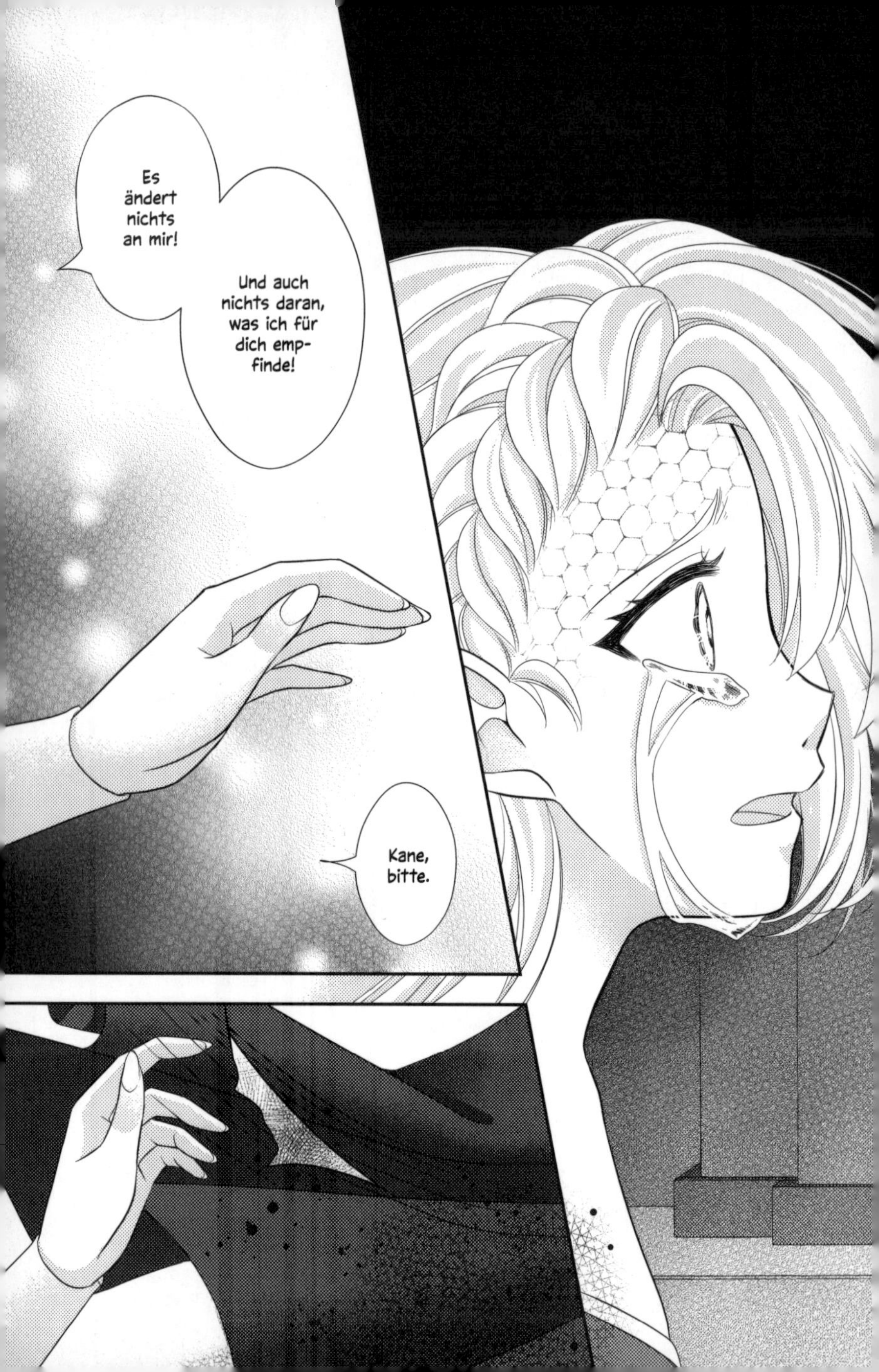
Es ändert nichts an mir!
Und auch nichts daran, was ich für dich emp-finde!
Kane, bitte.

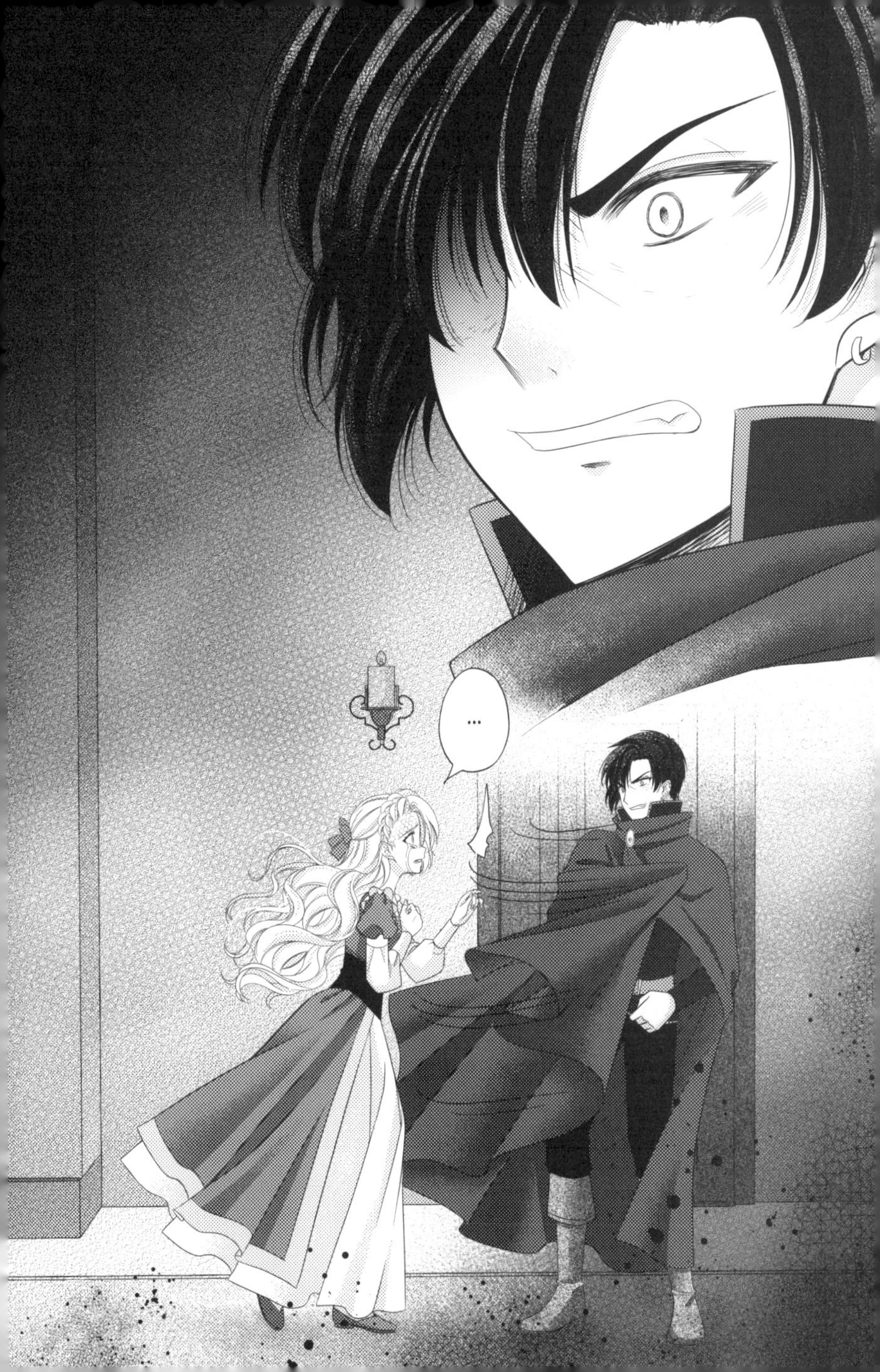

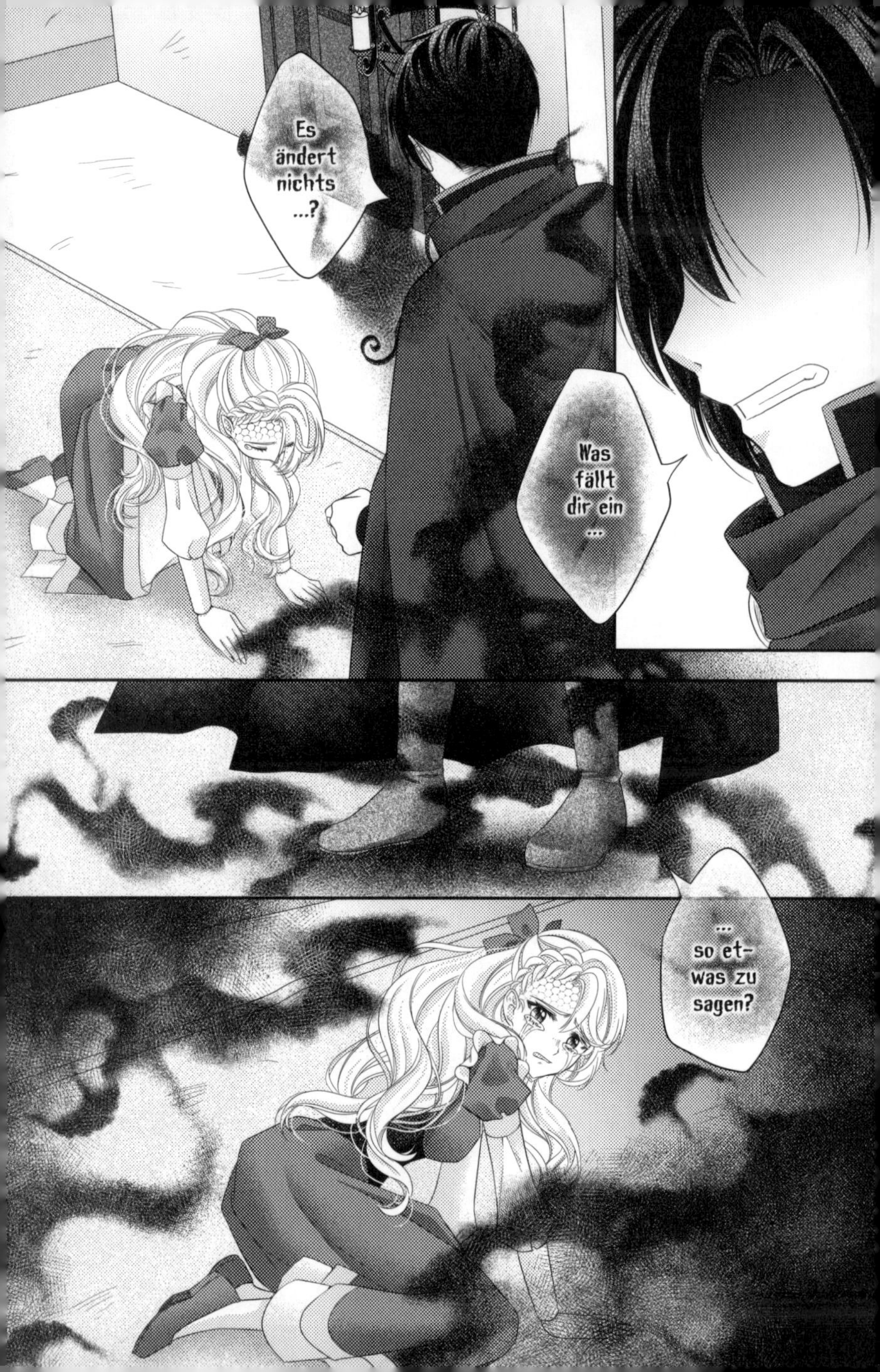
Es ändert nichts ...?
Was fällt dir ein ...
... so etwas zu sagen?

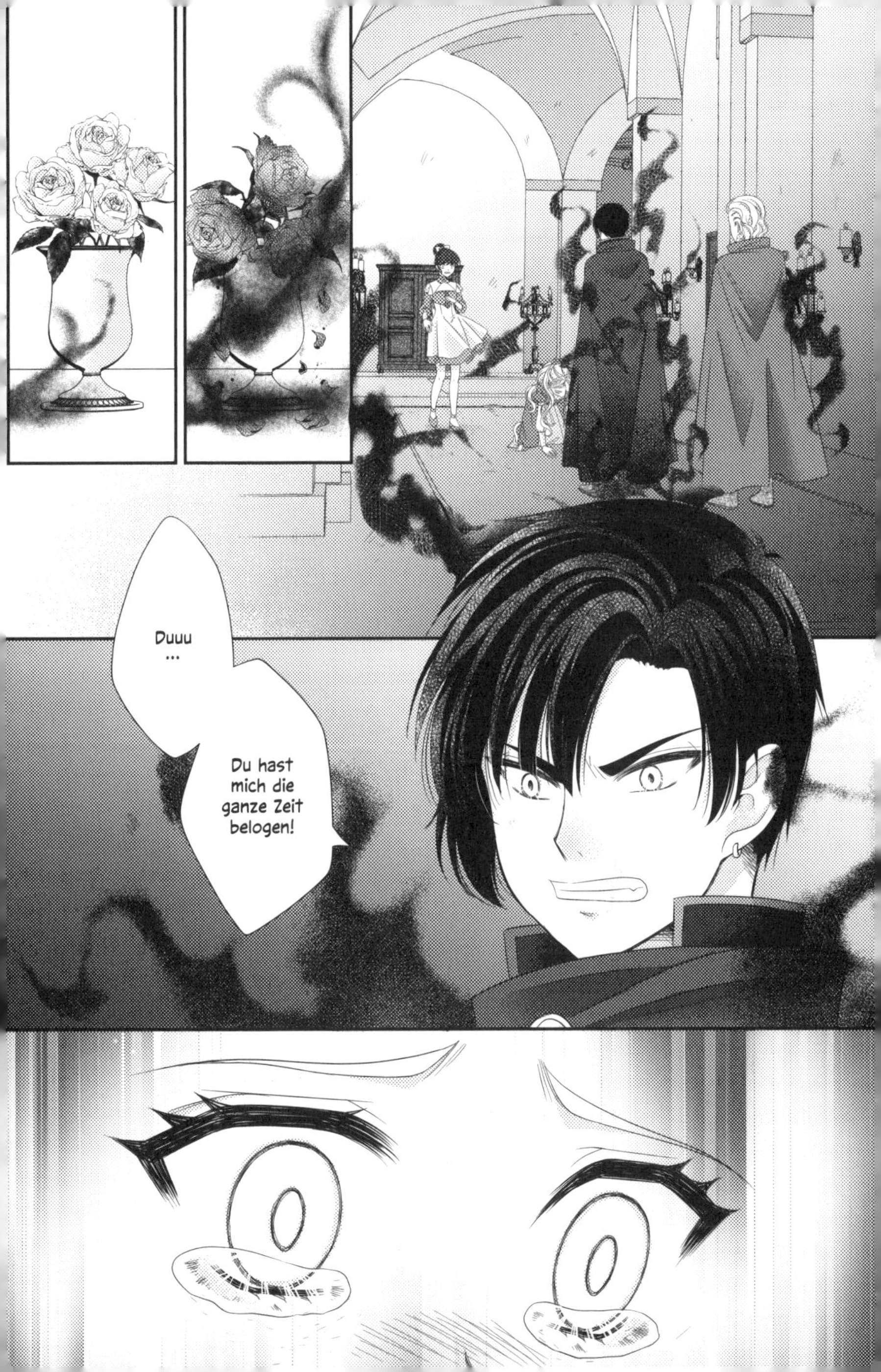
Duuu
...
Du hast mich die ganze Zeit belogen!

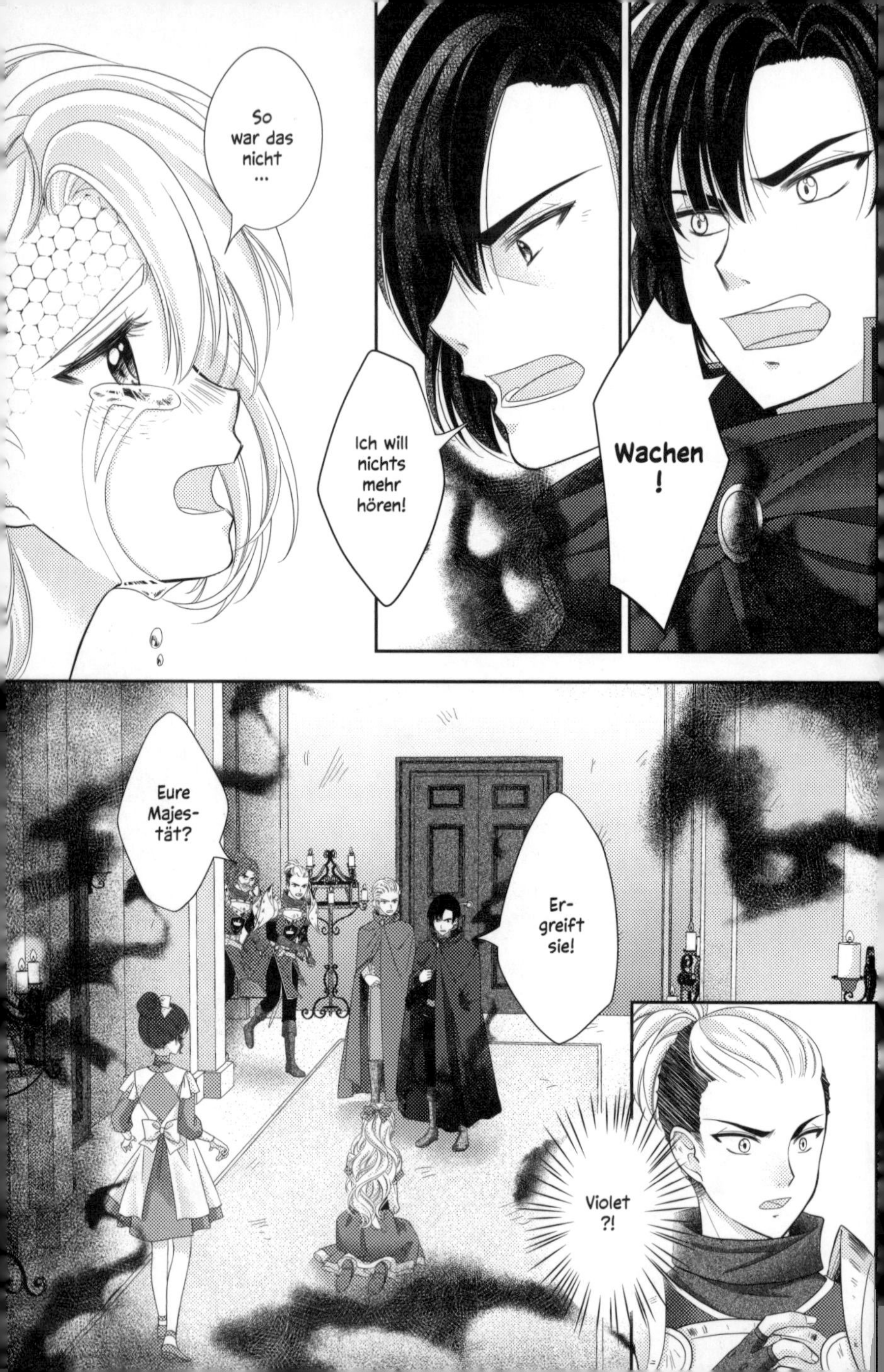
Wachen!
Ich will nichts mehr hören!
So war das nicht ...
Er-greift sie!
Eure Majes-tät?
Violet ?!

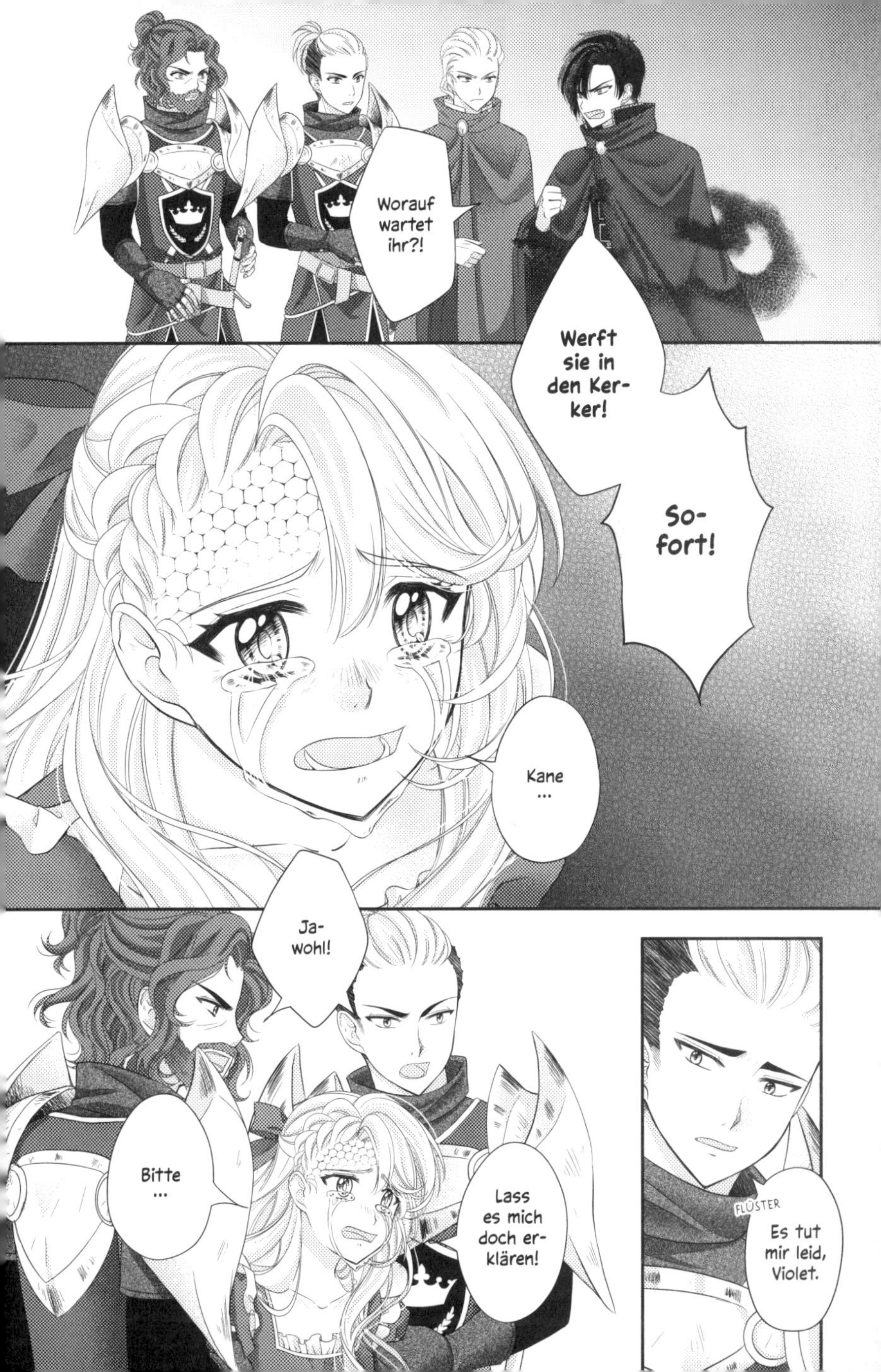
Worauf wartet ihr?!
Werft sie in den Ker-ker!
So-fort!
Kane …
Ja-wohl!
Bitte …
Lass es mich doch er-klären!
FLÜSTER
Es tut mir leid, Violet.

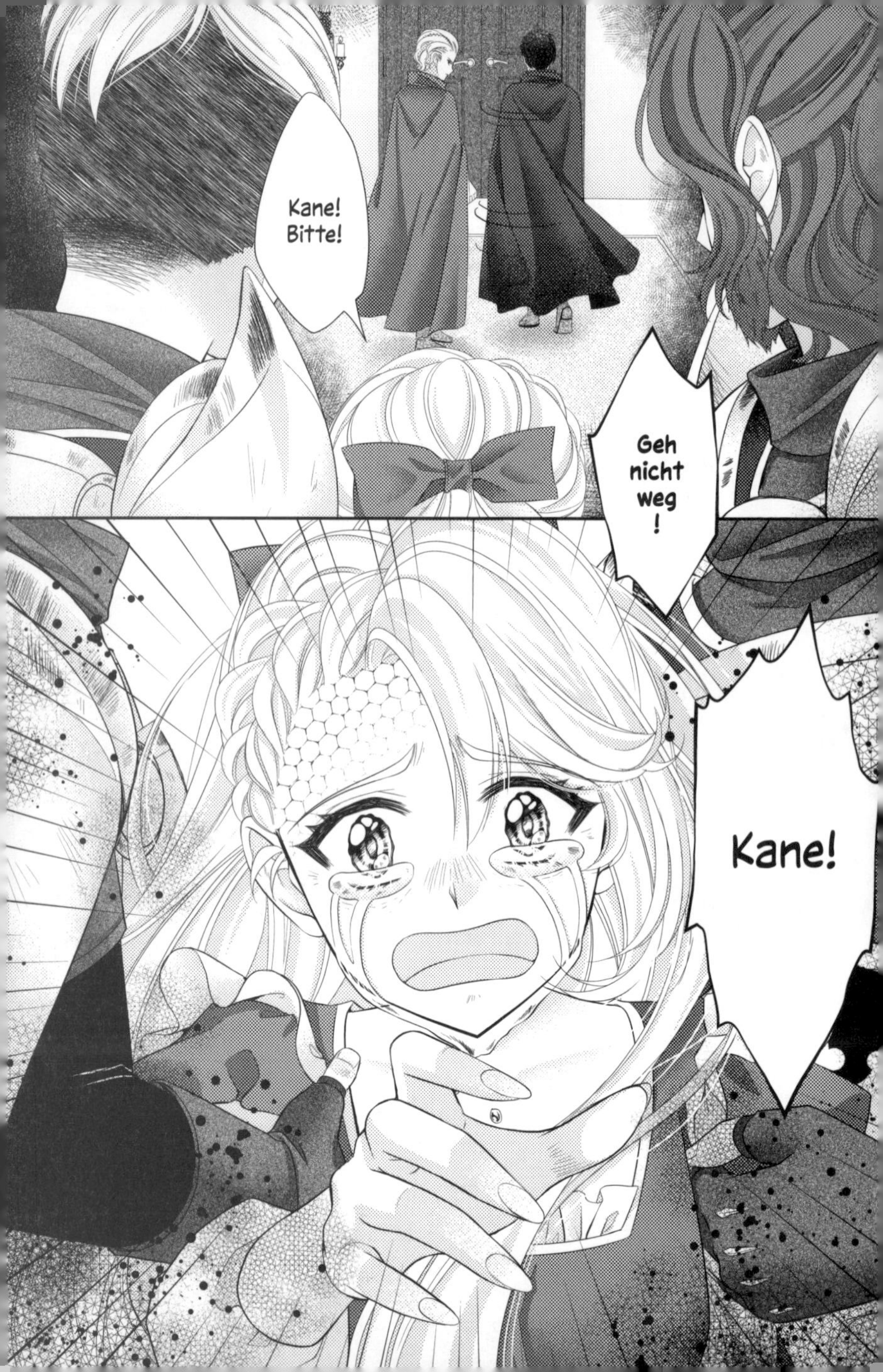
Kane! Bitte!
Geh nicht weg!
Kane!

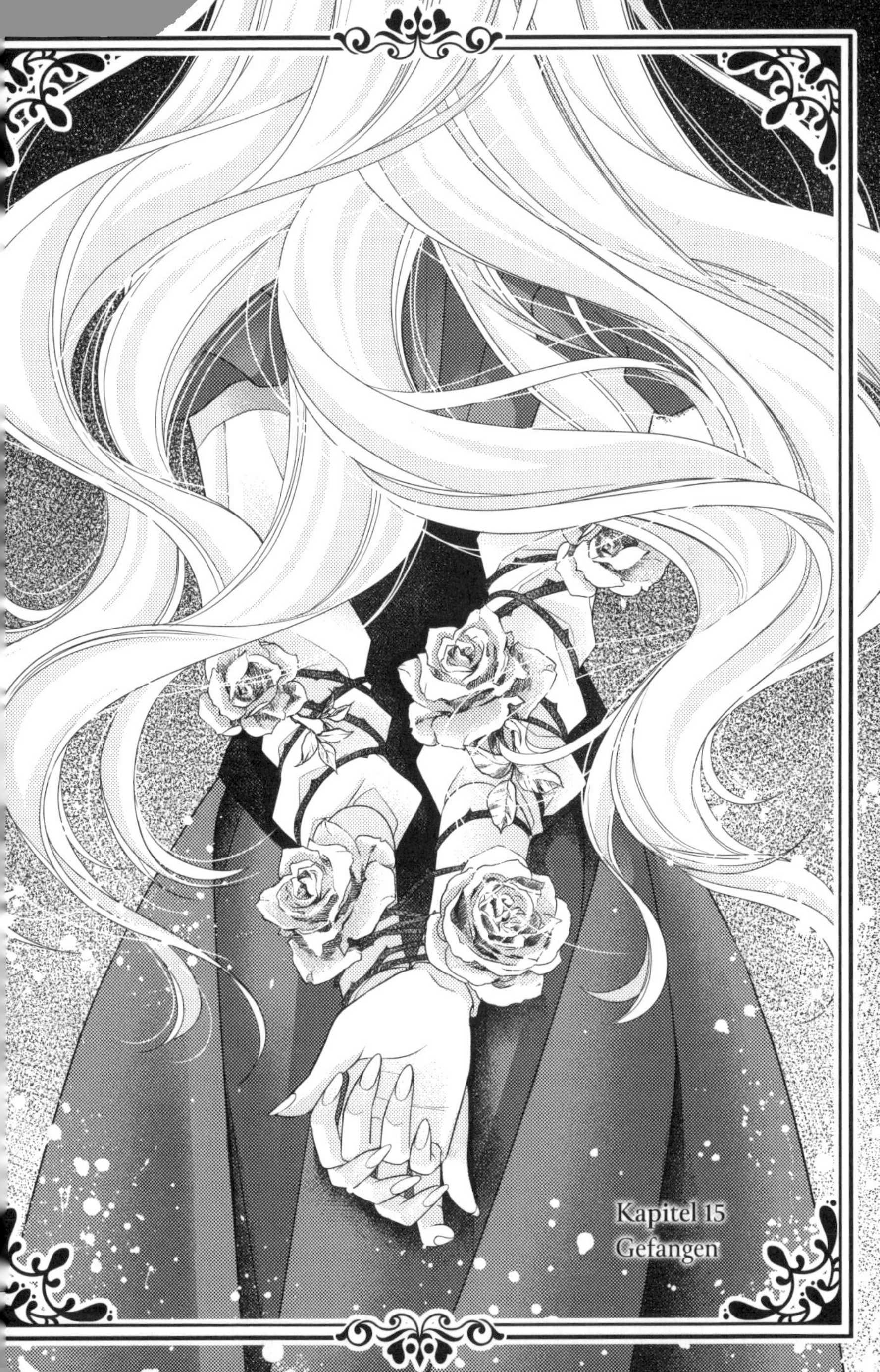
Kapitel 15
Gefangen

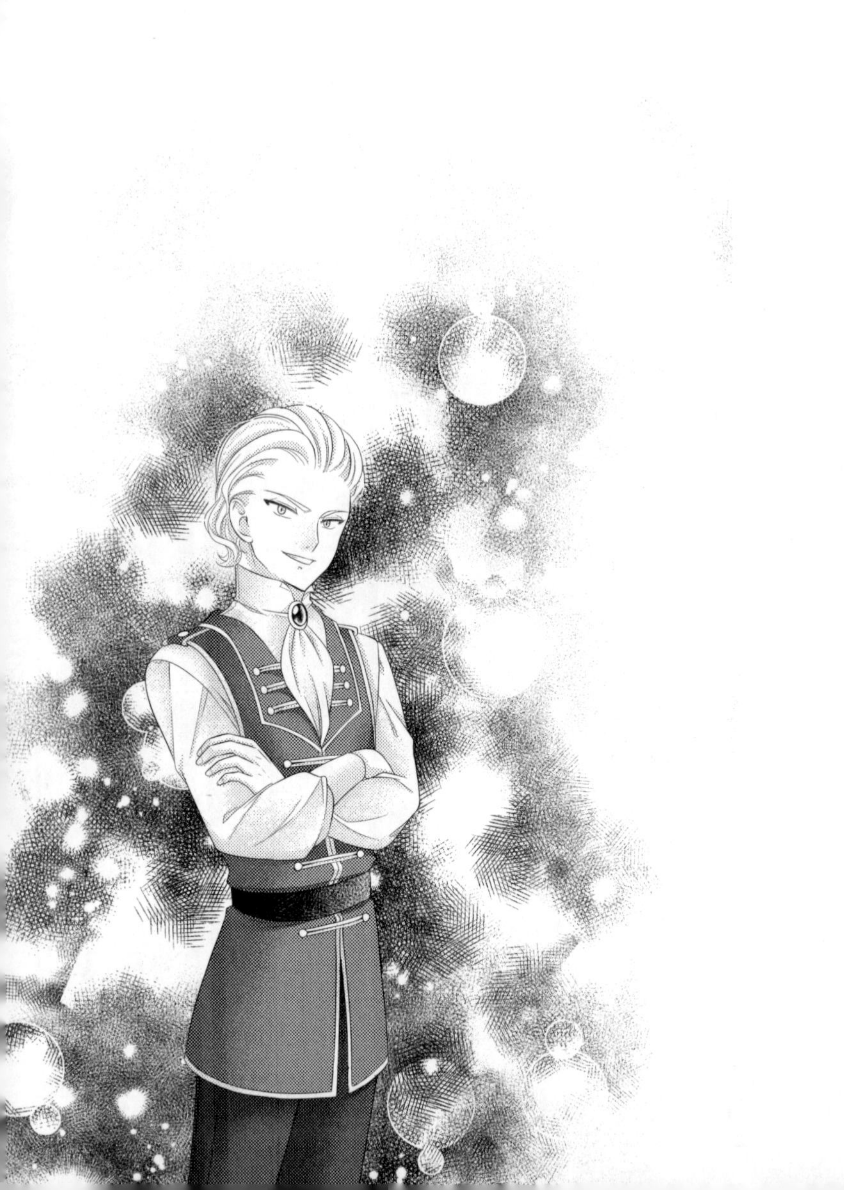

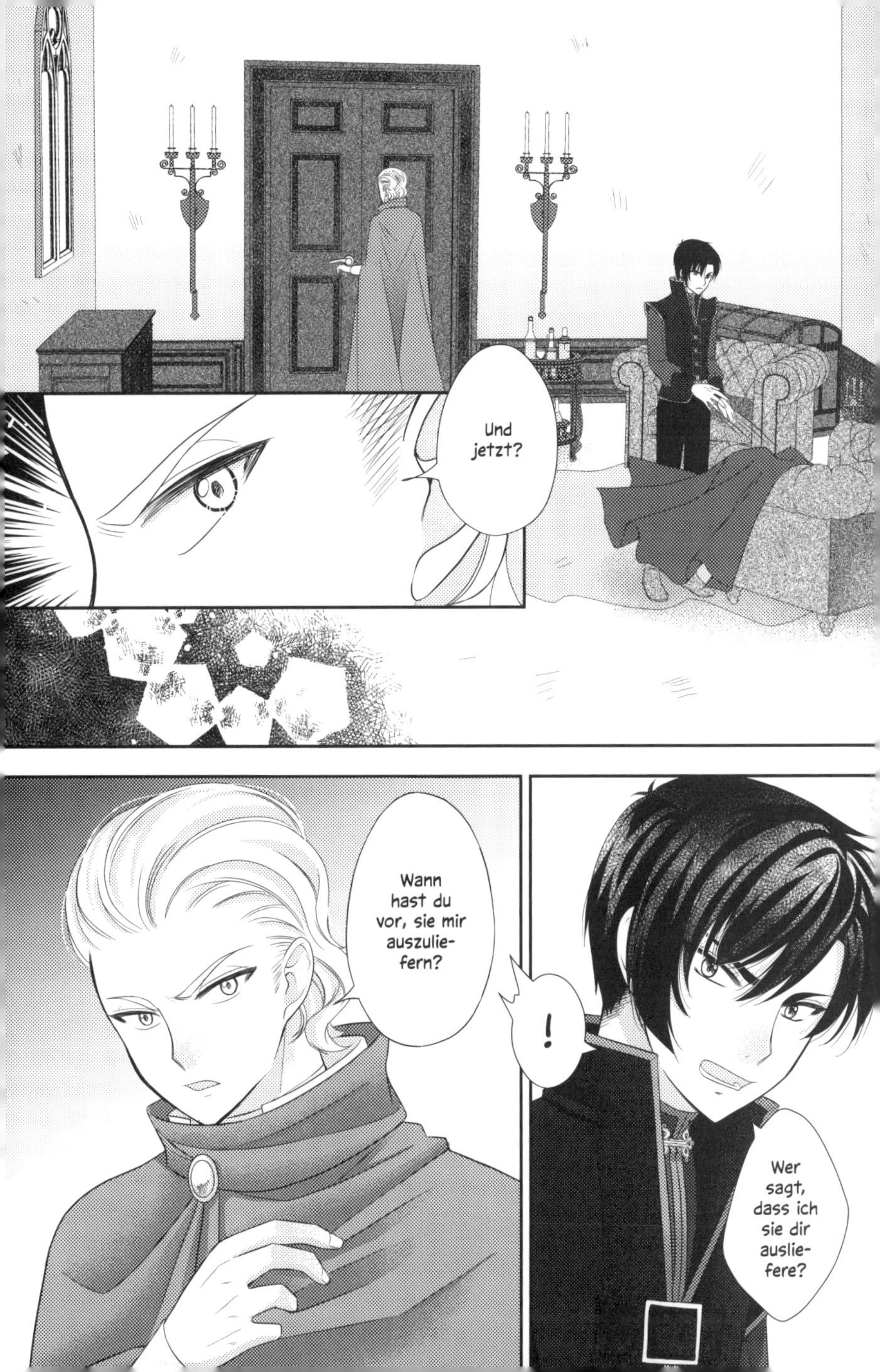

Und jetzt?

Wann hast du vor, sie mir auszuliefern?

!

Wer sagt, dass ich sie dir ausliefere?

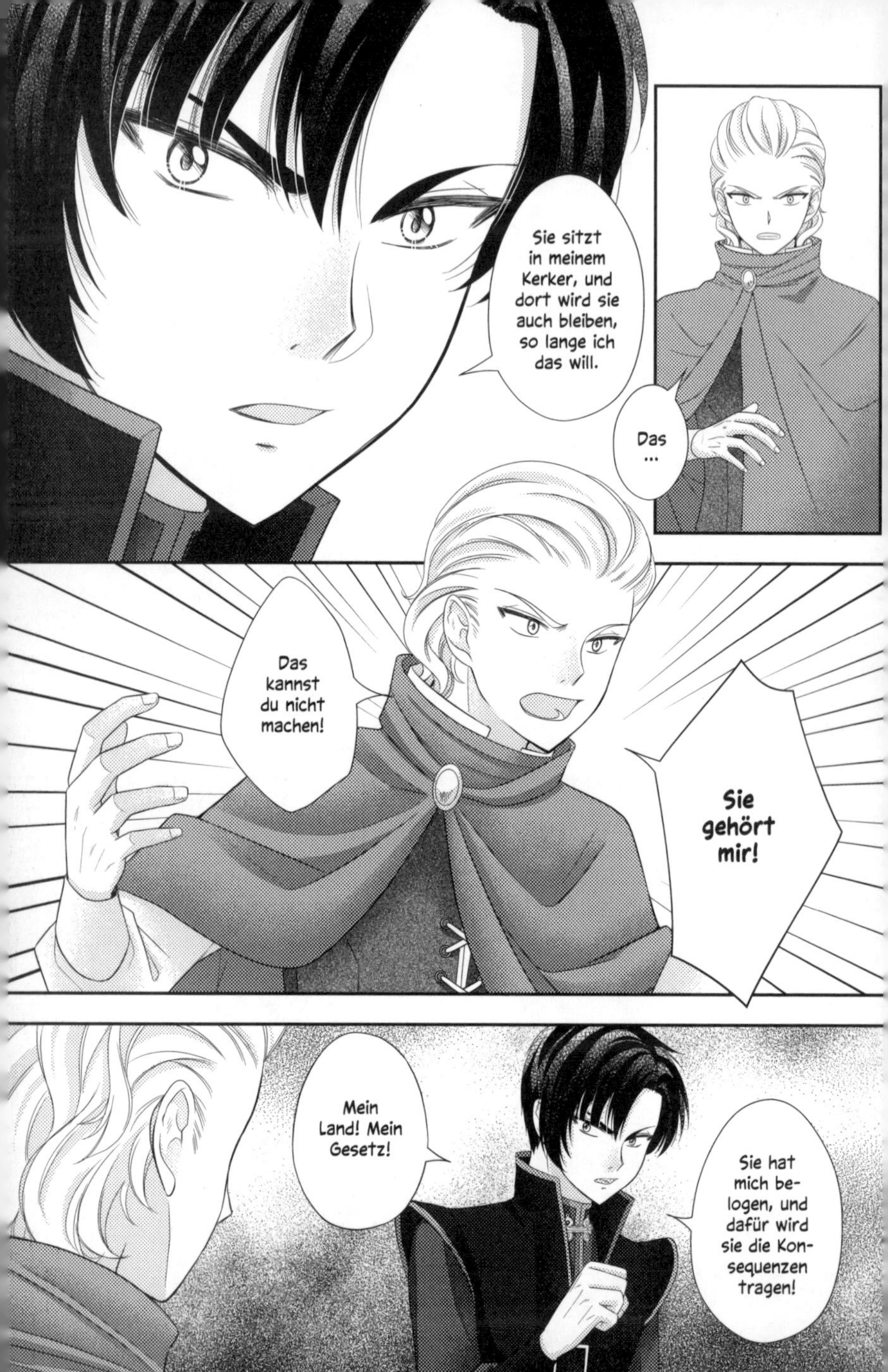
Sie sitzt in meinem Kerker, und dort wird sie auch bleiben, so lange ich das will.
Das ...
Das kannst du nicht machen!
Sie gehört mir!
Mein Land! Mein Gesetz!
Sie hat mich belogen, und dafür wird sie die Konsequenzen tragen!

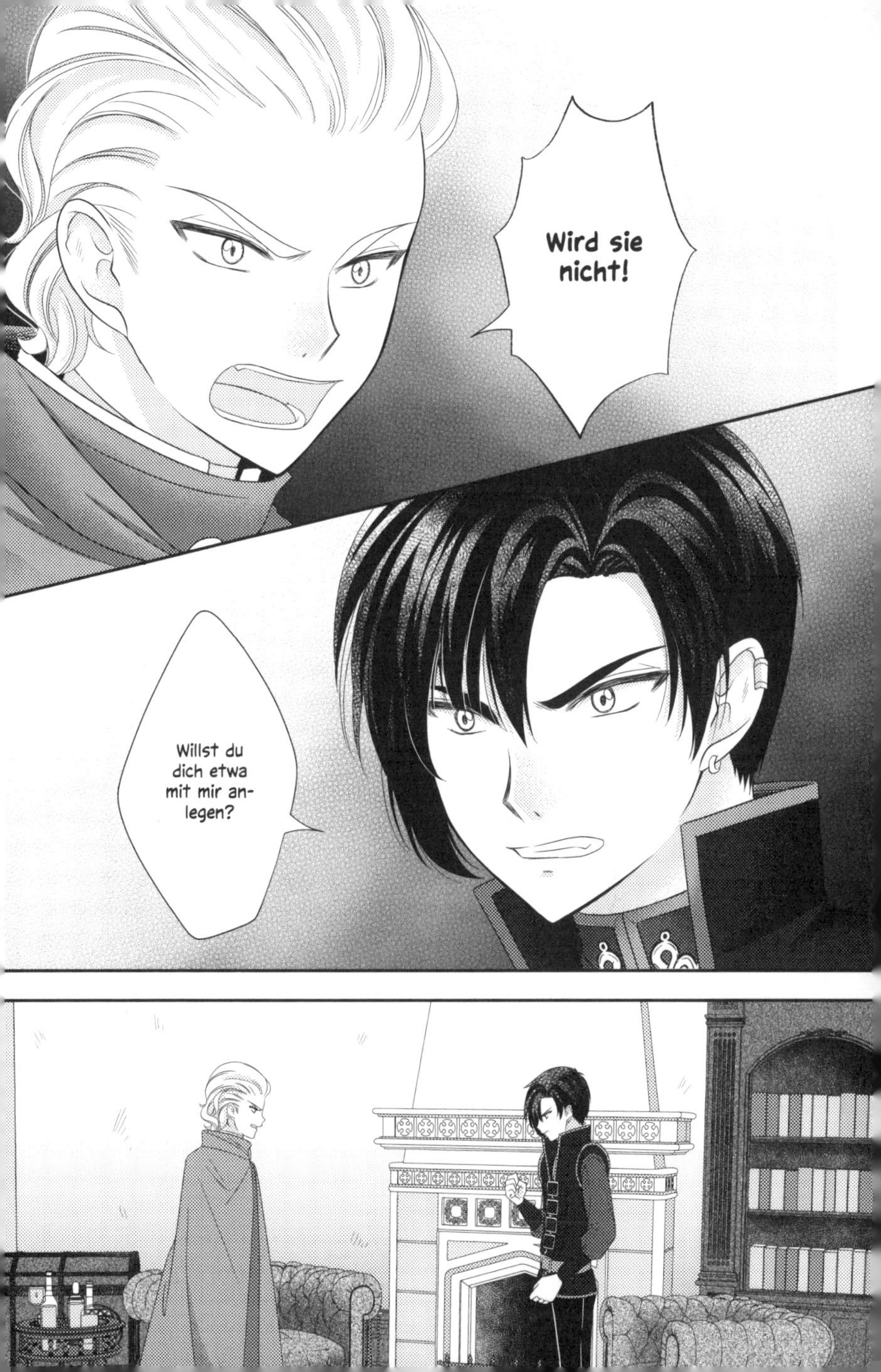

Wird sie nicht!

Willst du dich etwa mit mir anlegen?

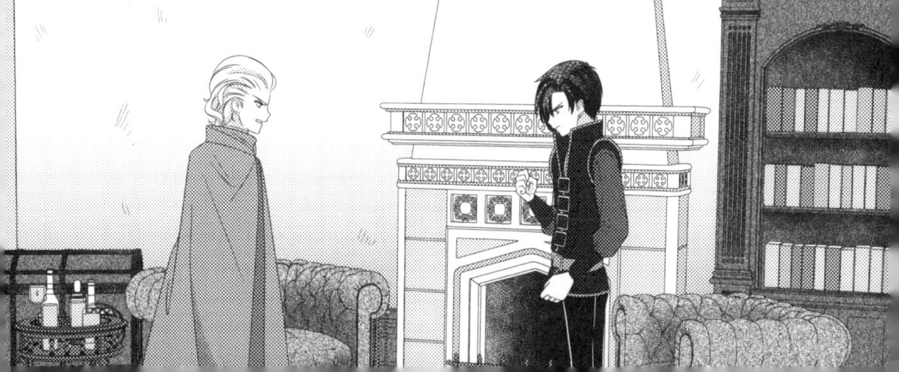

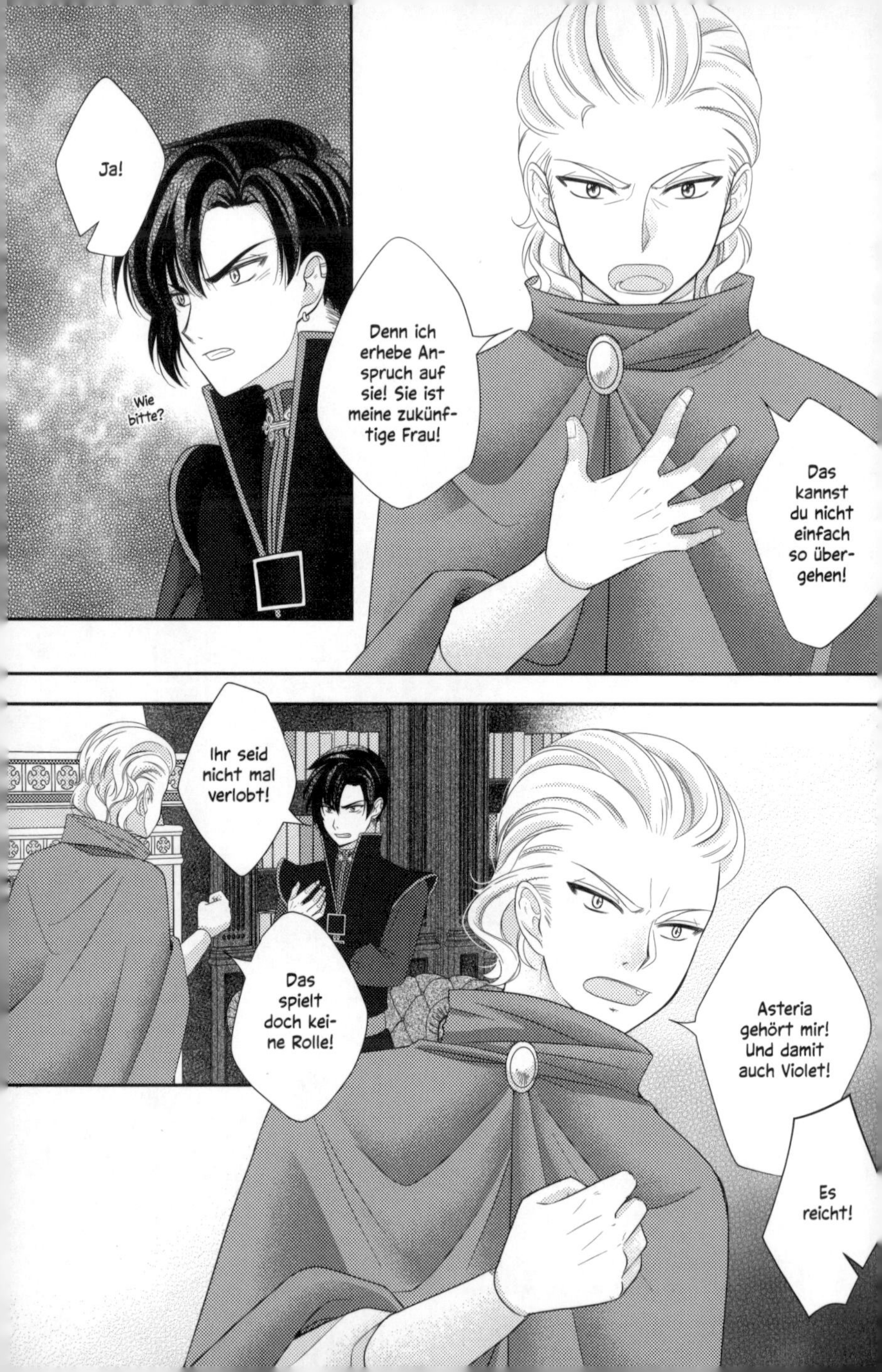

Das kannst du nicht einfach so übergehen!

Denn ich erhebe Anspruch auf sie! Sie ist meine zukünftige Frau!

Wie bitte?

Ja!

Ihr seid nicht mal verlobt!

Das spielt doch keine Rolle!

Asteria gehört mir! Und damit auch Violet!

Es reicht!

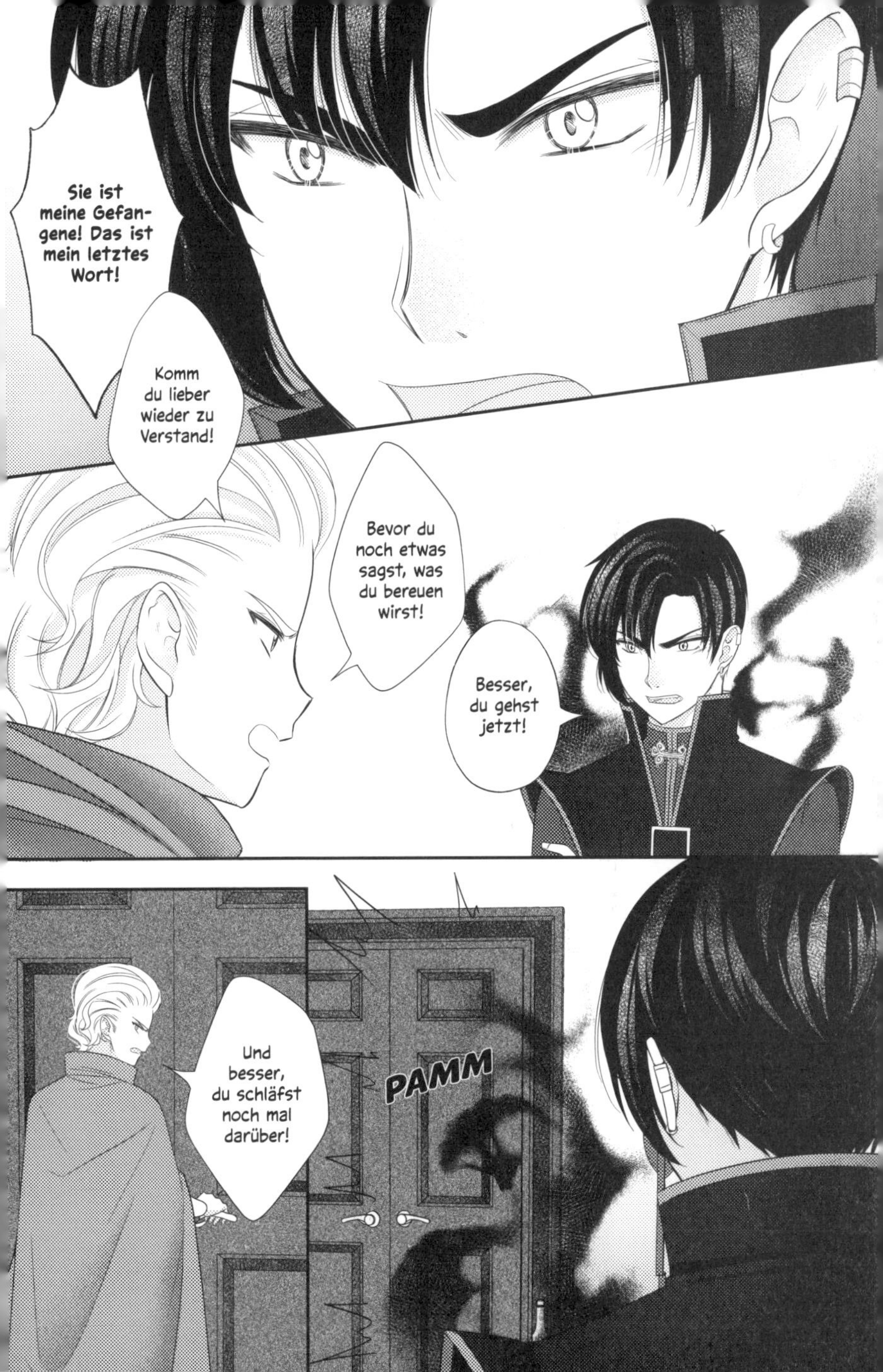
Sie ist meine Gefangene! Das ist mein letztes Wort!
Komm du lieber wieder zu Verstand!
Bevor du noch etwas sagst, was du bereuen wirst!
Besser, du gehst jetzt!
Und besser, du schläfst noch mal darüber!
PAMM

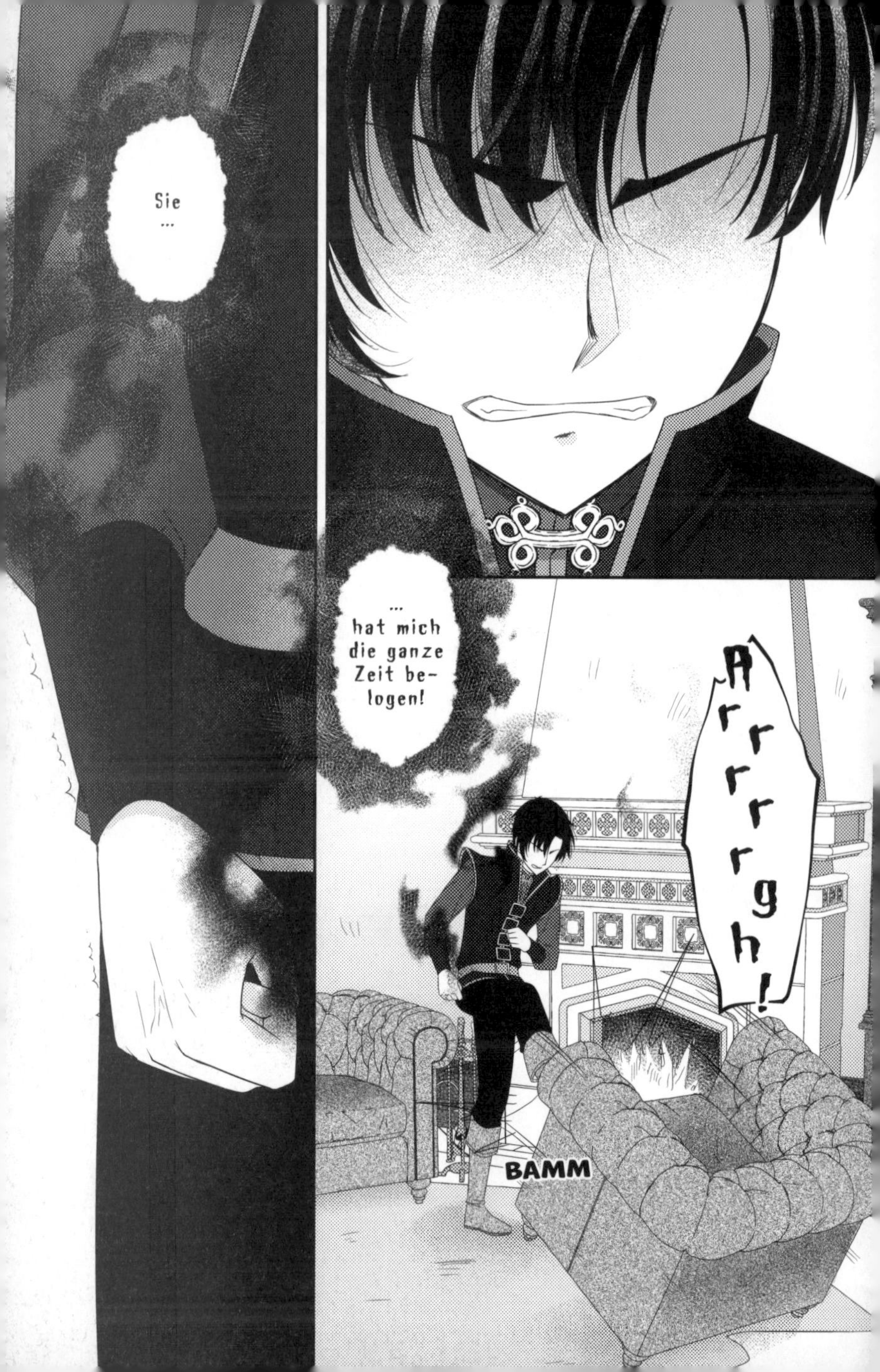
Sie
...
... hat mich die ganze Zeit be-logen!
Arrrrgh!
BAMM

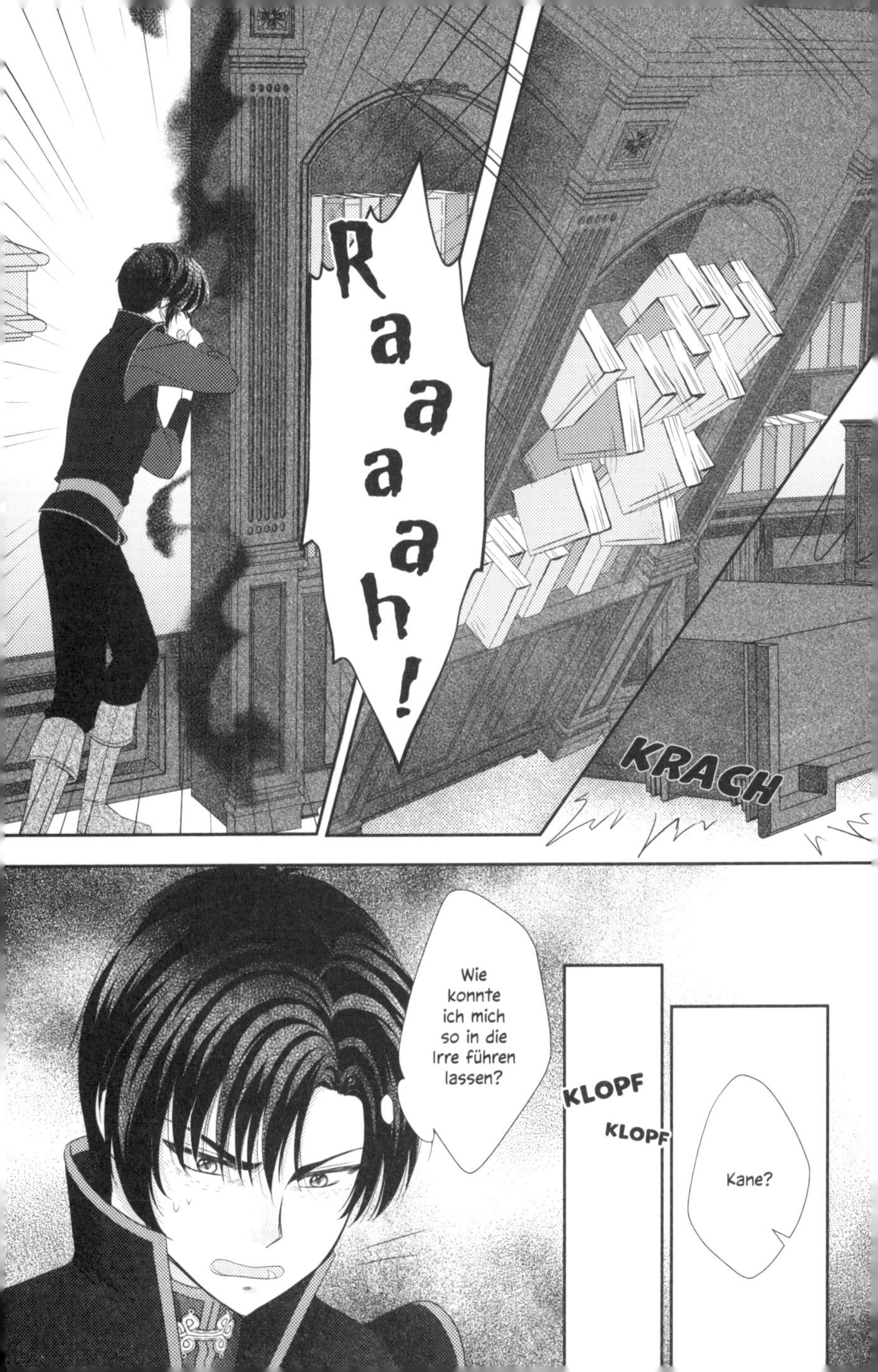

KRACH

Raaaah!

Wie konnte ich mich so in die Irre führen lassen?

KLOPF

KLOPF

Kane?

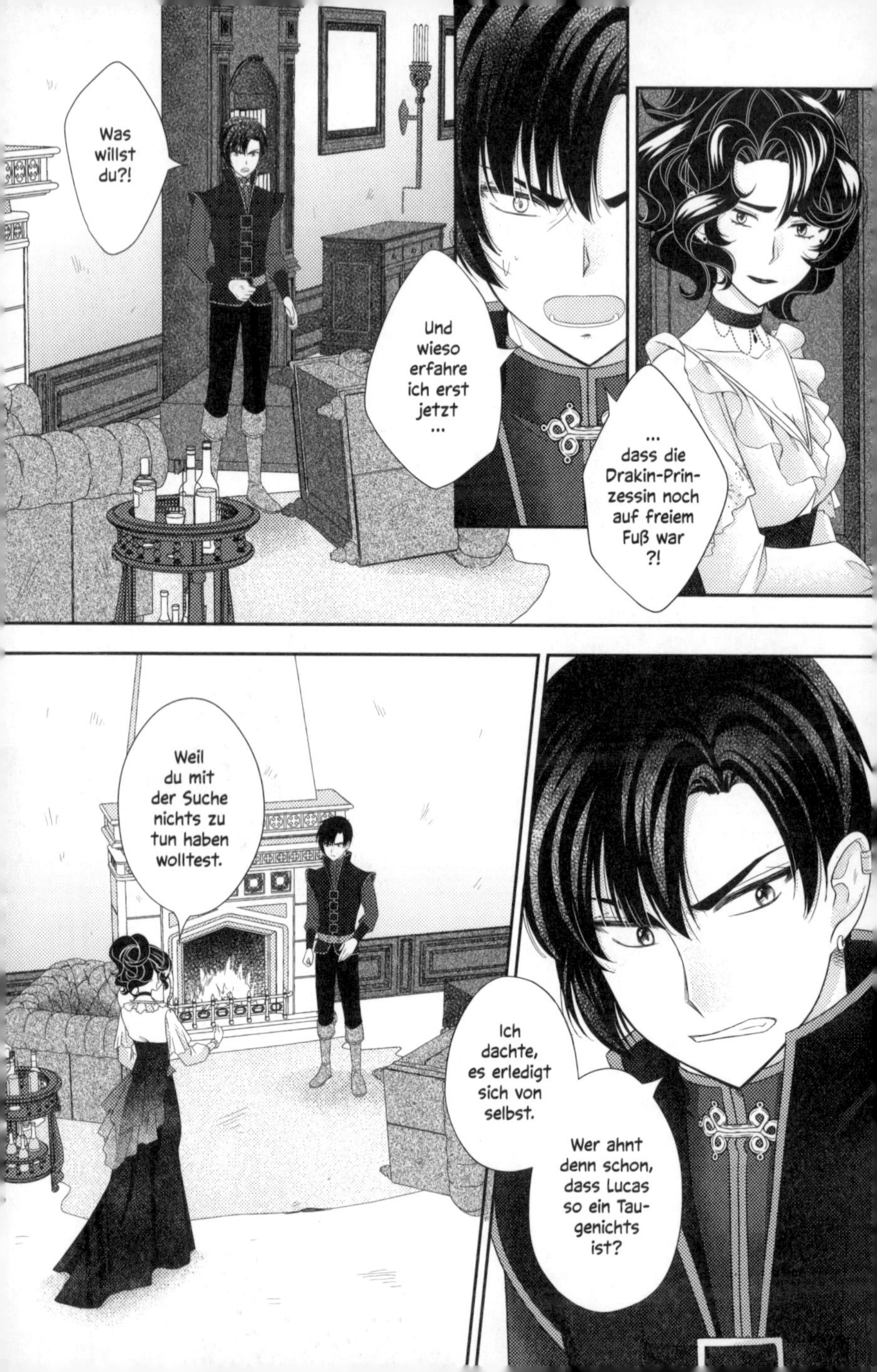

Was willst du?!

Und wieso erfahre ich erst jetzt ...

... dass die Drakin-Prinzessin noch auf freiem Fuß war ?!

Weil du mit der Suche nichts zu tun haben wolltest.

Ich dachte, es erledigt sich von selbst.

Wer ahnt denn schon, dass Lucas so ein Tau-genichts ist?

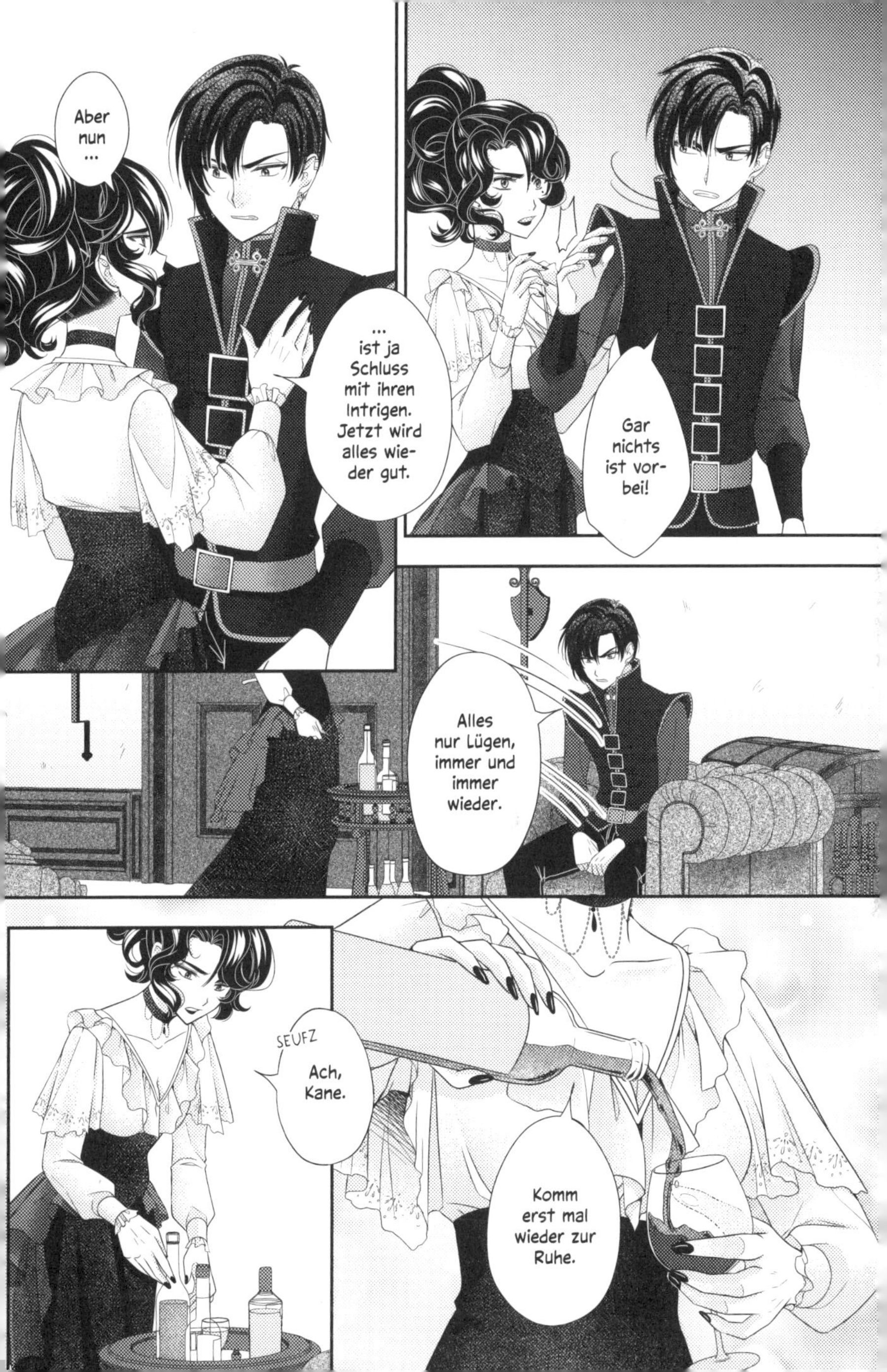
Aber nun ...
... ist ja Schluss mit ihren Intrigen. Jetzt wird alles wieder gut.
Gar nichts ist vorbei!
Alles nur Lügen, immer und immer wieder.
SEUFZ
Ach, Kane.
Komm erst mal wieder zur Ruhe.

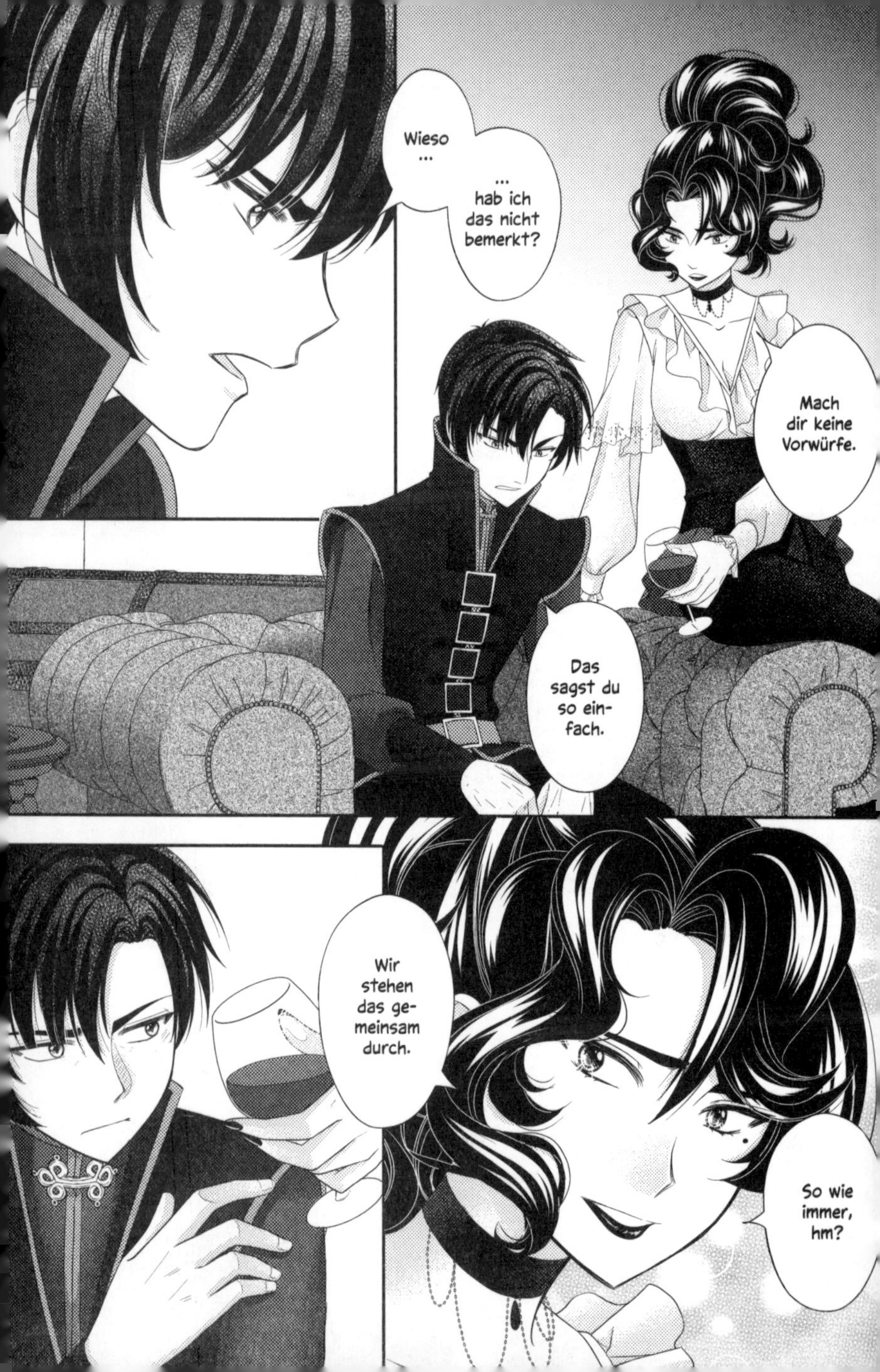
Wieso ...
... hab ich das nicht bemerkt?
Mach dir keine Vorwürfe.
Das sagst du so ein-fach.
Wir stehen das ge-meinsam durch.
So wie immer, hm?

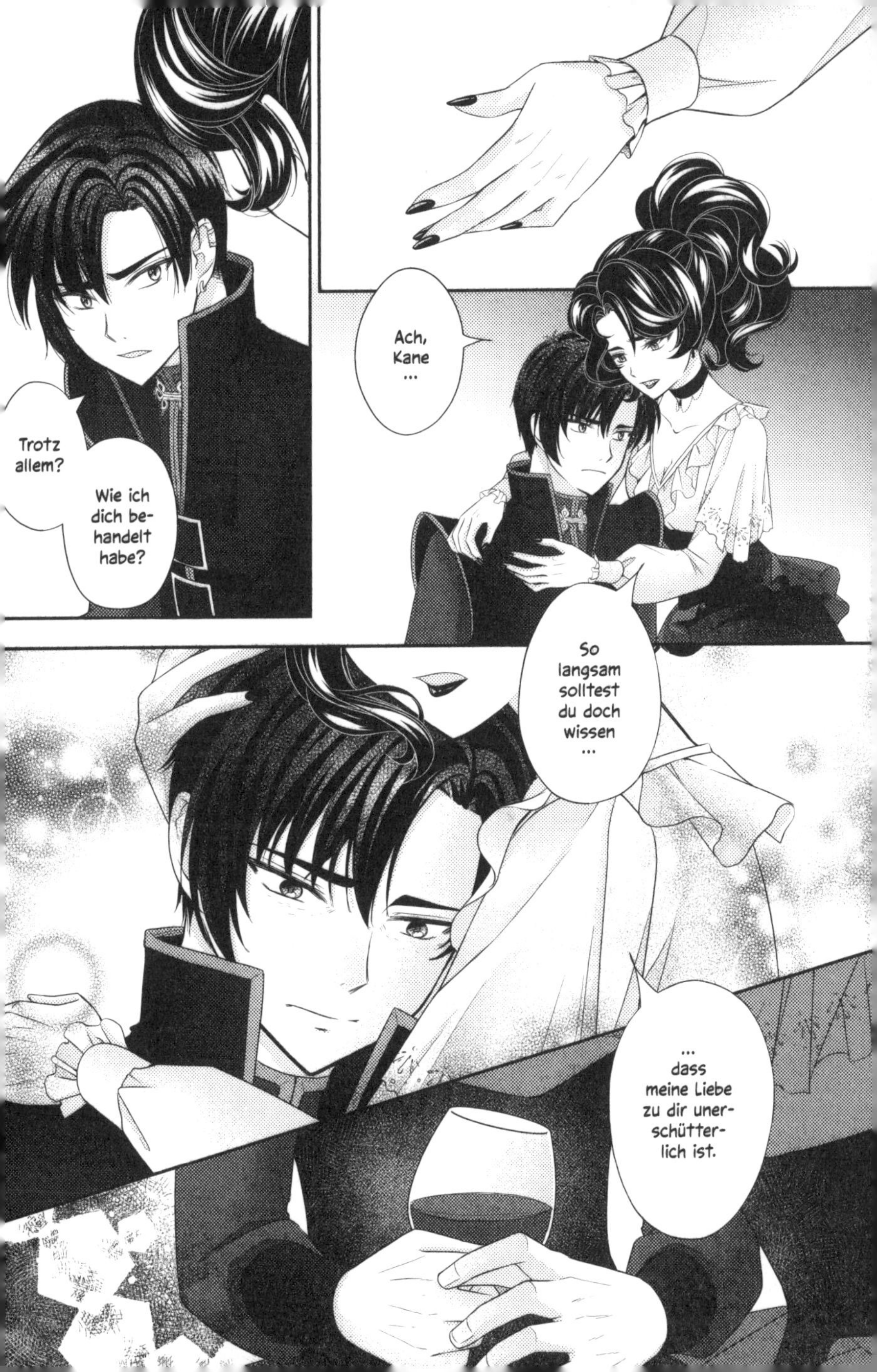
Ach, Kane ...
Trotz allem?
Wie ich dich behandelt habe?
So langsam solltest du doch wissen ...
... dass meine Liebe zu dir unerschütterlich ist.

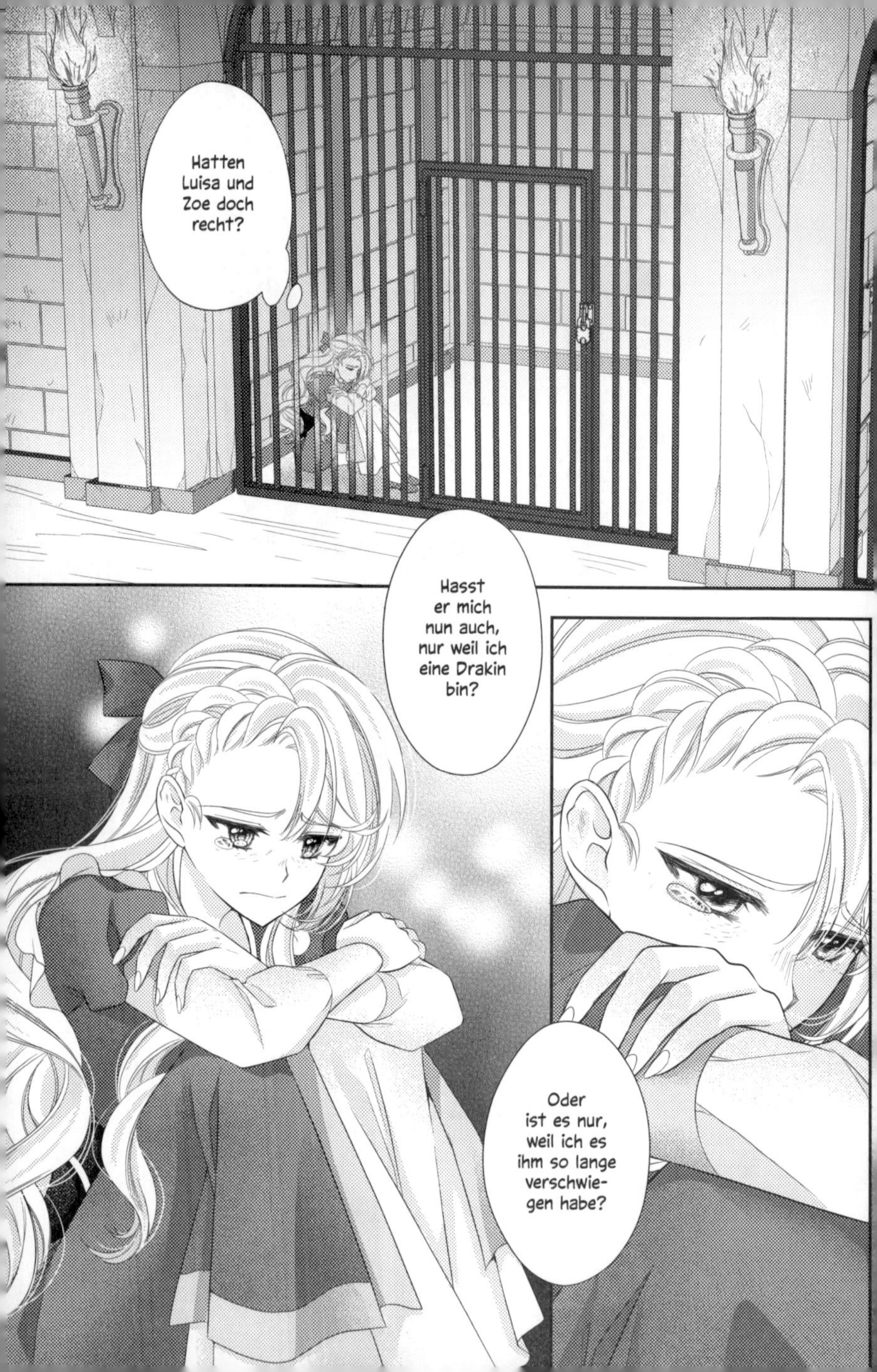
Hatten Luisa und Zoe doch recht?
Hasst er mich nun auch, nur weil ich eine Drakin bin?
Oder ist es nur, weil ich es ihm so lange verschwiegen habe?

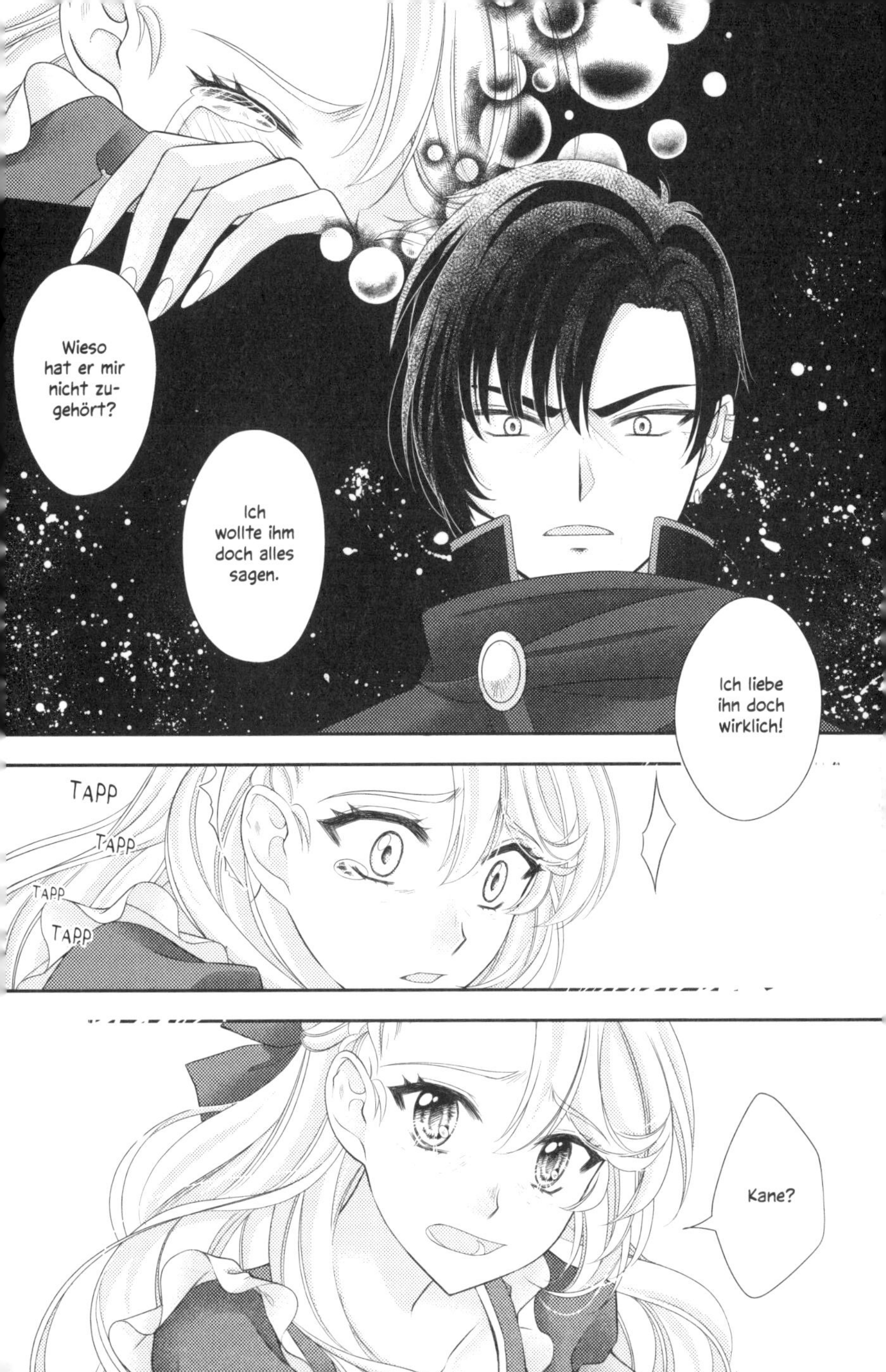
Wieso hat er mir nicht zu-gehört?
Ich wollte ihm doch alles sagen.
Ich liebe ihn doch wirklich!
TAPP
TAPP
TAPP
TAPP
Kane?

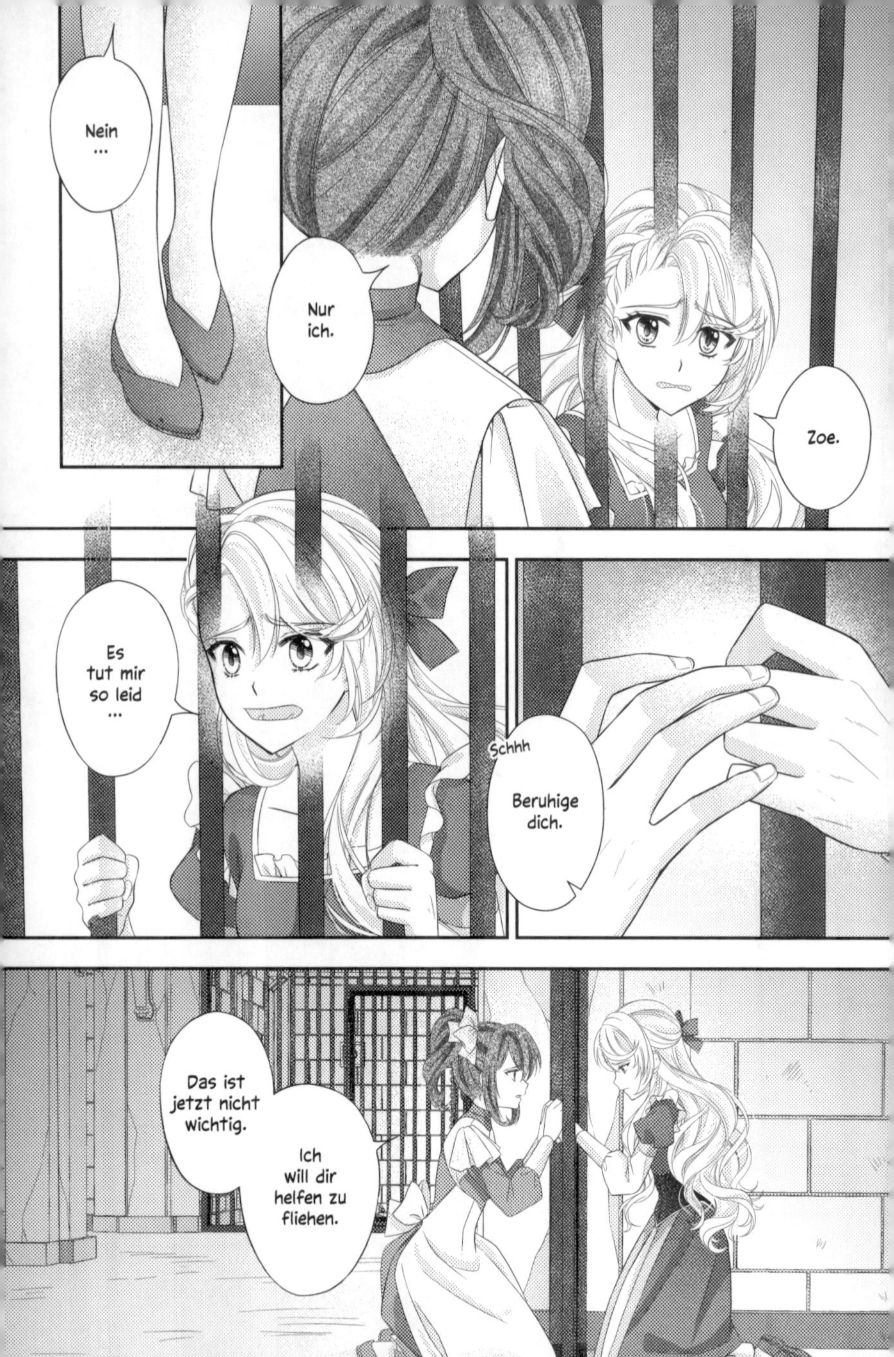
Nein ...
Nur ich.
Zoe.
Es tut mir so leid ...
Schhh
Beruhige dich.
Das ist jetzt nicht wichtig.
Ich will dir helfen zu fliehen.

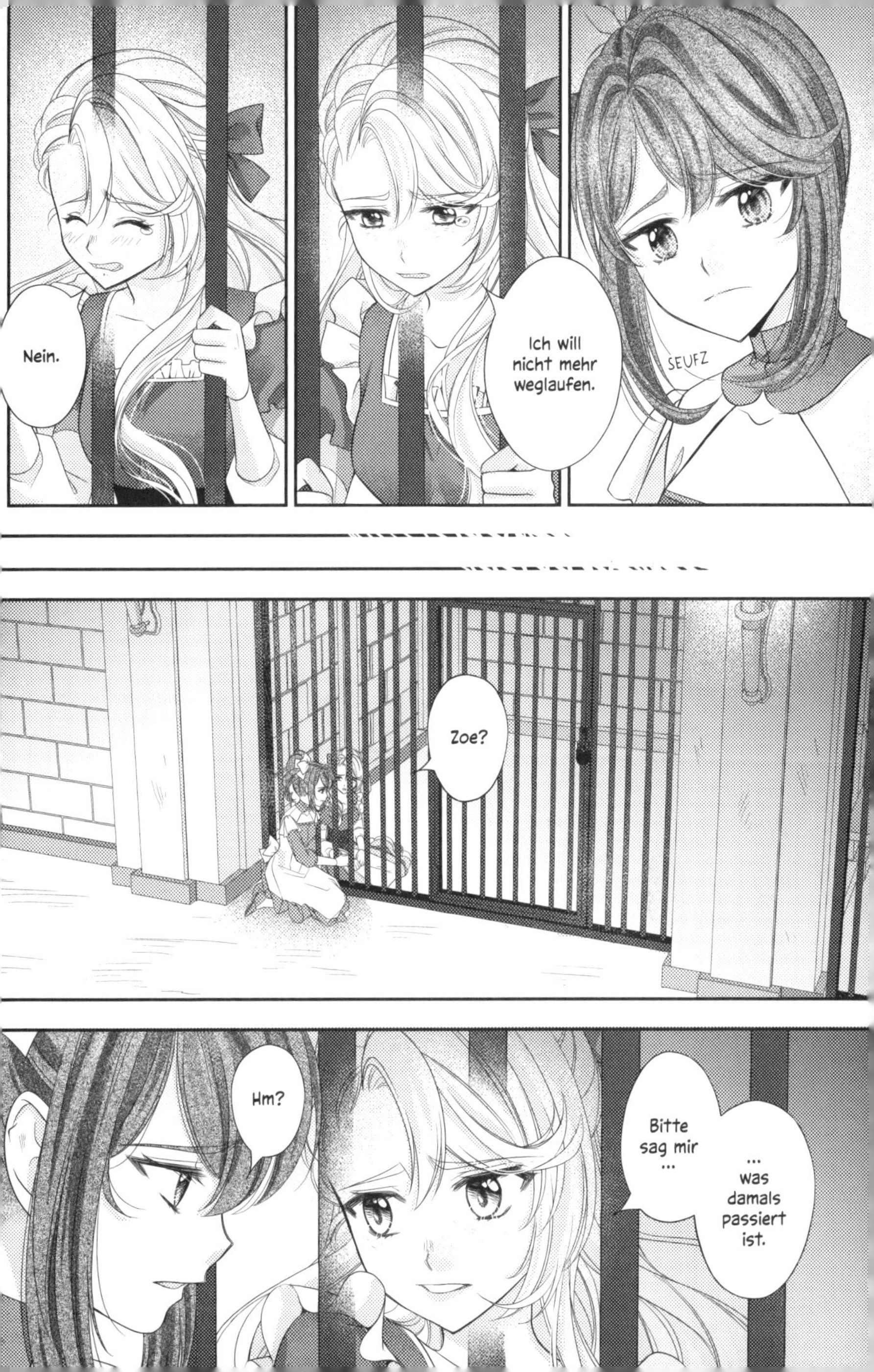

Nein.

Ich will nicht mehr weglaufen.

SEUFZ

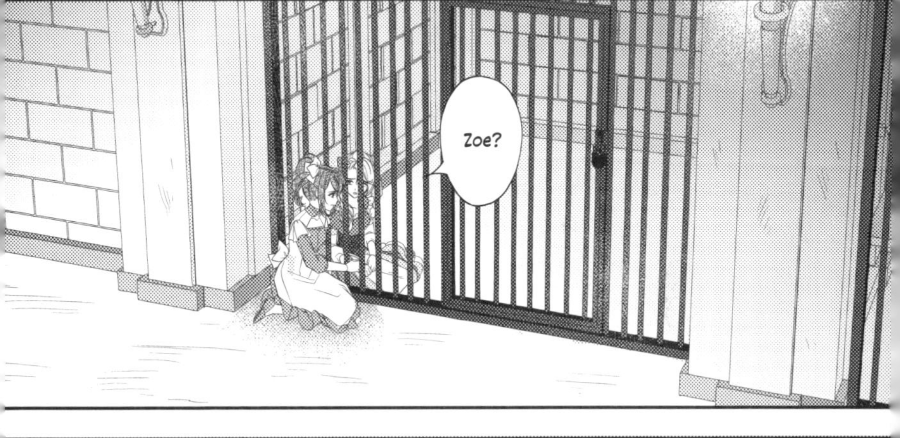

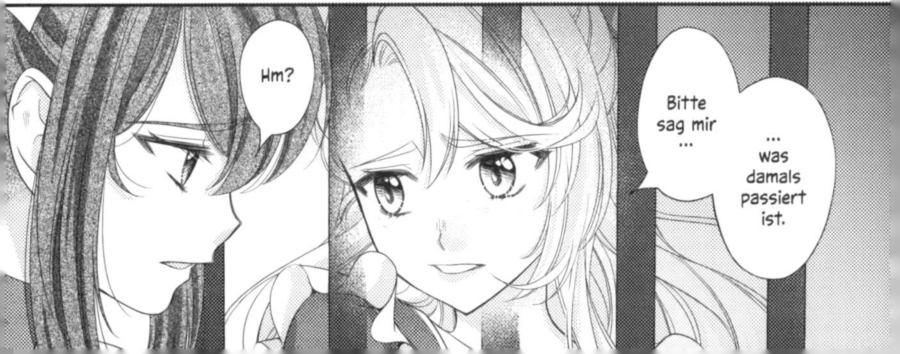

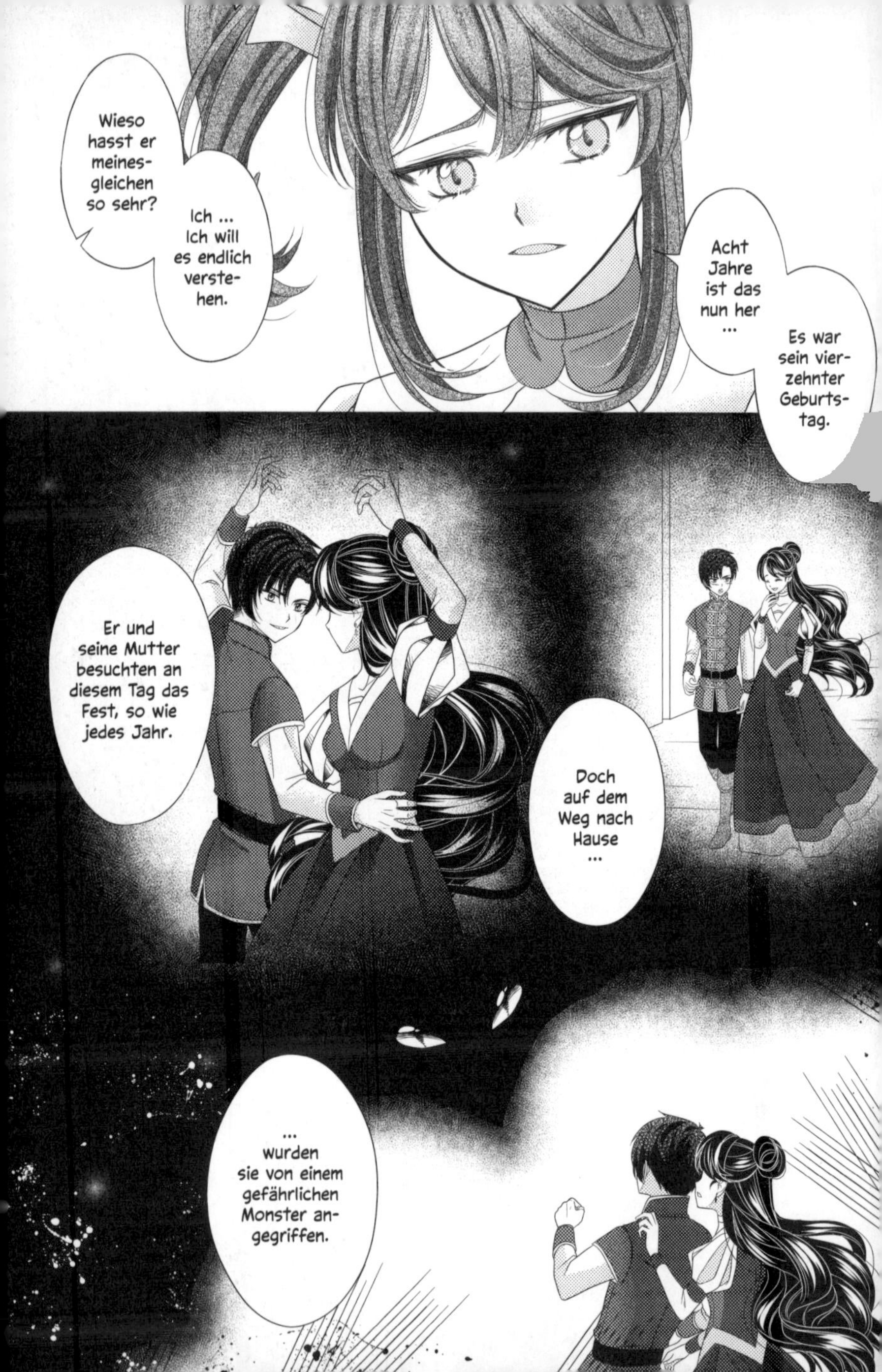
Wieso hasst er meines-gleichen so sehr?
Ich ... Ich will es endlich verste-hen.
Acht Jahre ist das nun her ...
Es war sein vier-zehnter Geburts-tag.
Er und seine Mutter besuchten an diesem Tag das Fest, so wie jedes Jahr.
Doch auf dem Weg nach Hause ...
... wurden sie von einem gefährlichen Monster an-gegriffen.

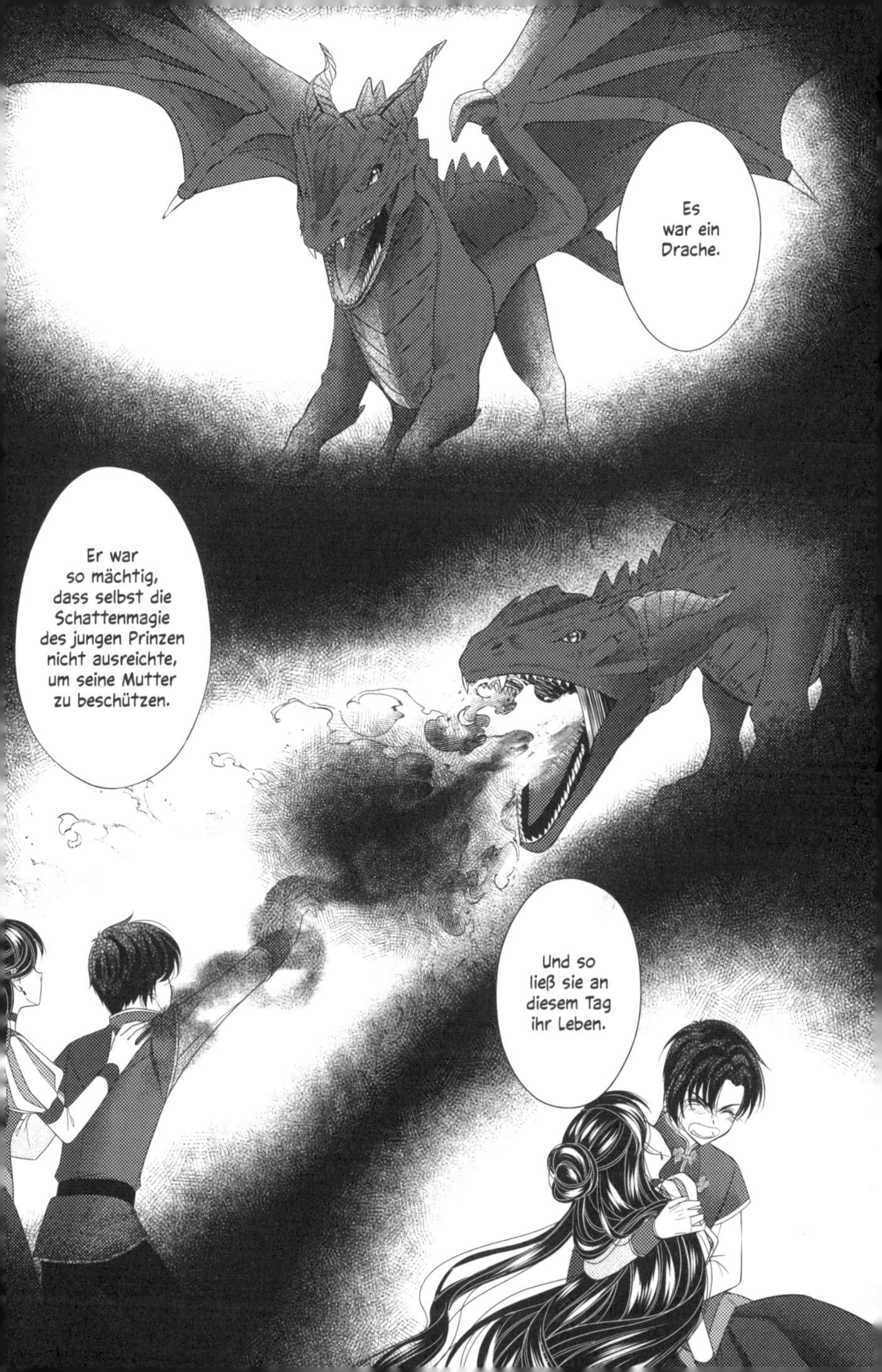
Es war ein Drache.
Er war so mächtig, dass selbst die Schattenmagie des jungen Prinzen nicht ausreichte, um seine Mutter zu beschützen.
Und so ließ sie an diesem Tag ihr Leben.

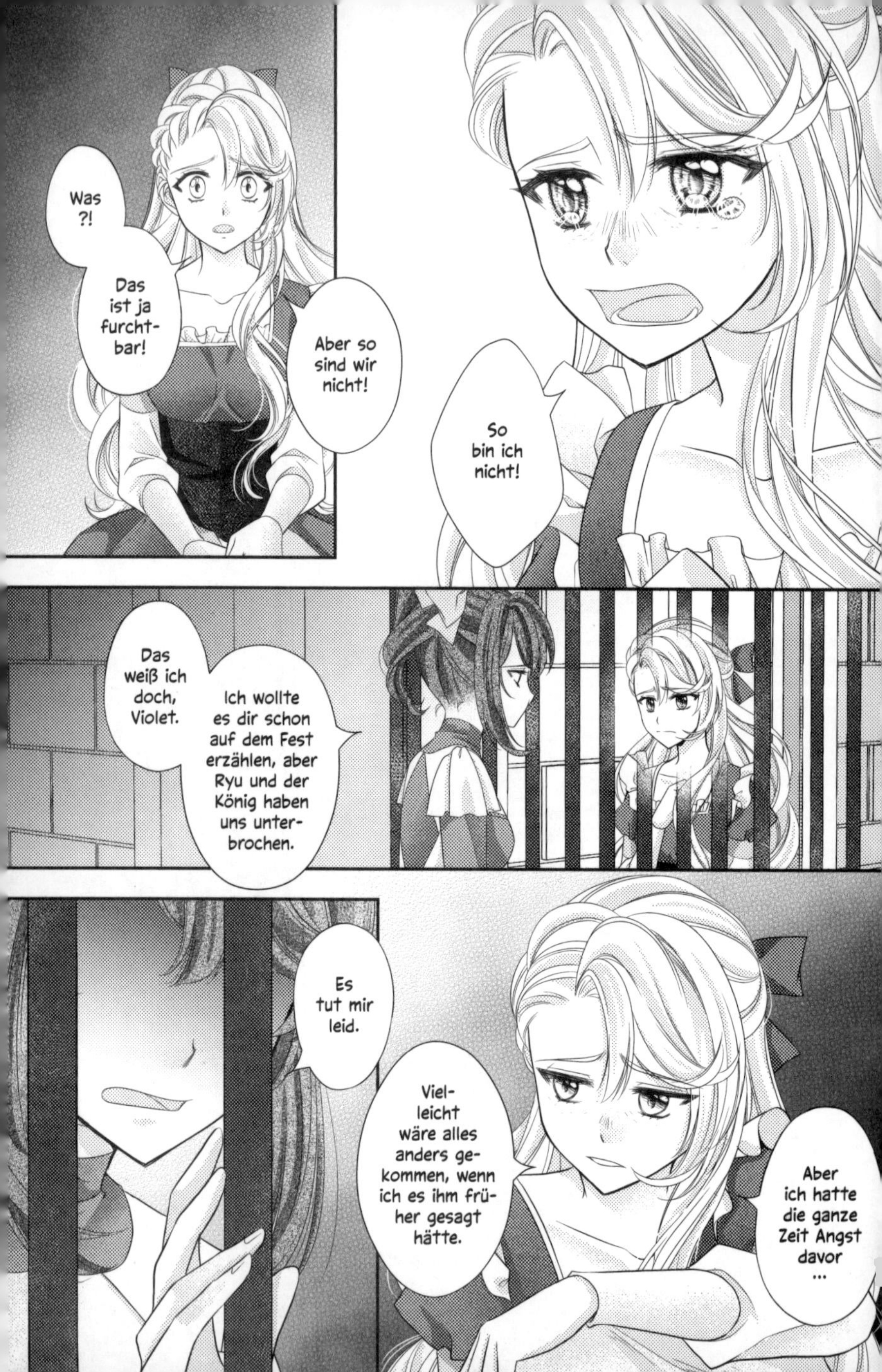
Was ?!
Das ist ja furcht-bar!
Aber so sind wir nicht!
So bin ich nicht!
Das weiß ich doch, Violet.
Ich wollte es dir schon auf dem Fest erzählen, aber Ryu und der König haben uns unter-brochen.
Es tut mir leid.
Viel-leicht wäre alles anders ge-kommen, wenn ich es ihm frü-her gesagt hätte.
Aber ich hatte die ganze Zeit Angst davor ...

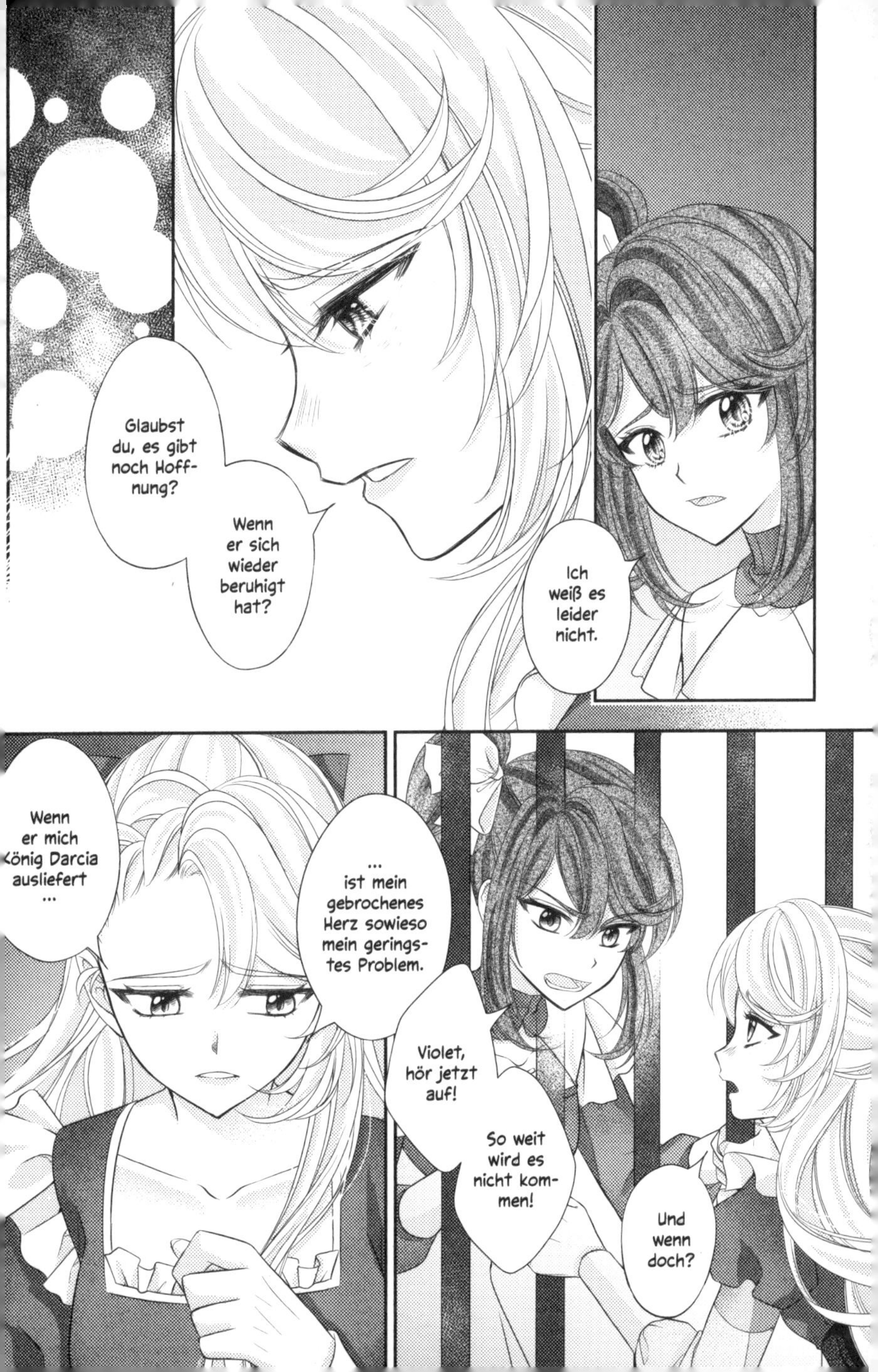

Glaubst du, es gibt noch Hoff-nung?
Wenn er sich wieder beruhigt hat?
Ich weiß es leider nicht.
Wenn er mich König Darcia ausliefert ...
... ist mein gebrochenes Herz sowieso mein gerings-tes Problem.
Violet, hör jetzt auf!
So weit wird es nicht kom-men!
Und wenn doch?

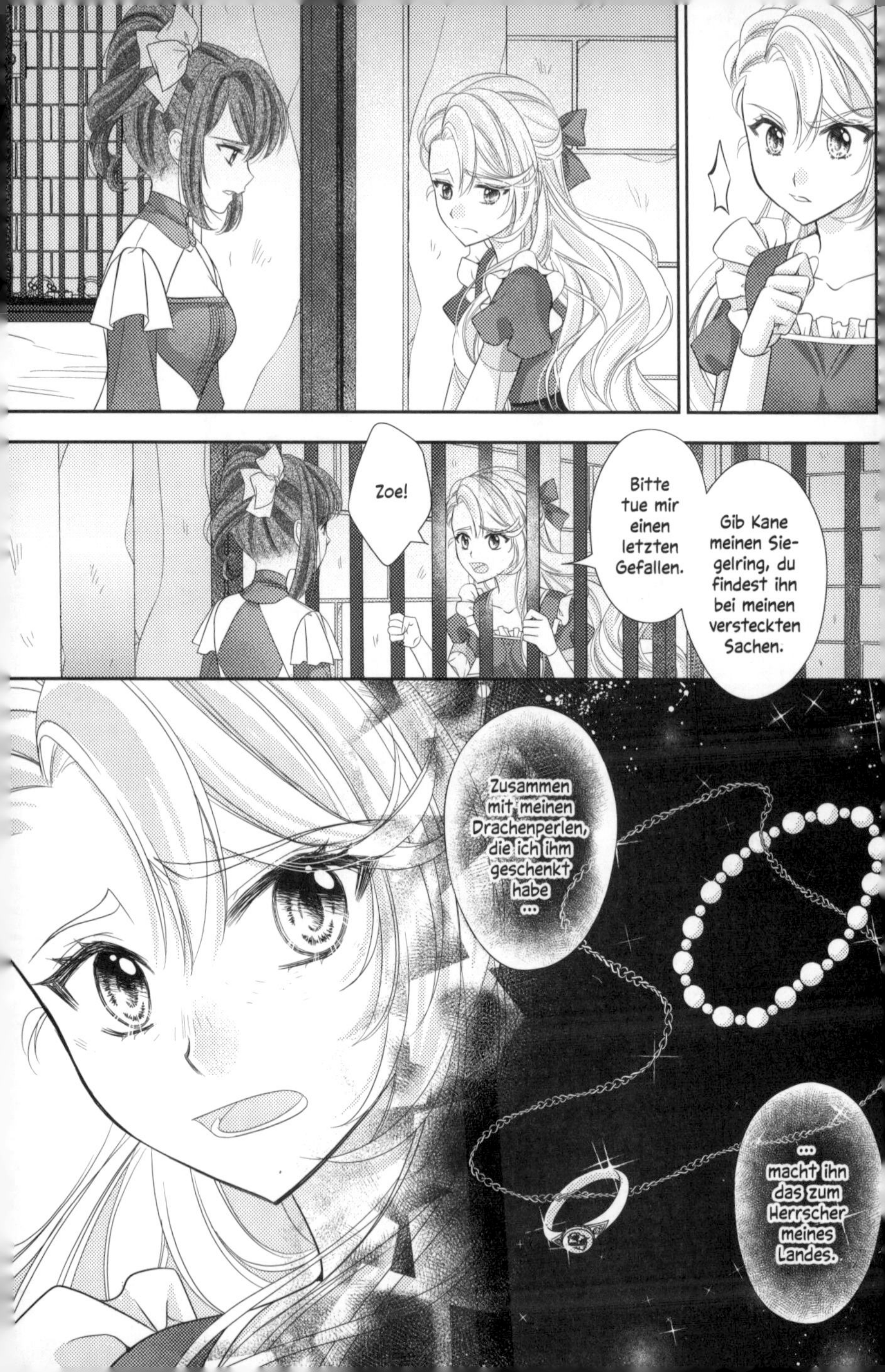
Zoe!
Bitte tue mir einen letzten Gefallen.
Gib Kane meinen Siegelring, du findest ihn bei meinen versteckten Sachen.
Zusammen mit meinen Drachenperlen, die ich ihm geschenkt habe ...
... macht ihn das zum Herrscher meines Landes.

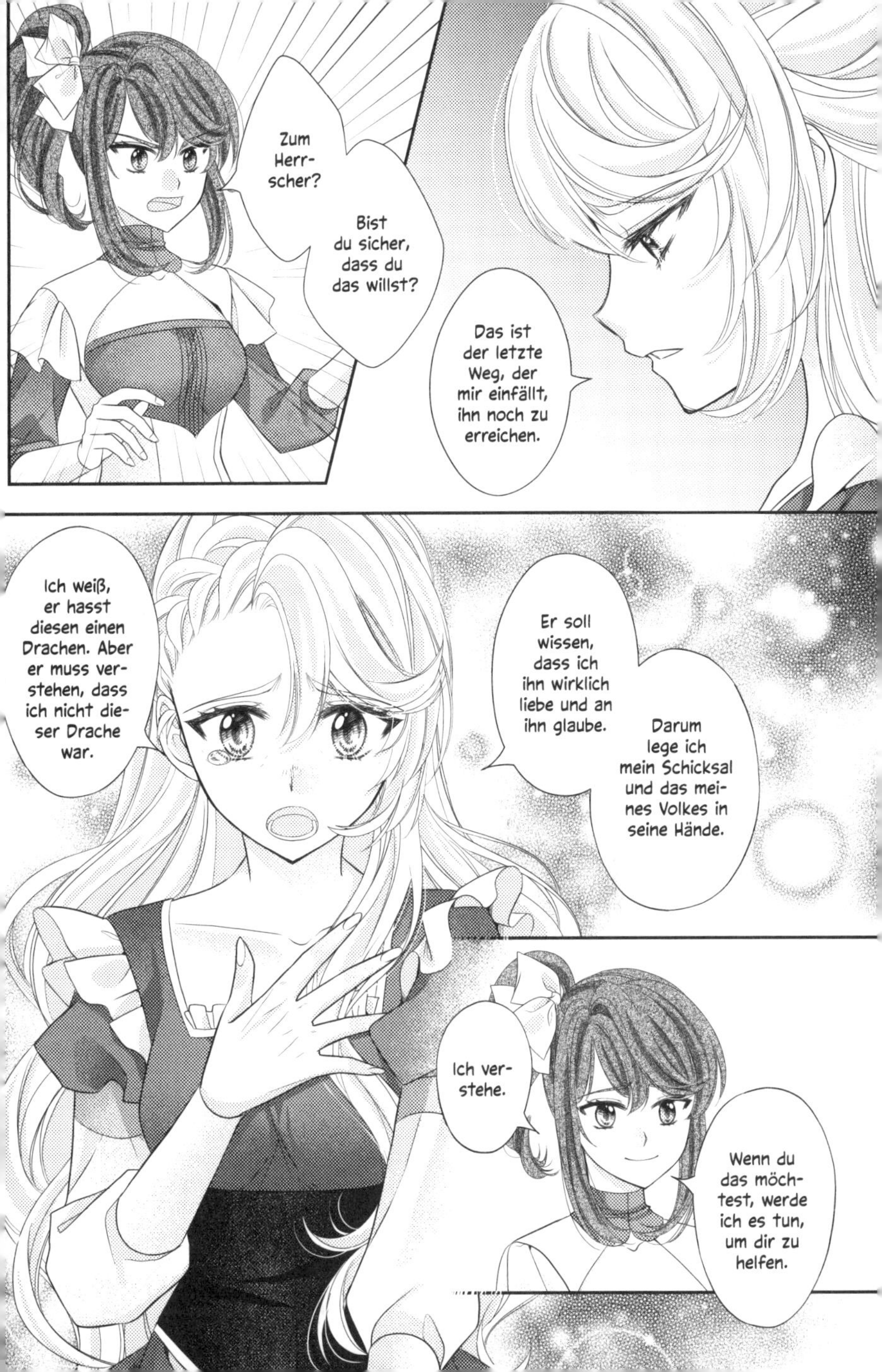
Zum Herrscher?
Bist du sicher, dass du das willst?
Das ist der letzte Weg, der mir einfällt, ihn noch zu erreichen.
Ich weiß, er hasst diesen einen Drachen. Aber er muss verstehen, dass ich nicht dieser Drache war.
Er soll wissen, dass ich ihn wirklich liebe und an ihn glaube.
Darum lege ich mein Schicksal und das meines Volkes in seine Hände.
Ich verstehe.
Wenn du das möchtest, werde ich es tun, um dir zu helfen.

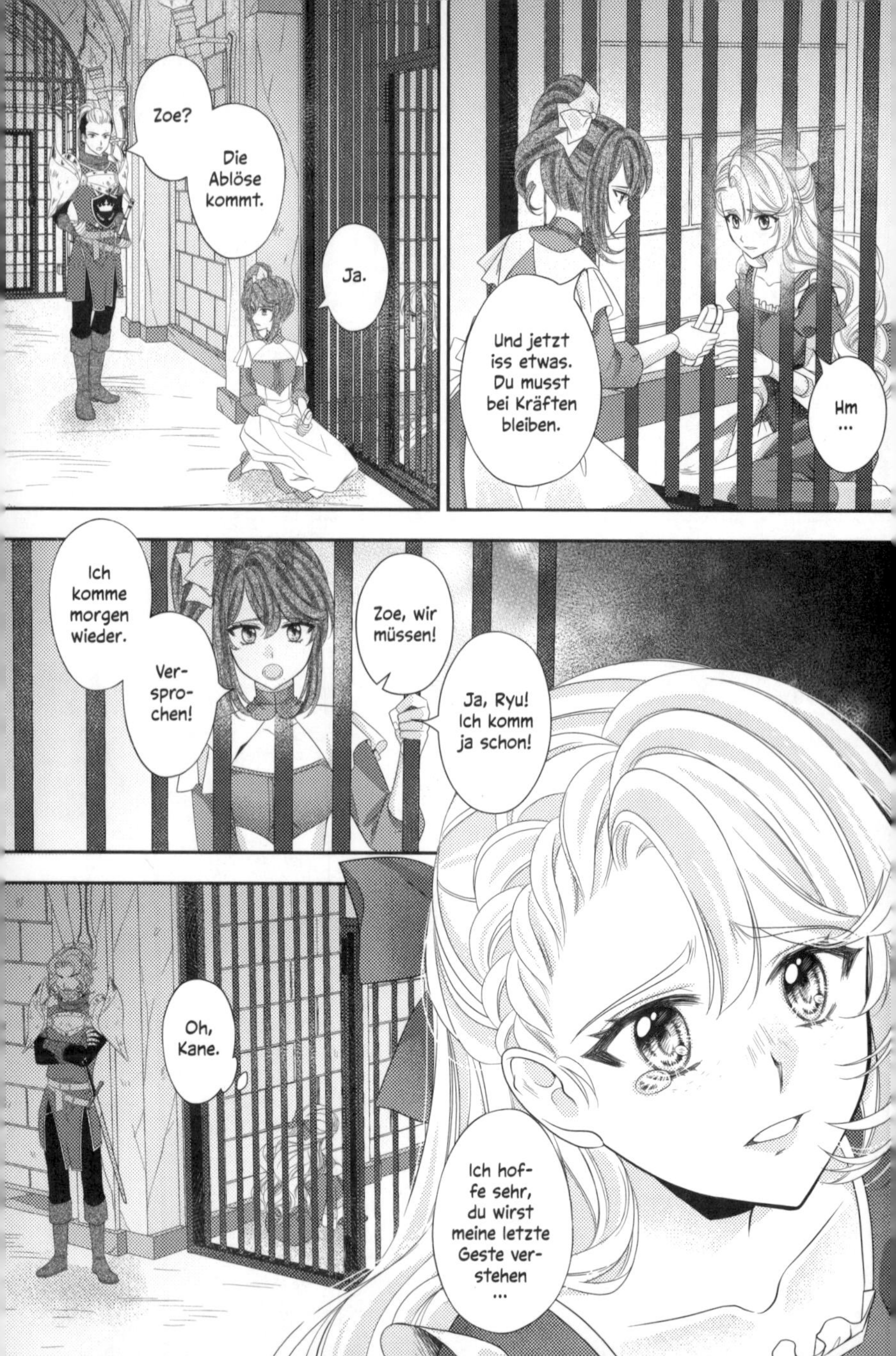
Zoe?
Die Ablöse kommt.
Ja.
Und jetzt iss etwas. Du musst bei Kräften bleiben.
Hm ...
Ich komme morgen wieder.
Versprochen!
Zoe, wir müssen!
Ja, Ryu! Ich komm ja schon!
Oh, Kane.
Ich hoffe sehr, du wirst meine letzte Geste verstehen ...

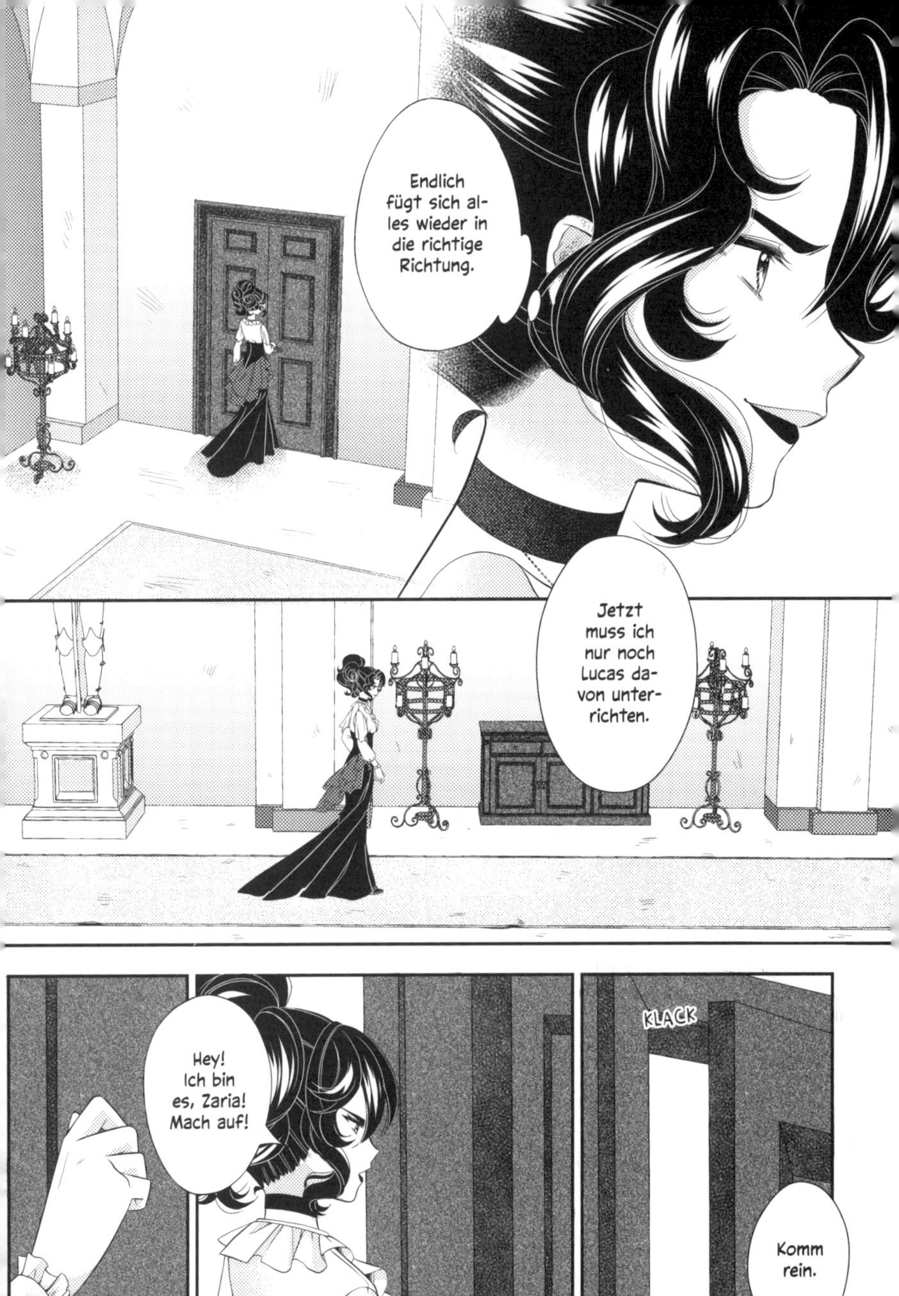
Endlich fügt sich alles wieder in die richtige Richtung.
Jetzt muss ich nur noch Lucas davon unterrichten.
KLACK
Hey! Ich bin es, Zaria! Mach auf!
Komm rein.

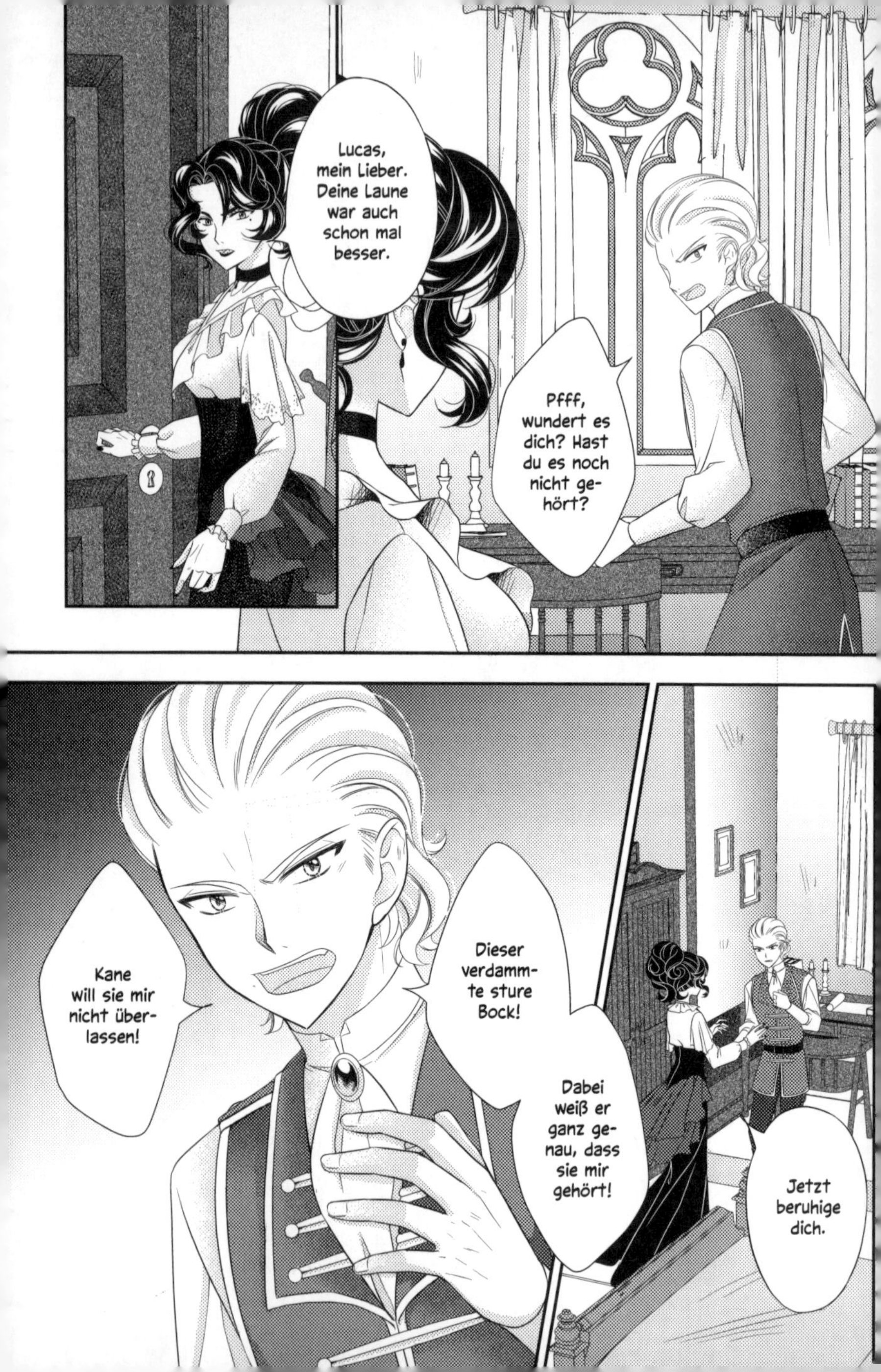

Lucas, mein Lieber. Deine Laune war auch schon mal besser.

Pfff, wundert es dich? Hast du es noch nicht gehört?

Kane will sie mir nicht überlassen!

Dieser verdammte sture Bock!

Dabei weiß er ganz genau, dass sie mir gehört!

Jetzt beruhige dich.

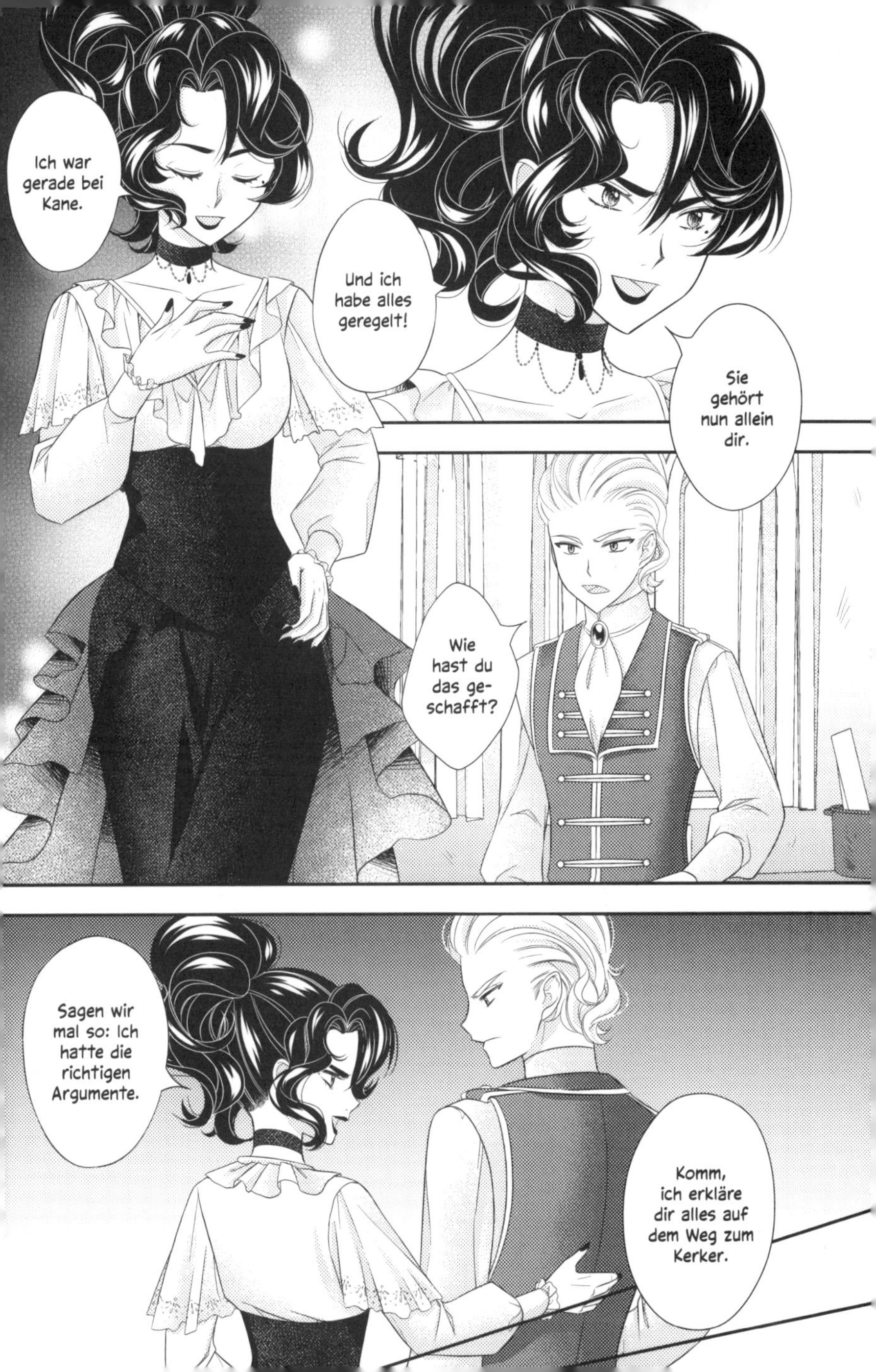

Ich war gerade bei Kane.

Und ich habe alles geregelt!

Sie gehört nun allein dir.

Wie hast du das geschafft?

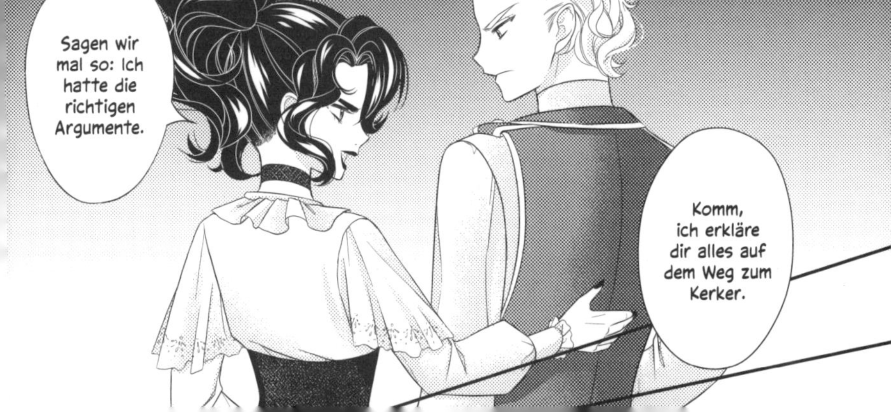

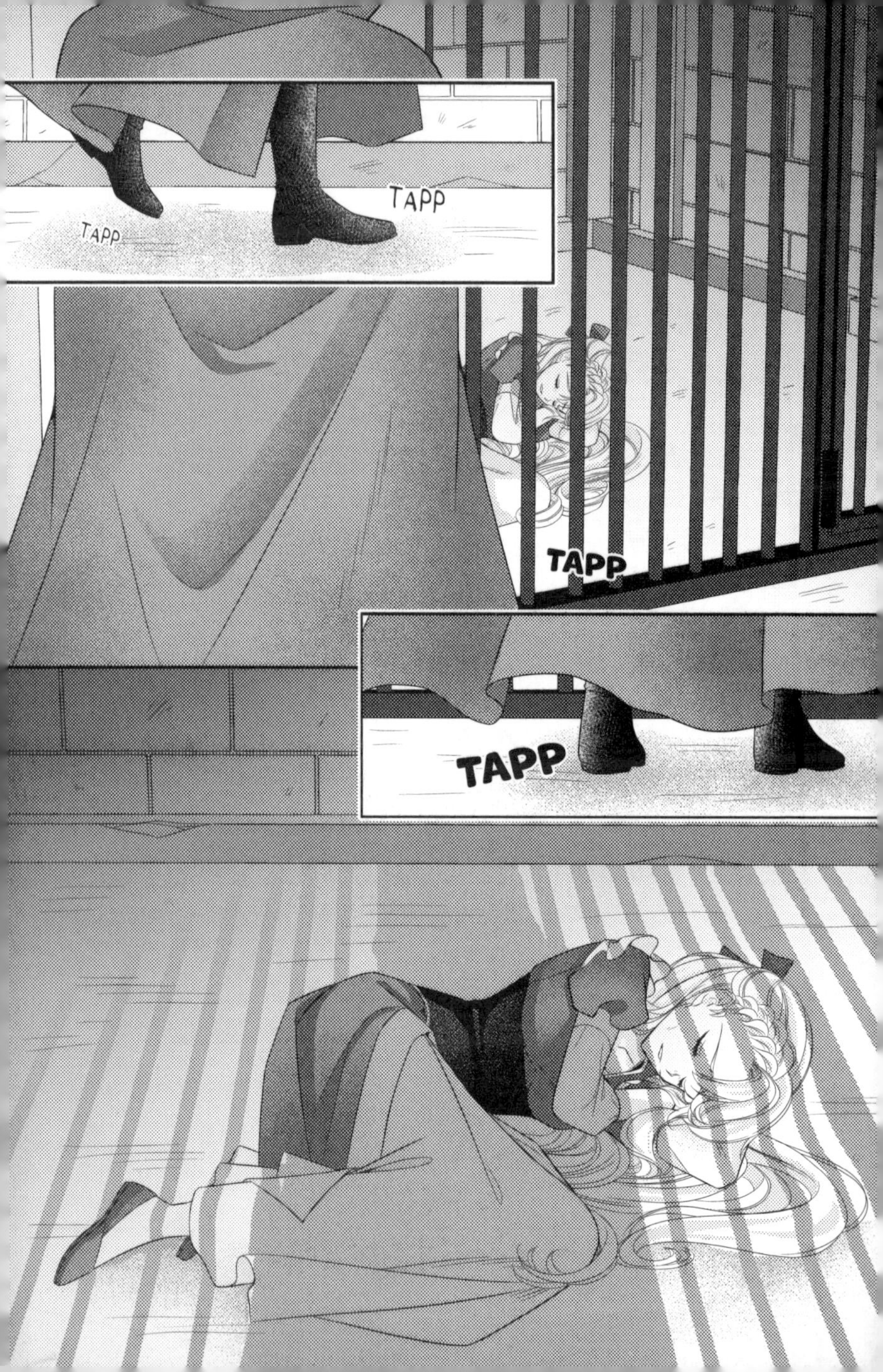

TAPP
TAPP
TAPP
TAPP

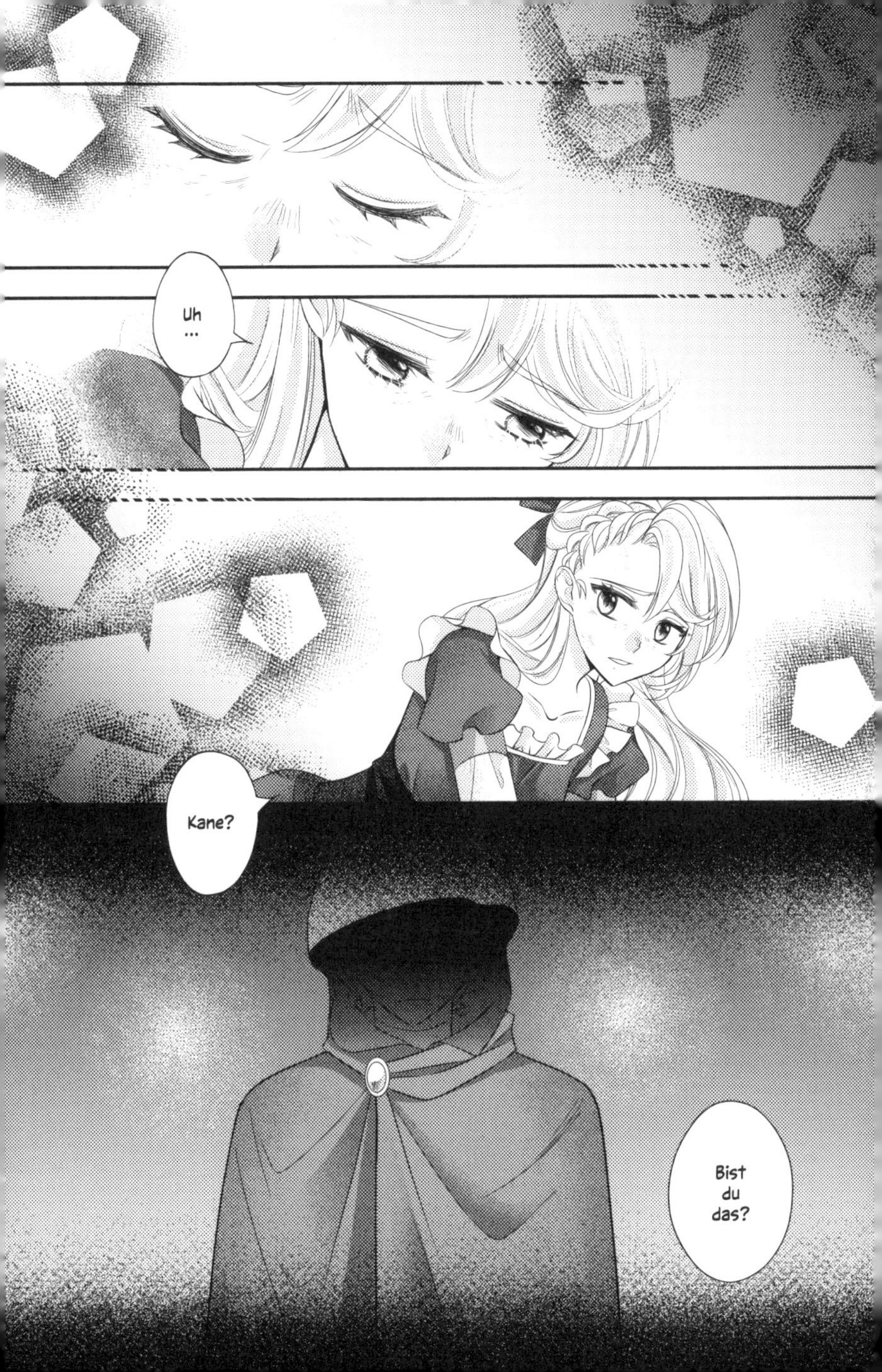
Uh ...
Kane?
Bist du das?

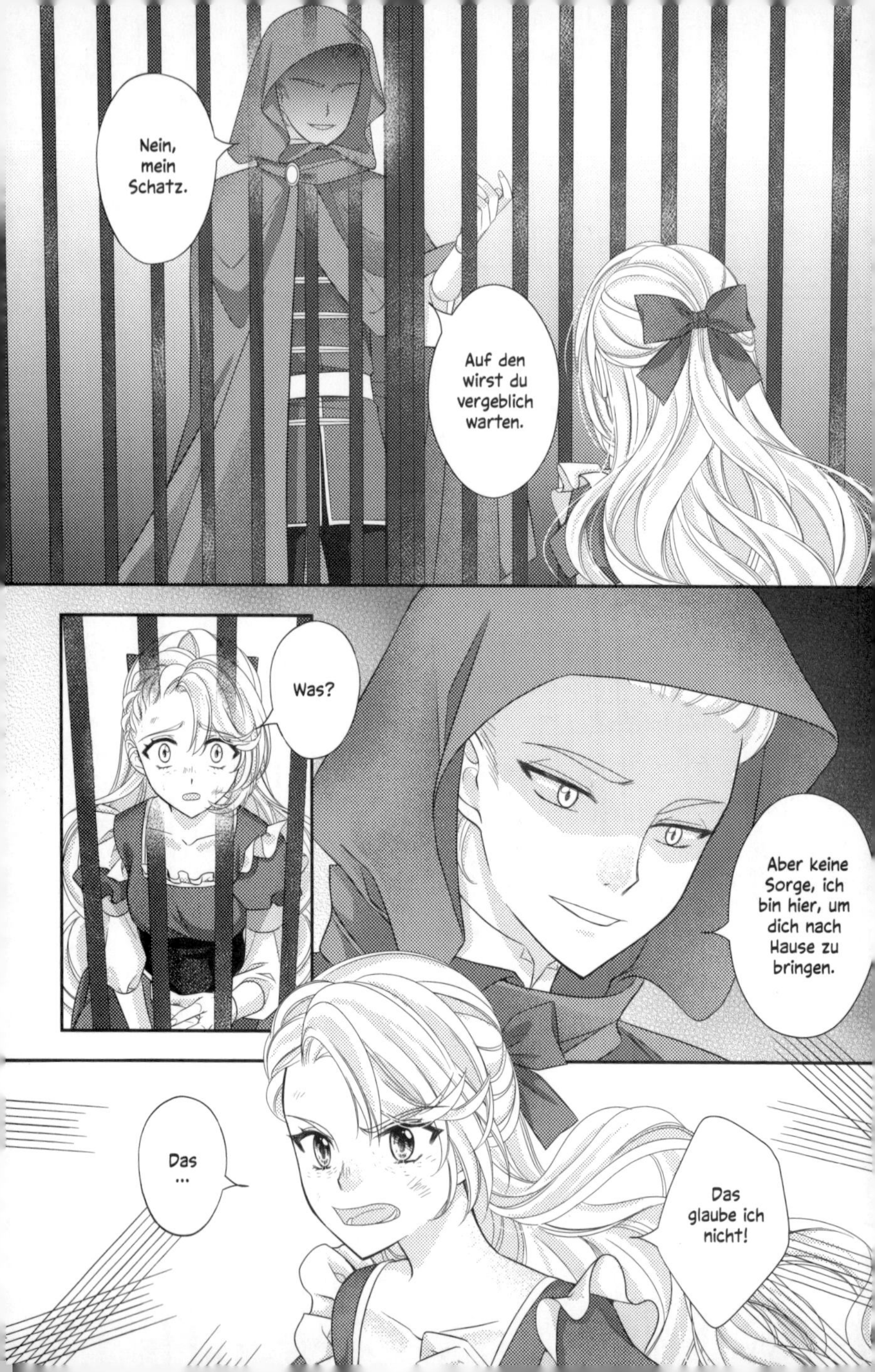
Auf den wirst du vergeblich warten.
Nein, mein Schatz.
Aber keine Sorge, ich bin hier, um dich nach Hause zu bringen.
Was?
Das glaube ich nicht!
Das …

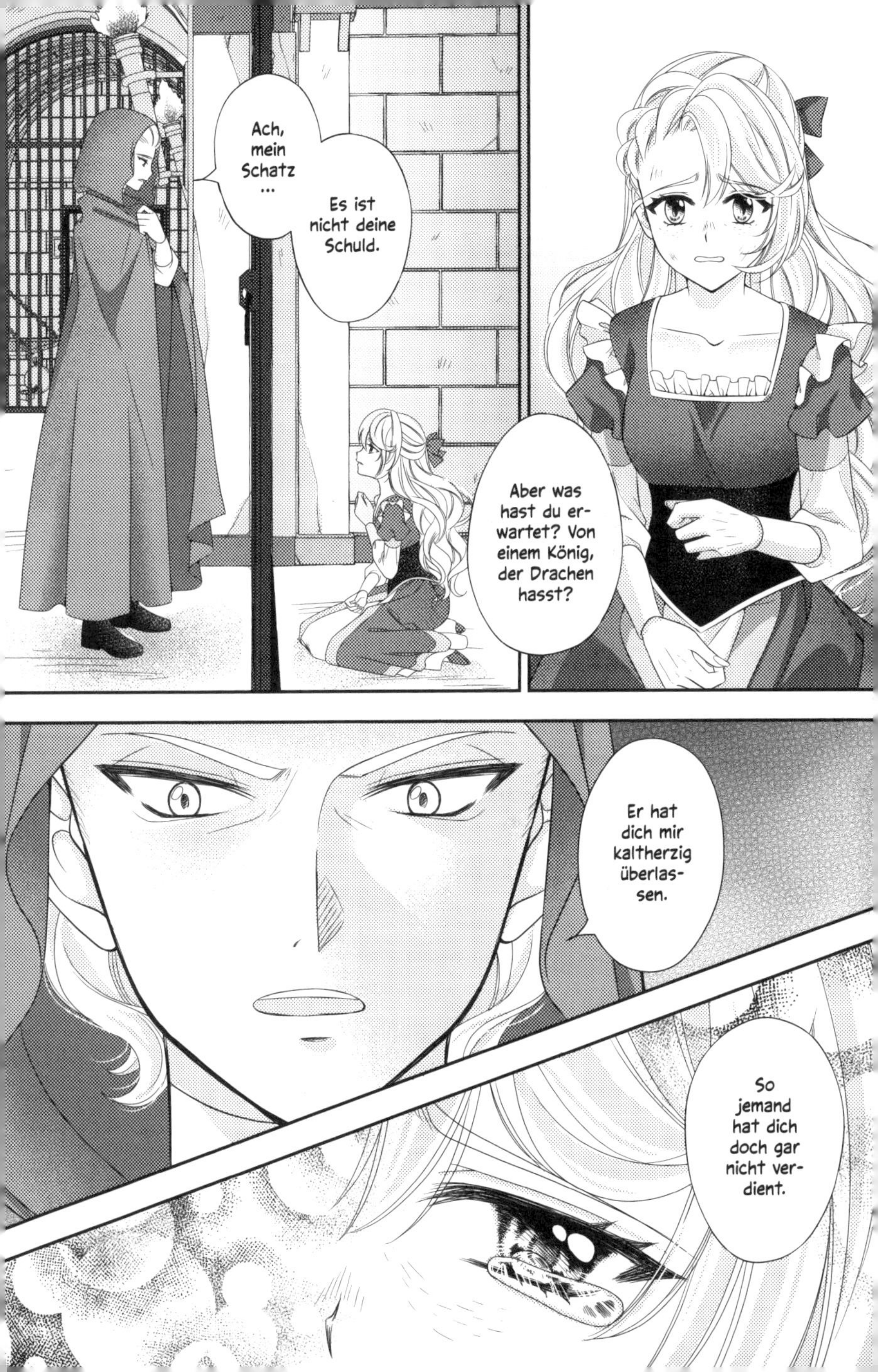

Ach, mein Schatz ...

Es ist nicht deine Schuld.

Aber was hast du erwartet? Von einem König, der Drachen hasst?

Er hat dich mir kaltherzig überlassen.

So jemand hat dich doch gar nicht verdient.

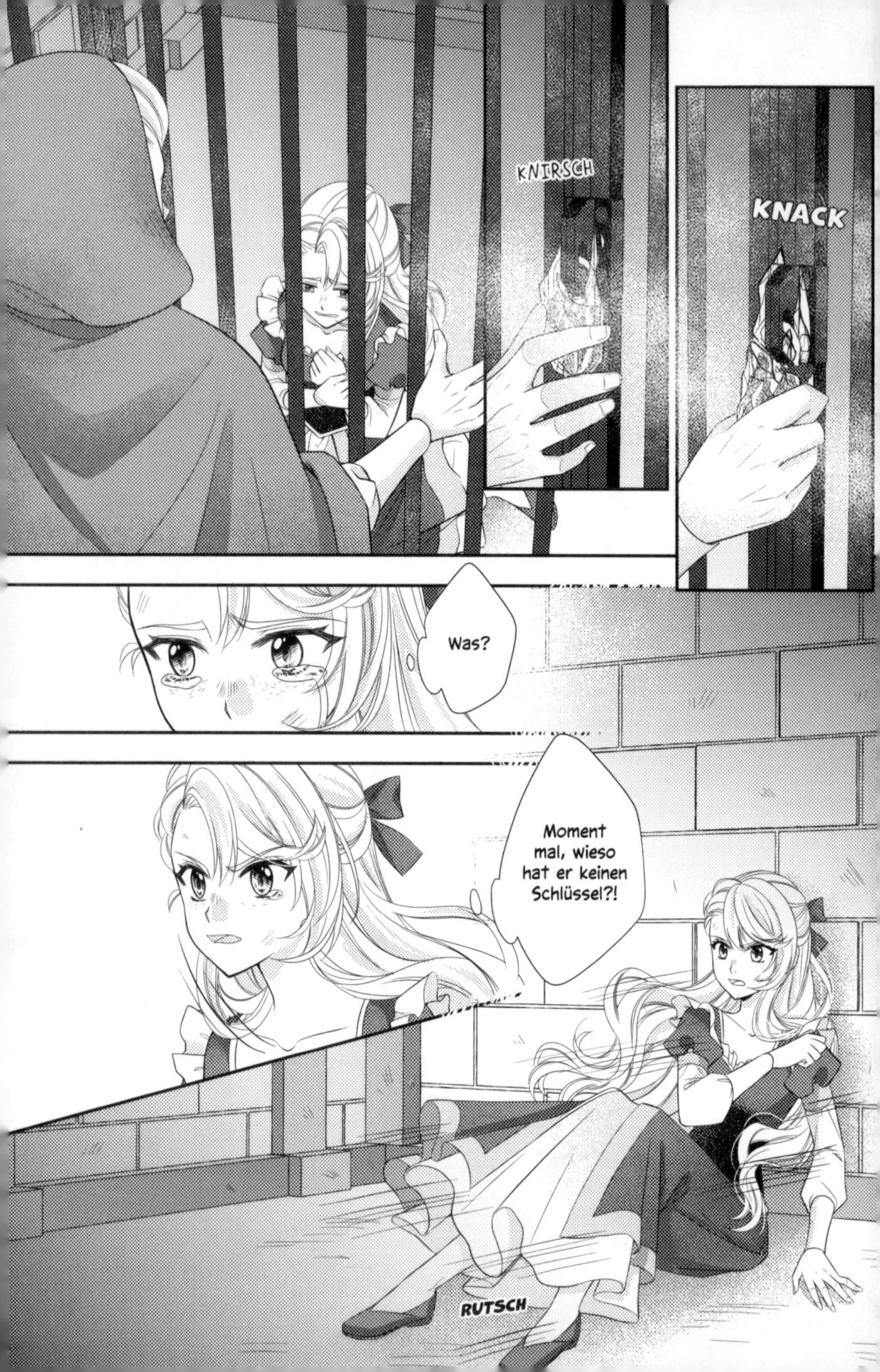
KNIRSCH
KNACK
Was?
Moment mal, wieso hat er keinen Schlüssel?!
RUTSCH

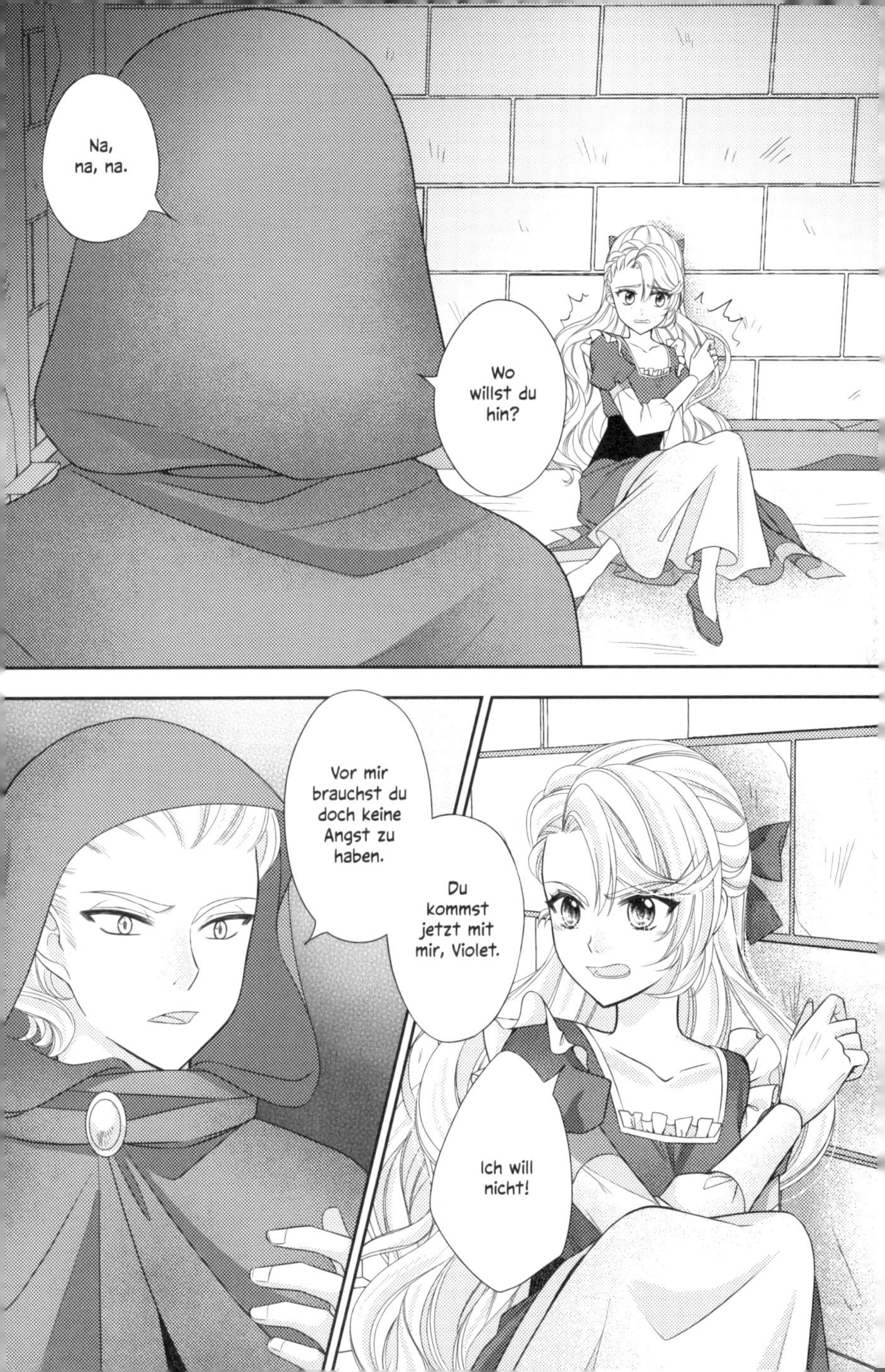
Na, na, na.
Wo willst du hin?
Vor mir brauchst du doch keine Angst zu haben.
Du kommst jetzt mit mir, Violet.
Ich will nicht!

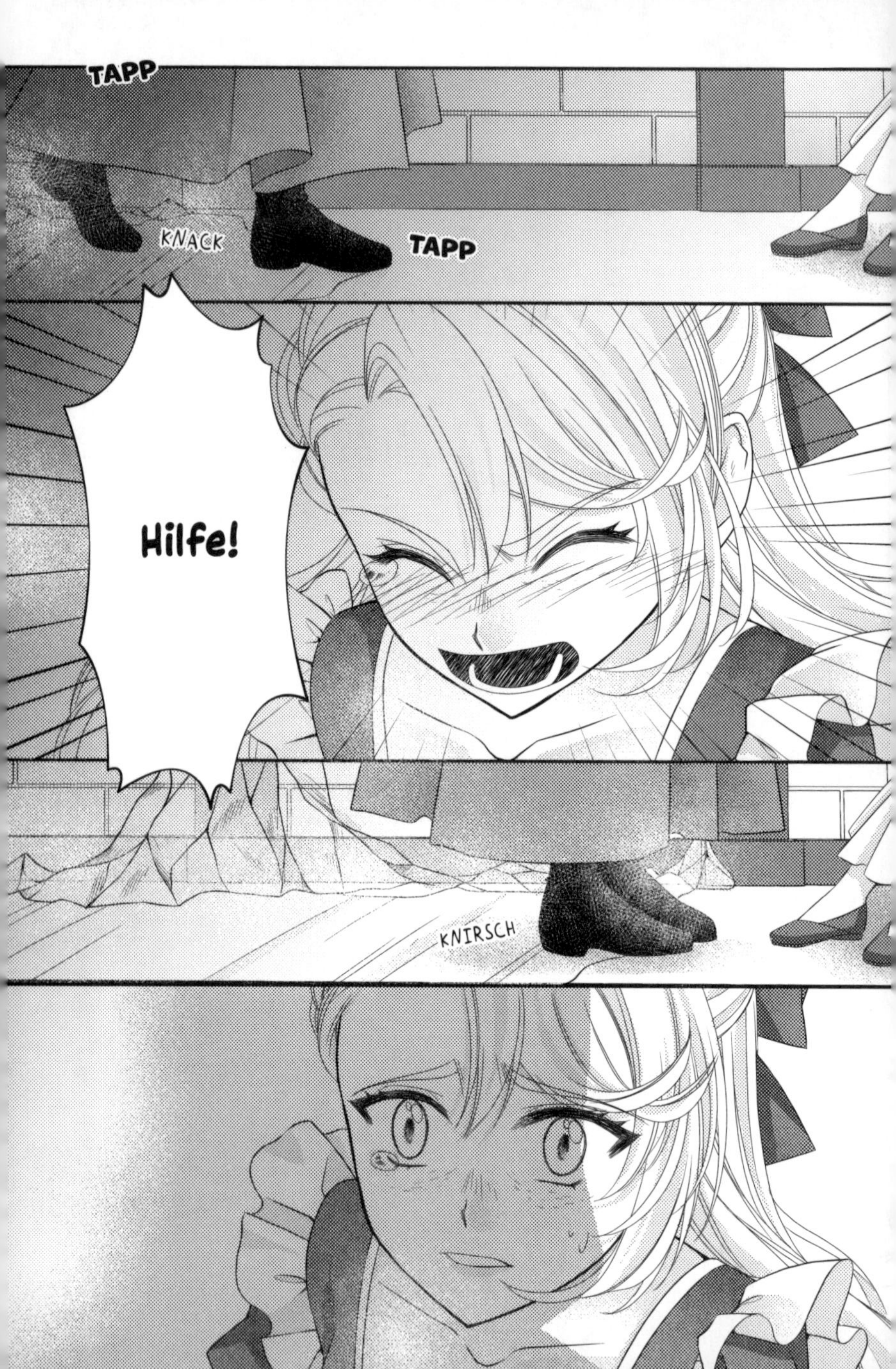
TAPP
KNACK
TAPP
Hilfe!
KNIRSCH

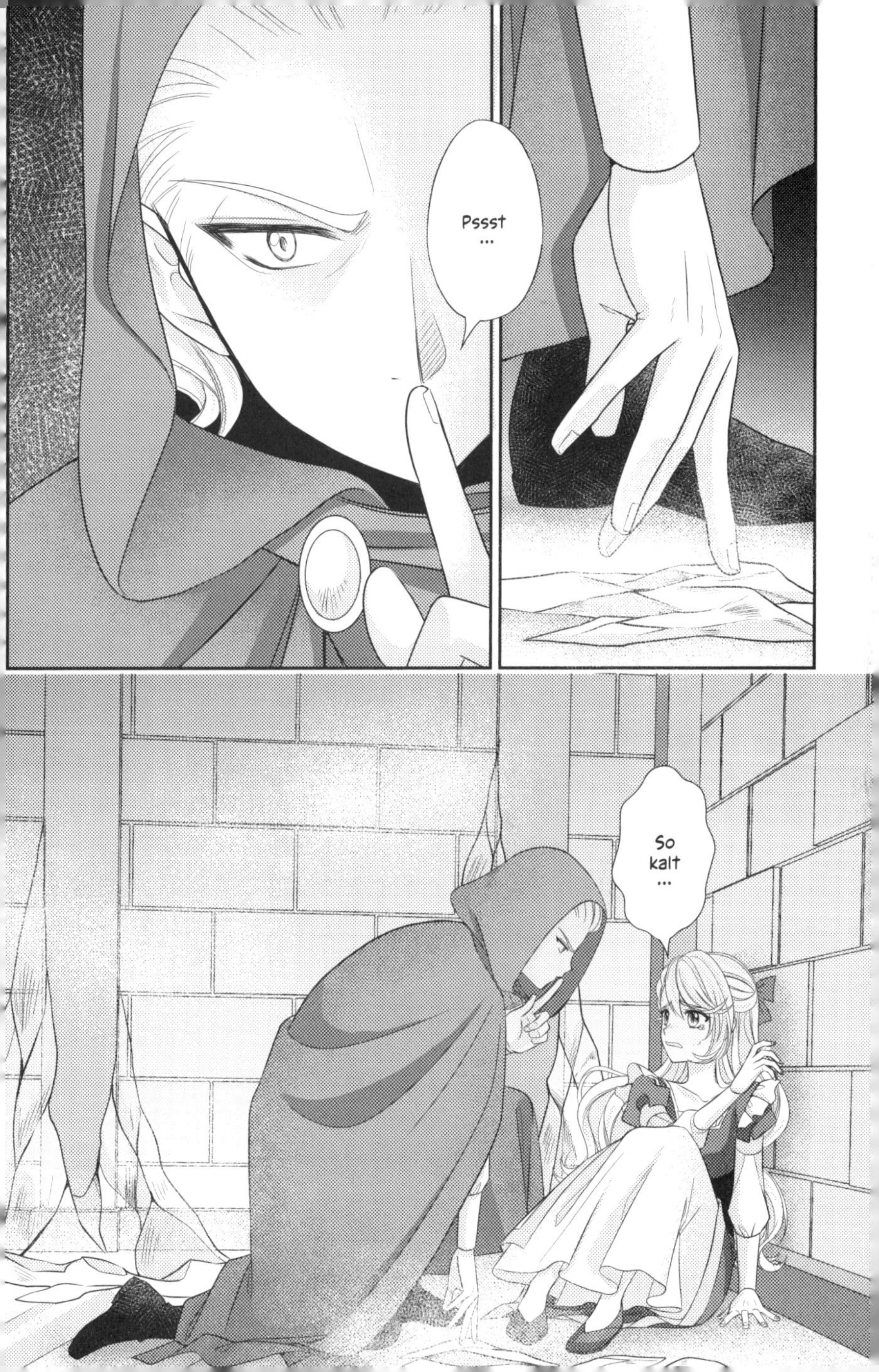
Pssst
...
So
kalt
...

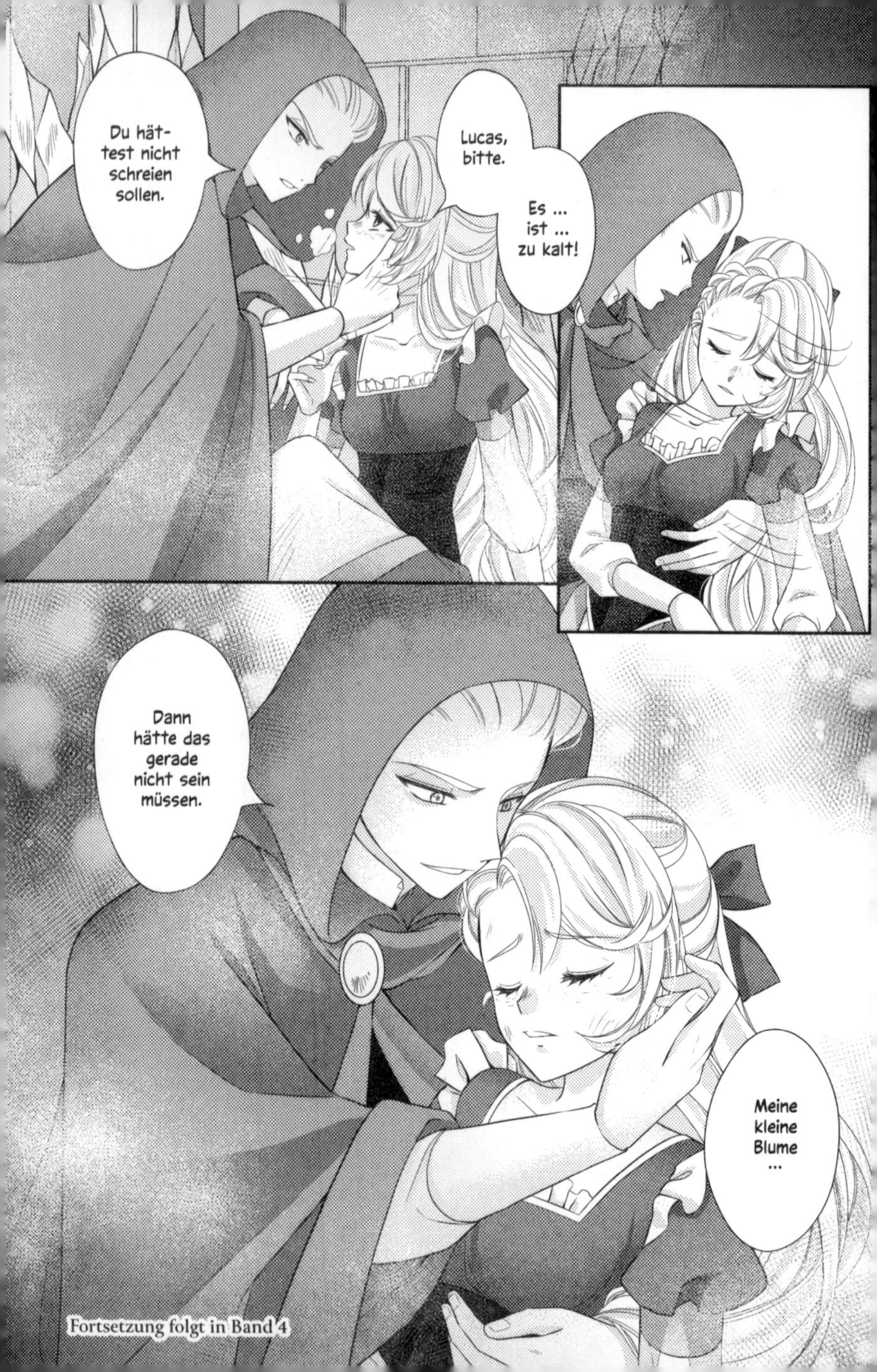
Du hättest nicht schreien sollen.
Lucas, bitte.
Es ... ist ... zu kalt!
Dann hätte das gerade nicht sein müssen.
Meine kleine Blume ...
Fortsetzung folgt in Band 4

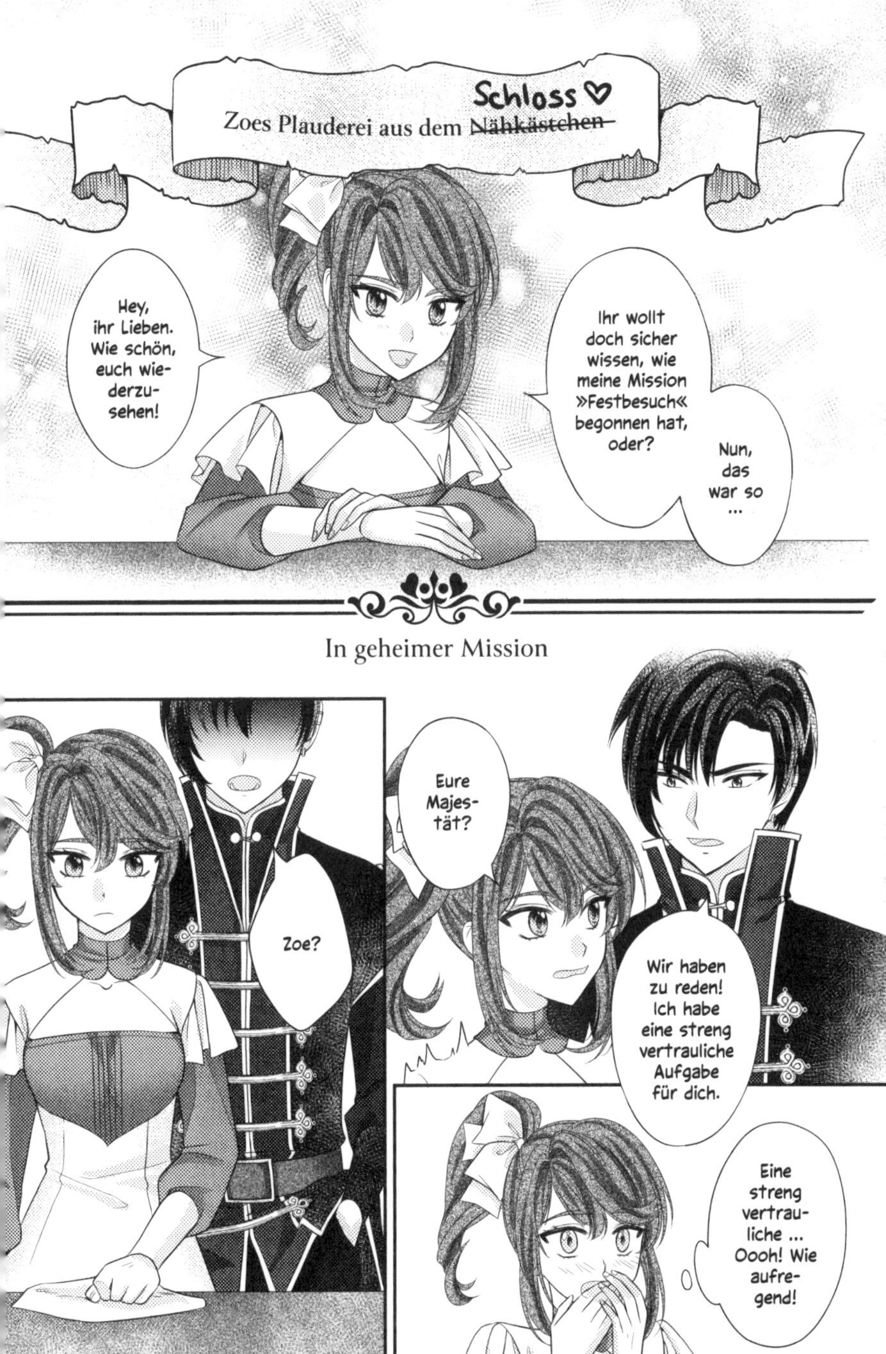
Zoes Plauderei aus dem ~~Nähkästchen~~ Schloss ♡
Hey, ihr Lieben. Wie schön, euch wiederzusehen!
Ihr wollt doch sicher wissen, wie meine Mission »Festbesuch« begonnen hat, oder?
Nun, das war so …
In geheimer Mission
Zoe?
Eure Majestät?
Wir haben zu reden! Ich habe eine streng vertrauliche Aufgabe für dich.
Eine streng vertrauliche … Oooh! Wie aufregend!

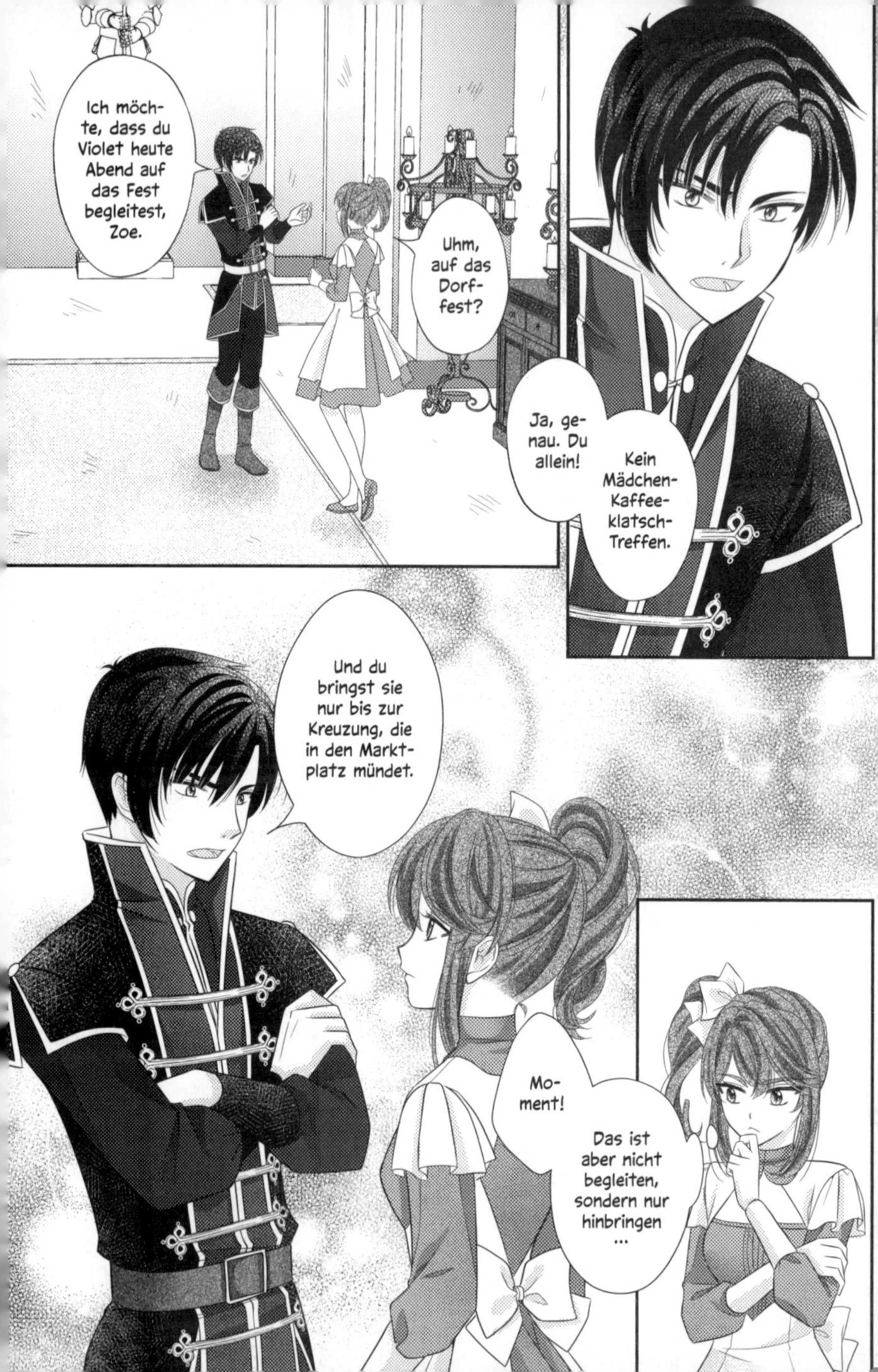
Ich möchte, dass du Violet heute Abend auf das Fest begleitest, Zoe.
Uhm, auf das Dorf-fest?
Ja, genau. Du allein!
Kein Mädchen-Kaffee-klatsch-Treffen.
Und du bringst sie nur bis zur Kreuzung, die in den Markt-platz mündet.
Mo-ment!
Das ist aber nicht begleiten, sondern nur hinbringen ...

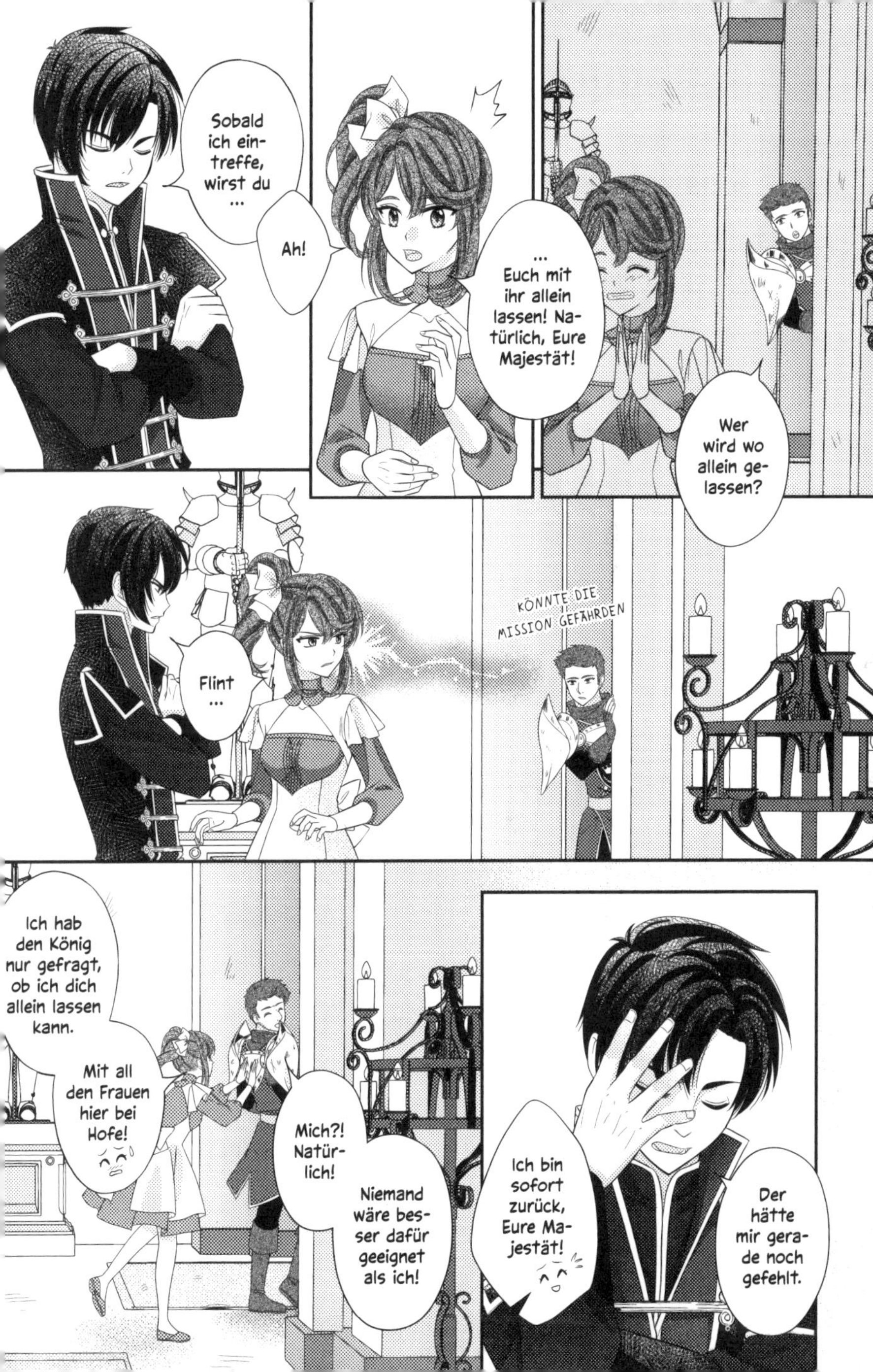

Sobald ich eintreffe, wirst du …
Ah!
… Euch mit ihr allein lassen! Natürlich, Eure Majestät!
Wer wird wo allein gelassen?
Flint …
KÖNNTE DIE MISSION GEFÄHRDEN
Ich hab den König nur gefragt, ob ich dich allein lassen kann.
Mit all den Frauen hier bei Hofe!
Mich?! Natürlich!
Niemand wäre besser dafür geeignet als ich!
Ich bin sofort zurück, Eure Majestät!
Der hätte mir gerade noch gefehlt.

Charakterdesign Kane

Das hier sind Kanes finale Charakterdesigns.

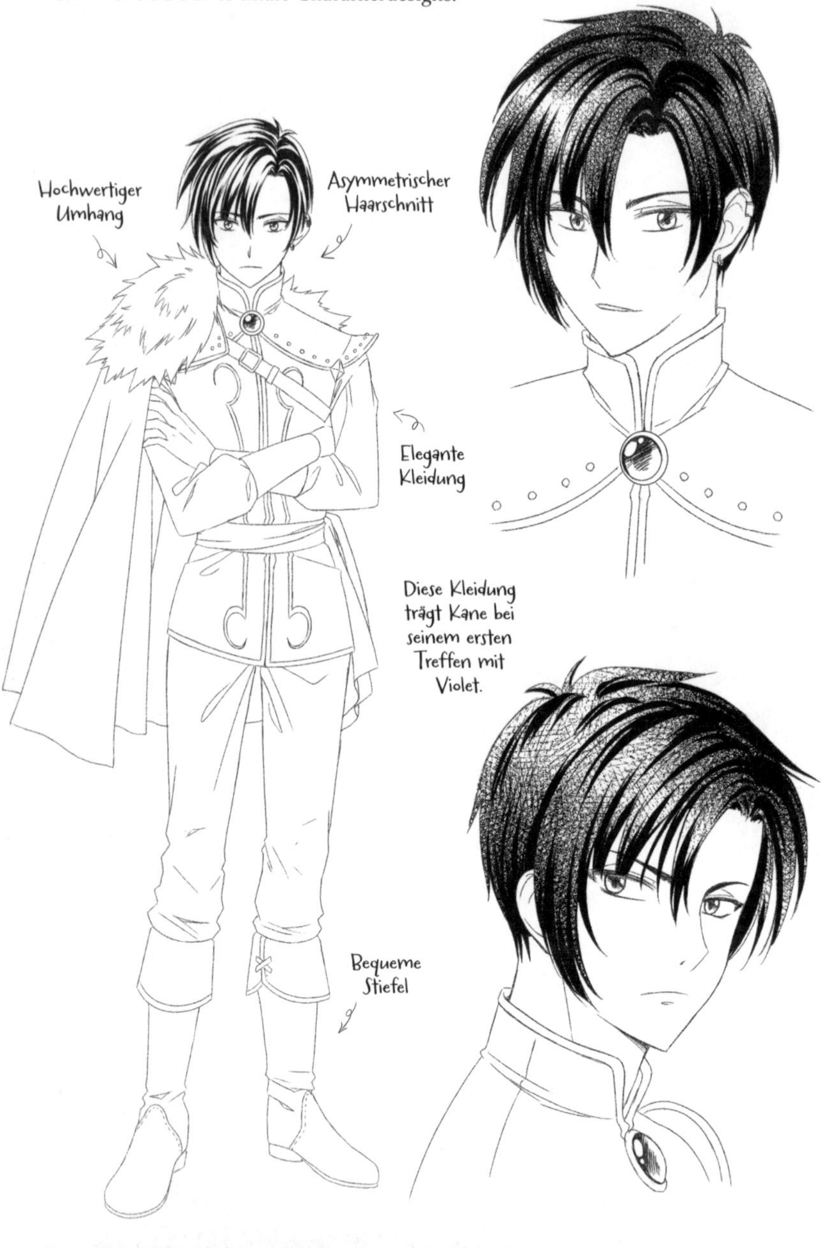

Hochwertiger Umhang

Asymmetrischer Haarschnitt

Elegante Kleidung

Diese Kleidung trägt Kane bei seinem ersten Treffen mit Violet.

Bequeme Stiefel

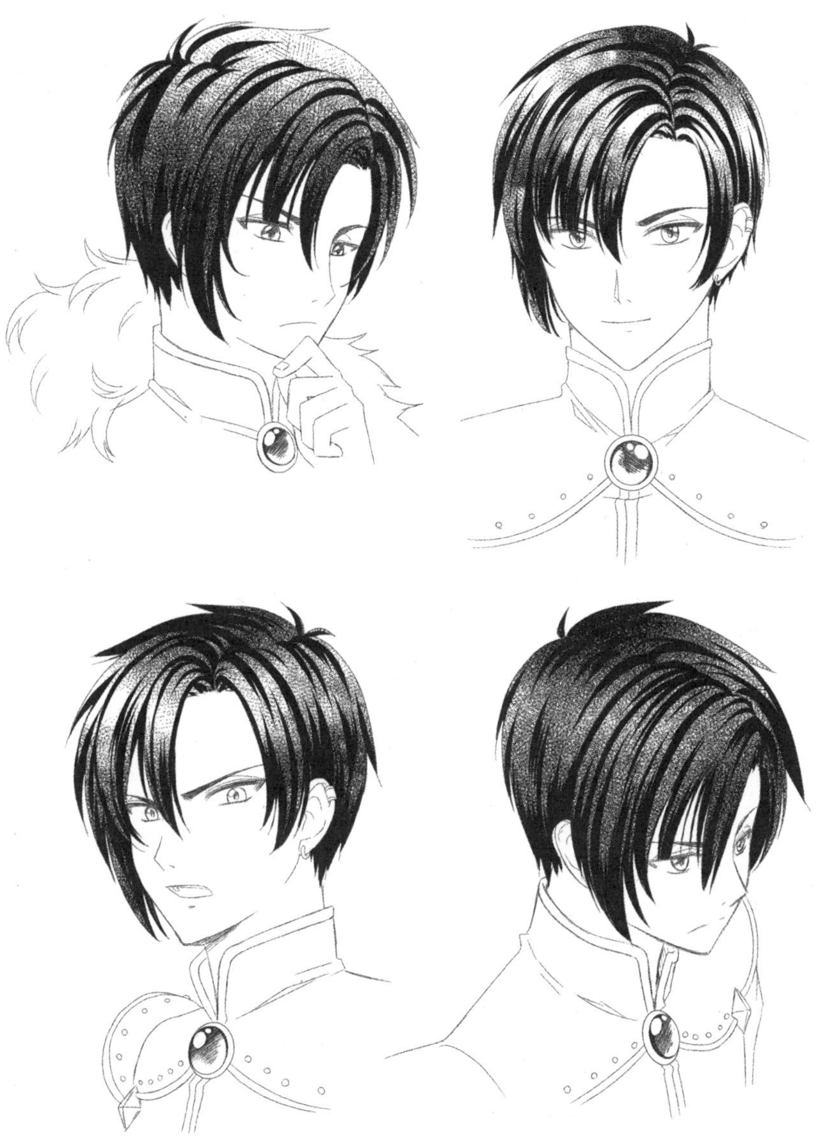

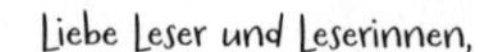

Liebe Leser und Leserinnen,

wir möchten euch von ganzem Herzen für eure Treue danken!
Dass ihr auch in Band 3 wieder mit dabei seid, bedeutet uns sehr viel, denn ihr wisst ja bereits, ohne euch wäre das nicht möglich.

Auch unseren Familien und Freunden und Freundinnen möchten wir Danke sagen, euer Feedback und die tatkräftige Unterstützung bringen uns weiter und geben uns Kraft.

Ganz besonders möchten wir auch wieder Jo danken, der stets an uns glaubt und uns mit ganzem Herzen unterstützt.
Du bist einfach der Beste!

Und natürlich gilt unser Dank auch wieder dem tollen Team von altraverse!

Danke!

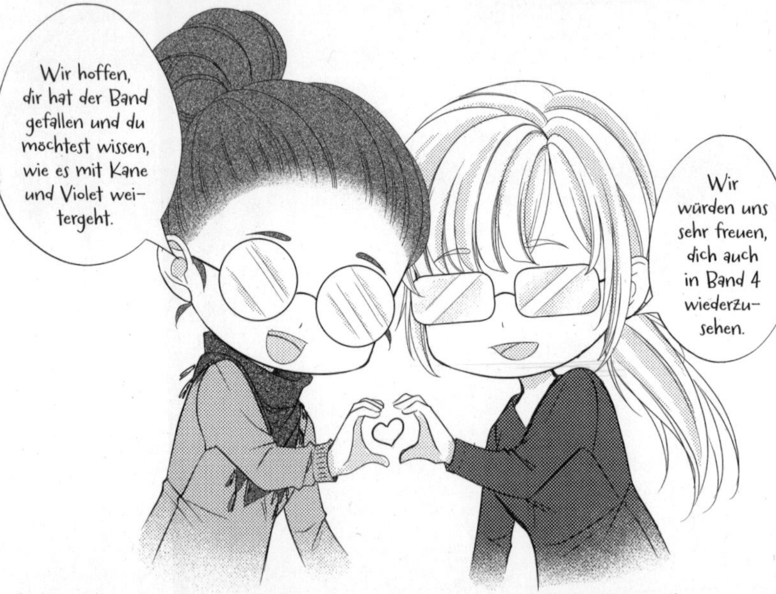

Wir hoffen, dir hat der Band gefallen und du möchtest wissen, wie es mit Kane und Violet weitergeht.

Wir würden uns sehr freuen, dich auch in Band 4 wiederzusehen.

Merchandise zu *Die Tänzerin des Königs*

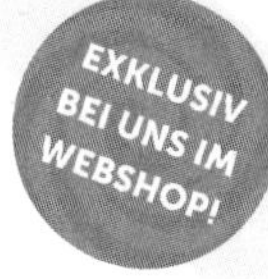

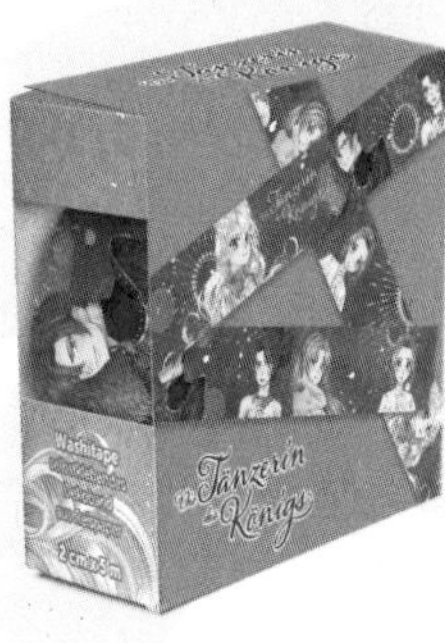

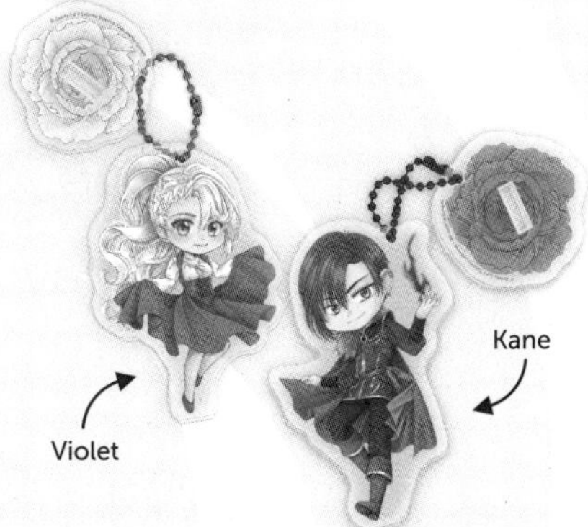

DIE TÄNZERIN DES KÖNIGS
Washitape »Dance, dance, dance«
€ (D) 4,00

DIE TÄNZERIN DES KÖNIGS
Schlüsselanhänger & Aufsteller
je € (D) 8,00

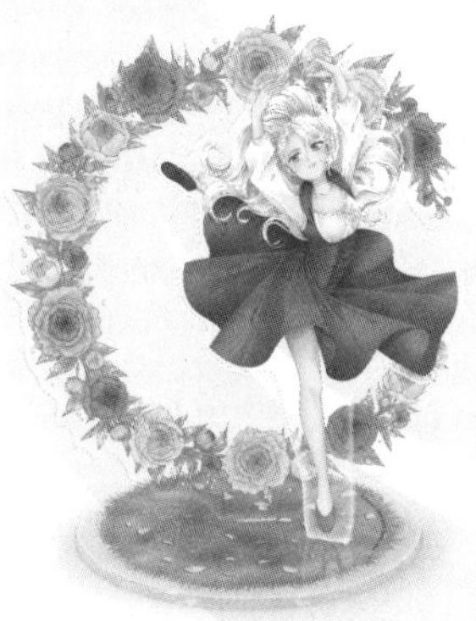

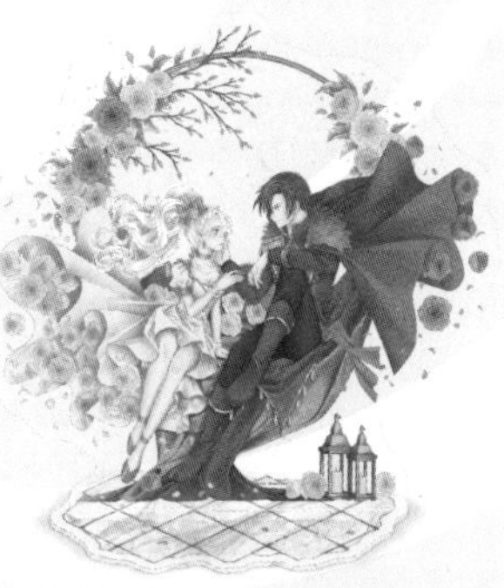

DIE TÄNZERIN DES KÖNIGS
Aufsteller »Blumentanz«
€ (D) 20,00

DIE TÄNZERIN DES KÖNIGS
Aufsteller »Nur Du«
€ (D) 16,00

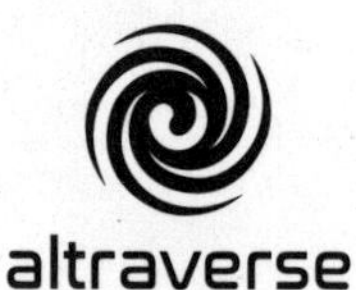

Originalausgabe

Redaktion: Joachim Kaps
Herstellung: Cathrin Hamester
Lettering: Vibrant Publishing Studio

Druck: CPI books GmbH, Leck
Printed in Germany

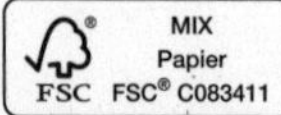

ISBN 978-3-7539-0586-0
1. Auflage 2024

www.altraverse.de